江淮学苑经典文库｜汪先平　主编

# 榜样教育
# 与劳模报道

THE MODEL EDUCATION
AND MODEL WORKER REPORTS

储成君　著

社会科学文献出版社
SOCIAL SCIENCES ACADEMIC PRESS (CHINA)

# 总　序

　　中国特色社会主义新时代是文化大繁荣、大发展的时代。新时代要"满足人民过上美好生活的新期待，必须提供丰富的精神食粮"。这就要求新时代的马克思主义理论工作者，既要顾及经典，又要熟悉前沿，既要积极弘扬中华民族优秀传统文化，也要深入探究革命文化和新文化，做好经典与前沿的融合。

　　多年来，安徽财经大学马克思主义理论工作者漫步书林，遨游学海，辛勤耕耘，不断探索，进行了若干研究，汇集了诸多成果。在改革开放四十年之际，我们将其出版为"江淮学苑经典文库"，以积极响应改革开放、拥护改革开放。

　　"江淮学苑经典文库"秉持着江淮学者特有的文化传承、理论视角、报国情怀，探究了新时代中国面临的一些问题，力图以总结过去和建构未来相结合的方式彰显江淮学者对理论的思考，通过跨地域和跨专业的探讨呈现江淮学者对新时代的追问。

　　这套丛书既是我们对中国社会发展的理性反思，

也是对未来马克思主义理论研究的展望；既凸显了理论本身的历史逻辑，又进行了批判性思考，是对学界多年来关心我们建设和发展的人士的成果汇报。

我们出版这套丛书，希望架起江淮学者与国内外学者之间的桥梁，促进学术交流、学术碰撞，推动学科融合；希望引起学界的广泛关注，激发学者的思考；也希望广大读者批评、指正，推进我们研究的深入、观点的完善。

社会科学文献出版社一向秉持"创社科经典、出传世文献"的学术精神，着力打造学术成果出版与传播平台。借助该社的平台，这套丛书必定能够发挥文献价值，形成社会影响，达到预期冀望。

汪先平

2018 年 9 月于蚌埠龙子湖畔

# 前　言

　　榜样教育是思想政治教育的重要方法。当前学界对各种具体榜样类型的研究尚有开拓空间，主流媒体典型报道的榜样教育独特优势亦未被重视。鉴于此，以榜样教育理论为分析视域，以新时代《人民日报》劳模报道为分析样本，进行理论审视，有助于细化、深化劳模报道研究，提升榜样教育实效。马克思主义理论中关于劳模报道与榜样教育契合性的论述，确证了劳模是劳动之榜样，指明了报刊要通过劳模报道开展榜样教育；劳模报道与榜样教育内在机理相互契合，故可基于榜样教育视域研究劳模报道，对劳模报道的审视亦可丰富榜样教育理论。新时代《人民日报》劳模报道权威性高、影响力强，充分融合了多种媒介的榜样传播之优势，是榜样教育时代转型的缩影和典范。

　　新时代《人民日报》劳模报道具有重要的榜样教育意蕴。新时代《人民日报》劳模报道中的榜样塑造日趋多元化。劳模报道中榜样选择具有多样性特质，榜样形象进行了个性化设定。新时代《人民日报》通过劳模报道开展榜样教育，以与时俱进的马克思主义劳动观为榜样教育内容：就劳动意义观而论，劳模报道彰显了"劳动创造美好生活"的价值逻辑；就劳动政治观而论，劳模报道诠释了"以劳动托起中国梦"的时代要义；从劳动道德观来看，劳模报道贯彻了"以人民为中心"的根本价值遵循；从劳动能力观言之，劳模报道展现了重视"知识·技能·创新"的复合指向。新时代《人民日报》劳模报道，体现了榜样传播从平面化向立体化的转型：其劳模报道不仅承续和运用了纸媒、网媒传播之优势，还积极顺应传播技术深刻变革的发展趋势，促进了榜样传播融媒化发展。

新时代《人民日报》劳模报道为榜样教育积累了诸多有效经验。新时代《人民日报》选择了具有多样性的劳模进行报道，并致力于塑造其个性化形象，这有助于顺应分众化社会受众对榜样的差异化需求，有益于破除社会公众对榜样存在的各种"脸谱化"刻板印象，有利于通过塑造"平凡英雄"还原劳模"普通人"一面，从而为受众提供更为丰富、更具吸引力的榜样，增强榜样亲和力，纾解人们对榜样的疏离感。新时代《人民日报》劳模报道的榜样教育内容设置，不仅凸显了劳动"美"的本真属性，表达了对本真性劳动的臻美性追求；还在凸显"劳模精神"的基础上，新增了"工匠精神""劳动精神"两种精神形态，使榜样教育内容体系愈益完善。新时代《人民日报》劳模报道搭建榜样传播融媒平台、加强与社交媒体联动、建设全方位传播矩阵，有益于多种传播媒介优势互补、形成合力，拓宽榜样教育覆盖面；智能化传播技术赋能，增强了劳模报道相关资讯的精准分发能力，使有针对性地开展精准化传播、实施个性化施教成为现实。不宁唯是，从劳模报道文本中可见，新时代大力推动建立劳模创新工作室等榜样传播实训平台，促进了理论教育与实践教育相结合。

新时代《人民日报》劳模报道也呈现出开展榜样教育面临的现实挑战。在新时代，榜样塑造面临价值整合的现实难题：分众化社会利益格局日趋分化，价值观念冲突更迭，难免阻滞受众对劳模承载的劳动观之认同；庞杂社会思潮争锋动态，加大了通过劳模报道凝聚共识的现实难度；商业化平台的娱乐化偶像亦会冲击劳模的聚合效能。榜样教育内容呈现尚存可优化空间：事迹性宣传潜藏了教育内容模糊化、浅显化问题，榜样教育标识的深层价值，易被对劳模先进事迹的简单推介所遮蔽；一些说教式叙事易造成受众心理逆反，降低教育内容的感召力、吸引力。新型榜样传播途径易引致多重风险：自媒体"去中心化"传播，难免冲击官媒劳模报道话语权威；日益碎片化的传播态势，容易解构劳模报道承载的深层教育内容。

新时代《人民日报》劳模报道实效性，不仅与其榜样塑造、榜样教育内容设置、榜样传播途径运用直接相关，而且还受报道之外的环体因素、客体因素制约。就前者而言，谋生性劳动带来的辛苦疲惫、劳动竞争内卷化造成的心理压力、畸形职场文化存在的消极影响、市场经济逐利性滋生的负面效应，都会令人萌生厌恶劳动、逃避崇高的心理。于后者而论，教育客体对劳动认知的片面化，会干扰其对劳模的正确认知；劳动幸福感不足，会降低教育客体对劳模的情感认同；"躺平"心态流行，会削弱教育客体学习劳模的劳动意志；劳动能力欠缺，可能限制教育客体学习劳模的行为转化。

对新时代《人民日报》劳模报道的分析表明，虽然主流媒体典型报道仍是榜样教育的有效形式，但亦存在现实挑战，亟须增强榜样教育培根铸魂之功效。就优化榜样教育内容供给而言，主流媒体要全面优化榜样教育叙事设计，不仅要设置层次递进的榜样教育目标、塑造凸显多元特质的榜样形象，还要强化社会主义核心价值观的统领功能，以此凝聚价值共识；从健全榜样传播体系而论，要善用全媒体矩阵，完善智能传播技术，多维助力榜样传播，同时要避免理论教育与实践教育出现脱节，促进榜样教育嵌入生活世界；就巩固榜样教育保障机制来说，要切实保障榜样合法权益，提升劳动幸福感，提振"好人好报""德福一致"的道德信心，使教育客体产生劳动创造幸福、榜样应学可学的积极心理认知，消除人们崇德向善、学习榜样的后顾之忧，为榜样教育夯基固本，增强榜样教育实效。

# 目　录

# 绪　论

## 一　选题缘由与研究意义

### （一）选题缘由

榜样教育是思想政治教育的重要方法，能发挥榜样人格的示范作用。"岂弟君子，四方为则。"（《诗经·卷阿》）榜样人格作为理想人格，指引着社会主流价值观的奋进方向，体现了特定社会人们对应有价值的美好向往，借助榜样人格力量进行思想政治教育，正是培养此种理想人格的有效方式。颜之推认为，"爰及农商工贾，厮役奴隶，钓鱼屠肉，饭牛牧羊，皆有先达，可为师表，博学求之，无不利于事也"[①]。"三百六十行，行行出状元"，各行各业都有值得学习的榜样。思想政治教育不仅要借助真理的力量，而且要发挥榜样崇高品德、先进行为所展现的人

---

[①]　王利器：《颜氏家训集解》（增补本），中华书局，1993，第162页。

格魅力的化育作用。"纵观思想政治教育的历史，最有力量的思想政治教育就是榜样教育、典型教育、行为示范。"[①]中国共产党向来注重通过榜样引路来提升群众思想觉悟，发挥榜样典型示范的正面教育功用。榜样会随着时代变迁而被赋予新的意涵，虽然每个时代都有代表其精神风貌的榜样，但具有先进性的榜样总是体现着特定时代的社会理想和价值期待。利用榜样的"先进"来提携"后进"，作为一种思想政治教育方法是常用常新、不可替代的。

在诸多榜样中，劳模是一种重要的榜样类型。劳模之"模"，即"模范""楷模""榜样"之义。党和国家一贯高度重视发挥劳模这种"劳动之榜样"的示范引领作用，评选和宣传了大量具有典型性的劳动模范、先进工作者等先进人物（本书统称为"劳模"）。作为"劳动之榜样"，劳模是走在劳动者前列的先锋模范，因其先进事迹和高尚德行而成为催人奋进的时代领跑者，他们是弘扬先进劳动观念、激发人民群众劳动热情、凝聚全体劳动者投身于国家现代化建设并创造美好生活的光辉旗帜，发挥了重要的育人作用。劳模评选、表彰和宣传工作，本质上是运用劳模这种具体榜样开展榜样教育的生动实践。具言之，榜样教育是一种思想政治教育方法，劳模是其运用的一种具体榜样类型，以《人民日报》为代表的主流媒体进行劳模报道，实际上就是一种榜样教育实践。榜样教育在理论上和实践上面临许多亟待解决的问题，迫切需要理论界及时作出回应。马克思指出，"问题是时代的格言，是表现时代自己内心状态的最实际的呼声"[②]。毛泽东也强调，"研究问题，要从人们看得见、摸得到的现象出发，来研究隐藏在现象后面的本质，从而揭露客观事物的本质的矛盾"[③]。从新时代《人民日报》劳模报道这一具体榜样教育实践切入研究，无疑是一种可行的分析路径。

当前，学界基于榜样教育视域系统研究劳模报道的成果较少，关于劳模的研究还处于起步阶段，对劳模榜样作用关涉甚少。因此，当下亟须从学理层面加强探索。本书主要基于榜样教育视域，将主流媒体的劳模报道视为一种榜样教育实践，将新时代《人民日报》劳模报道视为分析榜样教育的范本，聚焦党的十八大以来其劳模报道的文本与实践，考察新时代其劳模报道折射的榜样塑造、榜样教育内容、榜样教育途径等具体问题，并揭示制约劳模报道和榜样教

---

① 孙其昂：《论思想政治教育的基本精神与实现形式》，《思想政治教育研究》2011年第3期。
② 《马克思恩格斯全集》第一卷，人民出版社，1995，第203页。
③ 《毛泽东文集》第八卷，人民出版社，1999，第139页。

育实效的榜样教育环体与客体因素，力图阐明新时代劳模报道与榜样教育的有效经验、现实难题，最终落脚于如何提升劳模报道实效，彰显榜样力量。

（二）研究意义

"劳动模范是民族的精英、人民的楷模。"①劳模作为劳动之榜样，具有先进性、示范性、引领性。新时代《人民日报》大力宣传劳模先进事迹，倡导并弘扬劳模承载的精神文化，旨在发挥劳模引领时代、培根铸魂的榜样作用。基于榜样教育视域研究劳模报道，具有重要的理论意义和实践意义。

**1.理论意义**

有助于丰富思想政治教育学科理论资源。从方法论角度而论，"以人化人"的榜样教育法愈益凸显其不可忽视的作用。劳模是具有生动性、真实性、可效仿性的榜样。劳模报道兼具理论教育与人格引领的双重特质，不仅有助于发挥劳模教化人心之功用，大力彰显劳模的亲和力、感染力，促进受教育者的情感认同和行为效仿，超越常被误用为生硬、枯燥的理论宣传的"灌输法"之局限，突破其面对主体性很强的"90后""00后"群体，日益显得左支右绌、运用乏力的局面，提升思想政治教育工作的实效；还有助于避免将榜样教育简单理解为身教示范，而忽视理论宣传的重要作用。从载体论角度来说，思想政治教育内容需要特定载体予以呈现，榜样是一种活生生的"人"的载体，是真实的榜样，具有可亲可感、真实生动的优越性。"精神文明建设特别是思想道德建设一定要通过看得见、摸得着的方式，创造实实在在的载体，寓教于乐，入耳入脑，深入人心，潜移默化。"②显然，劳模是看得见、摸得着的真实榜样，是实实在在的生动载体，能更好地使思想政治教育贴近实际、贴近群众、贴近生活，从而提升育人效果。

有助于拓宽榜样教育研究理论视野。当前学界关于榜样教育的研究，取得了一系列理论成果，但对各种不同类型榜样，尚缺乏更为细化的具体研究。因此需进一步拓宽对不同领域中各种具体榜样类型的研究，如"最美人物""道德模范""劳模"等，呈现不同榜样类型之特质，开拓榜样教育研究新视野。其中，对劳动领域的榜样——劳模的研究尤显不足。其实，劳模作为劳动之榜

---

① 《习近平谈治国理政》，外文出版社，2014，第46页。

② 习近平：《之江新语》，浙江人民出版社，2007，第96页。

样，不仅在劳动知识、操作技能方面堪称典范，而且其劳动观具有先进性，而劳动观教育显然是思想政治教育的重要内容，劳模理应成为思想政治教育研究的重要对象。本研究有助于深化对劳模这种榜样类型的理解。此外，目前学界对生活中面对面的榜样示范较为关注，但对主流媒体通过典型报道开展的榜样教育缺乏重视。"叙事中的典范与生活中的榜样常常相得益彰，为个体提供了现实的示范。"①因此，将主流媒体典型报道纳入榜样教育方法论体系，有补于榜样教育研究偏重生活中面对面示范引领，却忽视主流媒体典型报道榜样教育功效的罅漏。

有助于深化对榜样传播的理论探索。榜样教育在一定程度上是一个榜样传播过程，榜样只有广泛传播开来并被教育客体（受众）所接受、认可和效仿，才能发挥榜样教育之功效。对党的十八大以来《人民日报》劳模报道展开研究，有助于深化对榜样传播时代转型的理论思考，如：面对分众化社会的时代背景，我们应该如何塑造榜样形象？面对融媒体、全媒体和人工智能传播新样态，我们应该如何积极应对并优化榜样传播？等等。深化对这些问题的思考具有重要的理论意义。

### 2.实践意义

认识世界的目的在于改造世界，理论有待于在实践中发展和检验。"凡是把理论引向神秘主义的神秘东西，都能在人的实践中以及对这种实践的理解中得到合理的解决。"②本研究最终目的是更好地服务于劳模报道和榜样教育。

有助于增强榜样教育的实效性。劳模报道是开展榜样教育的重要形式。基于对新时代《人民日报》劳模报道具体实践展开研究，对其榜样形象、榜样教育内容、榜样传播途径、榜样教育客体和环体等具体问题进行审视，力图总结出劳模报道中呈现的榜样教育合理因素，反思当前劳模报道实践中遭遇的现实困境并提出相应建议，最终指向如何提升榜样教育实效，不仅能为劳模报道这种具体榜样教育实践提供一些参考，而且对提升榜样教育实效具有启示意义。

有助于彰显劳模的榜样影响力。首先，改变劳模影响力不足的困境是提升其影响力的现实诉求。当前，有人对劳模的先进事迹肆意歪曲，对劳模的崇高

---

① 杨国荣：《道德系统中的德性》，《中国社会科学》2000年第3期。
② 《马克思恩格斯文集》第一卷，人民出版社，2009，第501页。

价值进行恶意解构，对劳模的高尚道德进行随意贬低，这无疑严重地伤害了劳模的感情，冲击了社会主流劳动观念。媚俗、低俗、恶俗的流行，娱乐至死、唯利是图的泛滥，易使崇高性的追求失去话语权，造成人们价值紊乱。这种现象折射了提升劳模影响力的紧迫性。其次，揭示劳模所内蕴的先进性是提升其影响力的前提。劳模之所以能够起到示范作用，在于其代表的劳动观是与时俱进的先进观念，是体现中国人奋斗精神的宝贵财富。对之加强理论研究，有助于明确劳模承载的榜样教育内容，有助于激浊扬清，矫正对劳模的种种非议，匡正轻视劳动的错误观念，增强劳模的话语权、影响力。最后，优化劳模精神的弘扬路径是提升其影响力的重要途径。本书能够为弘扬劳模精神提供一些方法论依据，显扬劳模报道这种榜样教育形式潜移默化、"日用而不自知"的涵育效果。总之，增强对劳模报道这种榜样教育方法的研究，有助于增强劳模的影响力，促使劳模承载的劳动观更加深入人心、更好融入生产生活实践。

有助于推动劳动观教育。劳模是劳动领域的榜样，提升劳模报道这种榜样教育之实效，可以有效传播主流劳动观。立德树人根本教育任务的落实离不开榜样示范作用，罗伯特·奥迪（Robert Audi）指出，"美德并非通过研究诸种道德领域的价值观而获得，它常常是通过模仿和交往而获得的，如果没有榜样，则它很可能难以被传授"[1]。同样，劳动观教育亦离不开榜样示范引领。习近平总书记多次强调要做好劳模工作，并提出要"广泛宣传劳模先进事迹，使劳模精神不断发扬光大"[2]。显然，通过劳模报道开展榜样教育，实际上就是以劳模这种特殊的榜样开展劳动观教育，对劳模报道进行研究无疑可以促进劳动观教育的开展。

## 二　研究现状与文献综述

目前，"榜样教育"话题已然成为学界探讨的热点，劳模则是榜样教育所运用的一种具体榜样类型，但关于"劳模"的研究尚处于起步阶段，现有研究对劳模这种具体榜样类型及劳模报道这种特殊榜样教育形式缺乏应有观照。

---

① Robert Audi, *Moral Knowledge and Ethical Character*, New York: Oxford University Press, 1997: 189.
② 《习近平谈治国理政》，外文出版社，2014，第47页。

（一）国内研究现状

当前，国内关于榜样教育问题的研究取得了丰硕成果，主要有五个论域。

**1.关于榜样教育理论体系的构建**

其一，从宏观角度系统地、全面地搭建研究榜样教育的理论框架。该路向重点是凸显研究的基本论题。一是以"榜样"为中心展开研究。彭怀祖、姜朝晖、成云雷所著《榜样论》①是最早以榜样为研究对象的学术著作，该书力求从多学科视角对榜样进行学理解读，从榜样的概念、特征、社会功能、生成条件、传播问题、中西方传统与各自榜样的关系、转型时期榜样的作用和影响等诸多方面剖析榜样问题，是系统研究榜样的奠基之作。二是以"道德榜样"为中心展开研究，该种建构路向更加凸显道德性是榜样的本质属性。代表性成果如邹秀春的《道德榜样论》②。三是以"榜样教育"为中心展开研究，建构榜样教育的研究体系，更加突出榜样的教育功能，主要有教育伦理学和思想政治教育学两种视角，前者如王俏华的《榜样教育概论》③，后者如杨婷的《榜样教育研究》④。总体而言，榜样教育理论体系主要包括理论和实践两个层面：前者包括榜样和榜样教育的内涵、要素、本质、性质、特征、功能、作用、历史发展等；后者包括榜样教育具体过程的开展、榜样教育的传播机制和学习机制等问题。

其二，借鉴相关学科理论为榜样教育提供理论支持。主要是借鉴相关学科的理论，来构建体现榜样教育一般规律的理论，或者对榜样教育问题进行理论释义。一是从马克思主义理论视角释义。研究热点是以马克思主义人学理论阐释榜样教育。杨婷以马克思主义人学理论为指导，认为"现实的人"是榜样教育的基点，"主体的人"是榜样教育的核心，而人的本性需要是榜样教育的动力，人格价值是榜样教育的价值定位，人的全面发展是榜样教育的终极目标。⑤二是榜样教育心理学依据。借鉴心理学特别是班杜拉的社会学习理论来论证榜

① 彭怀祖、姜朝晖、成云雷：《榜样论》，人民出版社，2002。

② 邹秀春：《道德榜样论》，北京出版社，2010。

③ 王俏华：《榜样教育概论》，北京大学出版社，2014。

④ 杨婷：《榜样教育研究》，中国社会科学出版社，2015。

⑤ 杨婷：《榜样教育的马克思主义人学透视》，《河南师范大学学报》（哲学社会科学版）2010年第1期。

样教育的合理性和实效性是理论热点。① 毫无疑问，榜样教育的开展与教育者、受教育者的动机、态度、心理密切相关，以心理学为依据的阐释，为榜样教育具体操作提供了方法论支持。三是对哲学依据和心理学依据的综合分析。李基礼认为，榜样教育法的哲学依据在于榜样与一般人之间的个体性差异体现的不平衡规律，以及自我反思能力和主观能动性；榜样教育法的心理学依据也被归结为模仿心理机制。② 高国希基于德性论视角，认为榜样影响力源于追随群体的价值认同，榜样体现了审美的体验，能触动心灵深处，体现了应有的知、情、意、行。③

值得注意的是，榜样教育是一种跨学科、交叉性的理论结合点，对榜样教育相关理论的探讨很难局限于一门学科之内，因此我们应立足于榜样教育的理论特点，多学科、全方位地进行理论探索。

**2. 关于中国古代榜样教育思想的研究**

我国榜样教育的历史源远流长，古代榜样教育思想是我们进行榜样教育理论思索的宝贵资源，其渐成研究热点。

其一，从德育基本要素的角度构建榜样教育的分析框架。李承贵以哲学理论为基础，借鉴了德育相关理论，从榜样教化的具体展开维度入手，从五个方面对儒家榜样教化论的展开逻辑进行架构，即教化的主体、榜样的素质、教化的基础、教化的方式、教化的效应。④ 围绕榜样教育主体、榜样、理论基础、教育方法、教化效果等要素展开，揭示了古代榜样教育思想展开的具体理论维度。

其二，从观念史的角度研究榜样叙事。陈继红研究了儒家孝子榜样承载的孝道功利化转向，对儒家"二十四孝"这一文化产品中的榜样叙事进行了观念史的分析，发现儒家榜样承载的孝道精神存在功利化转向问题。⑤ 在另一篇文章中，她认为儒家教化本旨即榜样教化，其表现形态是身教示范，儒家榜样教化是理解古代社会治理中的思想政治教育的切入点。⑥ 笔者基于榜样教育视角，梳

---

① 袁文斌、刘普：《榜样教育的理论依据与心理机制》，《河北大学学报》（哲学社会科学版）2010年第1期。
② 李基礼：《榜样教育法内在机制及实践反思——以北京大学实践为例》，《思想教育研究》2010年第9期。
③ 高国希：《德性论视域中的榜样教育——以雷锋精神为范本》，《伦理学研究》2018年第4期。
④ 李承贵：《儒家榜样教化论及其当代省察——以先秦儒家为中心》，《齐鲁学刊》2014年第4期。
⑤ 陈继红：《儒家孝道的功利化转向及其限度——孝子榜样叙事的观念史释读》，《南京社会科学》2016年第10期。
⑥ 陈继红：《榜样教化：古代社会治理中的思想政治教育》，《教学与研究》2021年第1期。

理了"四书"中榜样教育思想的理论基础、主要内容、特点、局限及意义。[①]

其三，从社会史的角度分析社会化榜样问题。马和民研究了中国传统的社会教化实践以及社会化榜样问题，认为中国历史上的多类型、多性质、多层面的传统榜样人物为当时人们提供了几乎所有领域的相应参照群体，为指导人们的人生实践和生活提供了全方位的发展原则，为当时社会甚至是当代社会的个体发展与成长提供了一种社会化背景，对理解当代社会化秩序具有对照意义。[②]鲁成波从家长、教师、官员三个层面的榜样教育实践出发，分析了我国古代榜样教育的实践体系，即榜样教育始于家庭（家长）、贯穿于学校（教师）、拓展于社会（官员）。[③]

总体来说，中国古代的榜样教育资源引起了学界关注，目前研究成果还是集中于梳理先秦儒家经典文本之中的榜样教育思想，对其他时期、其他学派的相关经典文本，以及榜样教育在传统社会实践中的运用等方面的研究，还有较大空间。

### 3.关于榜样教育实践中的有效性研究

在实践中富有成效是榜样教育的价值指向和意义所在，对榜样教育实效性的研究一直是理论热点。国内学者主要从三个方面展开研究。

其一，对榜样教育存在的问题、成因、对策的研究，主要采用"发现问题—分析问题—解决问题"的范式。一是从榜样教育过程的角度进行研究。戴锐认为，榜样教育过程中存在科学性不足的问题，必须遵循榜样教育的规律和原则以使榜样教育的过程科学化。[④]曾长秋认为提升榜样教育有效性需从发现、树立、培养、教育榜样的过程入手。[⑤]二是从教育对象的角度进行研究。彭怀祖、杨建新将分层理论引入榜样教育，认为榜样教育要从学生的实际出发，突出层次性、差异性，进行差别化教育。[⑥]朱宁波、袁媛采用调查问卷等方式，对大学生群体、青少年群体的榜样教育现状进行实证研究，从而有针对性地提出建议。[⑦]在确保信度、效度的前提下，实证研究能够比较真实地反映出当下榜

① 储成君：《〈四书〉榜样教育思想研究》，硕士学位论文，南京大学，2018。
② 马和民：《论传统中国的社会教化实践与社会化榜样》，《浙江大学学报》（人文社会科学版）2004年第5期。
③ 鲁成波：《中国古代榜样教育体系的三维构建》，《理论视野》2015年第4期。
④ 戴锐：《榜样教育的有效性与科学化》，《教育研究》2002年第8期。
⑤ 曾长秋：《论社会主义时期的榜样教育》，《探索》1999年第5期。
⑥ 彭怀祖、杨建新：《基于分层教育理论的榜样教育实效性研究》，《思想教育研究》2010年第11期。
⑦ 朱宁波、袁媛：《青少年道德榜样教育现状的调查研究》，《教育科学》2013年第5期。

样教育面临的实际问题。三是从榜样教育模式构建的角度分析。王雯娜提出要构建多元化榜样教育模式。① 杨婷借鉴交互理论，认为增强榜样教育实效性必须发挥家庭、社会、学校的协同作用。② 四是从榜样教育历史发展角度纵向考量。李蕊从宏观视域考察了中国共产党树立的榜样形象之历史变迁，认为要解决榜样官方化、宣传神性化、学习形式化问题。③ 庞申伟、柳礼泉回顾了改革开放后榜样教育文化建构的历史图景，从环境、教育、制度三个维度提出了榜样文化构建的可行路径。④

其二，从榜样教育方法论视角切入的研究。榜样教育离不开科学方法指引，该视角研究涉及四个方面。一是榜样教育创新的方法论视角。万美容从优选和创设两个维度，探讨了榜样教育创新的方法论问题。⑤ 二是榜样教育法实施和运用中的具体要求。黄静从榜样本身条件、学习榜样方法、维护榜样权益三个方面阐说运用榜样教育法的具体要求。⑥ 杨婷认为榜样教育在新媒体时代要处理好"变"与"不变"的关系。⑦ 三是陈赵阳从榜样的可亲性、可敬性、可信性、可学性四个方面探讨了如何增进社会主义核心价值观认同的方法问题。⑧ 四是针对榜样"疏离"问题的反思。李蕊认为，要走出榜样"疏离"困境，要在坚持核心价值观主导、真善美价值标准和公平公正原则的前提下，逐步实现榜样类型多样化、榜样形象人性化、榜样生成民主化。⑨ 范迎春认为，要通过实现榜样文化的主体间性转向、榜样塑造的审美观照及榜样教育的"偶像—榜样"模式等路径来提升榜样文化认同。⑩

其三，从伦理学角度审视榜样教育问题。质言之，榜样都是特定道德之"善"的承载者，对榜样教育问题进行道德审视，离不开从伦理学角度进行理

---

① 王雯娜：《榜样教育新视角：多元化榜样教育模式及其建构》，《教育科学研究》2009年第8期。
② 杨婷：《整合交互的教育力量，发挥协同效应——榜样教育的实效性探索》，《思想政治教育研究》2017年第6期。
③ 李蕊：《中国共产党榜样教育的历史考察与现实思考》，《河南社会科学》2017年第7期。
④ 庞申伟、柳礼泉：《改革开放40年中国共产党榜样文化建构的回顾与省思》，《思想教育研究》2019年第1期。
⑤ 万美容：《优选与创设：榜样教育创新的方法论视角》，《中国青年研究》2006年第9期。
⑥ 黄静：《论思想政治教育的主要实施方法——榜样教育法》，《毛泽东思想研究》2013年第6期。
⑦ 杨婷：《新媒体时代榜样传播的"变"与"不变"》，《思想理论教育导刊》2017年第8期。
⑧ 陈赵阳：《增进社会主义核心价值体系认同的榜样教育路径》，《思想教育研究》2011年第7期。
⑨ 李蕊：《当前榜样认同的"疏离"困境及提升策略》，《中州学刊》2014年第1期。
⑩ 范迎春：《当前榜样文化的审视与反思》，《教学与研究》2016年第3期。

论反思。一是从德性伦理角度审视榜样教育问题。高国希从德性伦理的角度，提出道德教育应该着眼于培养人的品质和能力，而不是"复制"给受教育者一些规则，在进行规范教育的同时，更应当注重道德卓越、理想人格、爱、尊重等道德情感的培育。因此，榜样教育是如何在规则传递过程中使人更好地生活的问题，规则只是手段，人的价值性才是目的。[①] 二是从榜样体现的美德统一性和连贯性角度进行反思。赵永刚认为道德榜样不一定具有所有的美德（统一性问题），也不一定在所有情境下都表现出美德（连贯性问题），进行道德人格评价时既要谨慎又要宽容。[②]

### 4.关于榜样教育转型的研究

其一，基于"偶像—榜样"耦合视角的研究。诸多学者认识到偶像崇拜与榜样教育具有很大相关性，对借助偶像崇拜推动榜样教育进行了探究。一是以"榜样—偶像"教育拓展榜样教育新领域。岳晓东分析了榜样与偶像的区别以及传统榜样教育面临的挑战，给出了以"偶像—榜样教育"拓展榜样教育空间的建议。[③] 何小忠从教育学视角，分析了偶像亚文化与青少年榜样教育的关系。[④] 笔者基于榜样教育视域，探讨了虚拟偶像赋能榜样教育的显著优势、现实挑战、发展路径。[⑤] 二是基于偶像教育与榜样教育比较的视角，徐红波分析了榜样教育与偶像崇拜在主体、客体、介体、载体等相通要素上的异同，在此基础上分析了应该如何促进榜样教育构成要素的拓展问题。[⑥] 三是从社会秩序构建的角度研究。彭怀祖基于榜样教育和偶像崇拜关联，研究了如何通过人格力量促进和谐社会建设。[⑦]

其二，对"最美"文化现象的研究。一是揭示榜样教育主体转向问题。陈继红从"最美人物"这一榜样教育新形态入手，分析了其在传播社会主流价值过程中价值判断主体、价值选择主体、榜样教育主体的转向问题。[⑧] 二是对

---

① 高国希：《雷锋精神：德性伦理与榜样教育》，《思想理论教育》2013年第13期。

② 赵永刚：《道德榜样背后的两个伦理学理论问题——论美德的统一性与连贯性》，《北京交通大学学报》（社会科学版）2010年第3期。

③ 岳晓东：《论偶像——榜样教育》，《中国教育学刊》2004年第9期。

④ 何小忠：《偶像亚文化与青少年榜样教育》，江西人民出版社，2007。

⑤ 储成君：《榜样教育视域下虚拟偶像的理论审视》，《思想理论教育》2022年第8期。

⑥ 徐红波：《榜样教育与偶像崇拜构成要素异同辨思》，《南通大学学报》（社会科学版）2014年第3期。

⑦ 彭怀祖：《和谐社会视阈下的榜样与偶像研究》，学习出版社，2015。

⑧ 陈继红：《榜样之美与社会主流道德传播的主体转向》，《南京社会科学》2014年第9期。

榜样教育转换成共同体精神培育的探索。张波、陆沪根从道德社会学的角度分析了"最美现象"的逻辑渊源，进而发现其对传统榜样教育的"生活化"回归，作者认为更重要的是需要推动社会教育模式从榜样教育到共同体培育的转换。①

其三，立足当下时代背景对榜样转型的思考。才立琴分析了多元化时代榜样塑造问题，认为在多元化时代也需要榜样，应关注榜样的层次性、承认榜样的不完美性，坚持榜样的平民性，注重榜样的发展性。②成云雷认为，在市场经济条件下，榜样作为全社会公认的道德理想人格，对于整个社会的人格优化具有重大作用。③张杨乐立足于现代性视域，认为榜样教育和现代性具有一致性、契合性，榜样教育现代性转型需要以人为本，凸显人的地位。④吴全华对后榜样教育时代进行反思，认为应该终结不合时宜的动员式"扬善"的榜样教育，道德建设的主要任务是"抑恶"而非"扬善"，应该使每个人都能本色化地做人做事。⑤

**5. 关于劳模的研究**

劳模是劳动领域的榜样。目前，国内学界对劳模问题的研究取得了良好开篇。概言之，相关研究主要聚焦于探索构建劳模研究的理论体系框架、阐释劳模及劳模文化之价值、分析特定历史时期劳模问题、思考弘扬劳模精神问题等方面。笔者已另文详述⑥，在此不赘。但国内学界现有研究对劳模之"模"的模范、榜样意义缺乏揭示，亦缺乏着力于研究主流媒体劳模报道的榜样教育意蕴的成果。

（二）国外研究现状

国外关于榜样教育的研究较少，主要有两种观点。

一是充分肯定榜样的作用。英国教育学家洛克十分认可榜样的育人作用，

① 张波、陆沪根：《从榜样教育到共同体精神培育：社会道德教育模式的转变——以"最美现象"为例》，《中州学刊》2016年第4期。

② 才立琴：《多元化时代的榜样重塑》，《中国青年研究》2009年第1期。

③ 成云雷：《当代中国道德建设中的榜样作用》，《毛泽东邓小平理论研究》2005年第5期。

④ 张杨乐：《现代性视域下的榜样教育》，《贵州社会科学》2017年第10期。

⑤ 吴全华：《后榜样教育时代的道德建设》，《教育科学研究》2012年第9期。

⑥ 储成君、周月：《近20年来国内关于劳模的研究述评》，《中共山西省委党校学报》2020年第5期。

他认为"榜样比任何事物都更能温和而深刻地渗入人们的内心"①。其中，理论最为系统，影响最为广泛的是以班杜拉为代表的社会学习理论。班杜拉对"观察—模仿"心理机制有着深入研究，认为观察和模仿榜样是人类学习的重要方法，"大部分的人类行动是通过对榜样的观察而习得，即一个人通过观察他人知道了新的行动应该怎样做"②。此外，苏霍姆林斯基在长期教育实践的基础上，也认为榜样人物具有重要教育意义。他特别强调了教师、家长的榜样示范作用，要让"每一个学生在学校和家庭里都能亲眼看到自觉的劳动和责任感的榜样"③。"他山之石，可以为错。"（《诗经·鹤鸣》）国外相关研究或是基于心理学实验方法，或是基于教学实践经验总结，具有很强的实践性、实证性，对我们开展榜样教育研究具有借鉴意义。

二是质疑和反思榜样和模范的育人作用。康德说道："不要拿上我们的狭义书籍中所充斥的所谓壮举（超级有功的）范例来教他们，而事事都应当只以职责来提示他们。"④在他看来，人们道德的行为应该出自对"绝对命令"的遵守，而非对榜样范例的简单模仿。汤姆·L.彼彻姆亦认为，"学习'模范人物'经常会妨碍自己批判性地思考和独立地实施自己的判断"⑤。西方学者关于榜样和模范的审视，有助于警示我们规避榜样教育的潜在缺陷，思考如何尊重教育客体的权利、自由、理性，以合理的方式进行榜样教育。

而具体到劳模这种榜样，目前，国外仅有少数学者关注了劳动英雄。如：帕特里夏·斯特拉纳汉（Patricia Stranahan）研究了延安时期的女劳动英雄。总体来看，由于意识形态和研究旨趣迥异，国外对劳动英雄的研究成果较少，且对深层文化背景和意义缺乏深入、系统了解。

基于上文对中西方相关成果的梳理，可见理论界从不同侧面、不同角度对榜样教育的基础理论、存在的问题与对策等进行了研究，而关于劳模的研究亦逐渐升温，研究论题不断拓宽、研究深度不断加深、研究方法不断创新，取得了可喜成果，这为本书研究劳模报道这种特殊榜样教育形式提供了理论资源和

① 〔英〕约翰·洛克：《教育漫话》，徐大建译，上海人民出版社，2011，第71页。
② 〔美〕阿伯特·班杜拉：《社会学习心理学》，郭占基等译，吉林教育出版社，1988，第22页。
③ 〔苏〕瓦·阿·苏霍姆林斯基：《给教师的建议》（修订本 全一册），杜殿坤编译，教育科学出版社，1984，第388页。
④ 〔德〕康德：《实践理性批判》，关文运译，广西师范大学出版社，2002，第150~151页。
⑤ 〔美〕汤姆·L.彼彻姆：《哲学的伦理学》，雷克勤、郭夏娟、李兰芬等译，中国社会科学出版社，1990，第260页。

方法借鉴。但就现有研究成果而言，尚存有进一步提升的空间。

其一，关于榜样教育的研究与关于劳模的研究未能深度关联。一方面，榜样教育研究未能对劳模和劳模报道足够重视。显然，劳模作为一种劳动领域的榜样，劳模报道作为一种榜样教育实践，理应成为榜样教育研究的论题，但从当前关于榜样教育的研究来看，很少有成果基于榜样教育视域探讨劳模和劳模报道问题，在研究榜样教育时缺乏对不同领域、不同类型的具体榜样之关注，特别是忽视了劳动实践中的先进人物——劳模这种重要榜样类型。另一方面，目前学界关于劳模的研究已有建树，但鲜有研究从榜样教育视角切入，忽视了劳模之"模"即"模范""榜样"的深刻含义，从而使其"劳动之榜样"的本质属性未获彰显。

其二，多学科交叉视野不足，研究的跨学科性质有待强化。当前，不同学科间交流互鉴已取得可喜成果，一些学者借鉴马克思主义哲学、经济学、社会学、历史学、伦理学等学科的理论和方法，对一些具体问题进行了探讨。但就研究的主要态势来看，这种学科交叉视野的研究，还停留在借鉴某一理论分析某个具体问题的层面，而如何借鉴相关学科理论，系统地、全面地、深入地搭建研究的理论体系，还需进一步加强研究。"不同学科之间打破学科间的'壁垒'，突破自身的'边界'走向交叉、互涉才是现代知识条件下学科发展的应然状态。"① 而榜样教育与劳模报道更是跨越哲学、伦理学、传播学、历史学、教育学、社会学、文化学等诸多学科的交叉地带，只有进行多学科、综合性探究，取长补短，相互对话，才有可能使研究建立在坚实理论基础之上。

其三，研究论题较为分散，对榜样教育与劳模一些相关问题缺乏系统性、深入性研究。一方面，基础理论研究有待提升，虽然学界已从理论层面审视榜样教育和劳模问题，但相关成果仍以人物纪实类文献为主。学界虽然试图建构劳模研究的基础理论体系，但研究尚处于起步阶段。另一方面，研究关涉的论题较为分散。具体到对每一个论题的研究，仍然存在深度不够的问题。尚需进一步探讨如何借鉴相关学科理论，全面地、深入地构建研究的理论体系。

综上所述，目前关于榜样教育和劳模的研究已经取得了一些奠基性成果，进行更加深入、更加系统的研究十分必要。进一步的研究需要注意发挥思想政治教育学科的主场优势，加强不同学科之间的理论联系，对一些具体论题、具

---

① 孙其昂、叶方兴：《论思想政治教育社会学的学科视野》，《思想教育研究》2012年第5期。

体榜样类型进行系统、深入的研究。本书试图基于榜样教育视角，力图将榜样教育与劳模报道结合起来，通过榜样教育理论分析这一榜样教育实践，以期通过对这一榜样教育具体实践的考察，推动对一些榜样教育基础理论的思考。

### 三　研究方法与研究思路

#### （一）研究方法

研究方法是关乎研究能否实现预期目标的手段。"科学就在于把理性的研究方法运用于感官所提供的材料。"[①]根据本研究的主要对象和问题关切，将采取以下三个研究方法。

一是文献研究法。"研究必须充分地占有材料，分析它的各种发展形式，探寻这些形式的内在联系。"[②]中国共产党历来重视榜样教育和劳模报道，相关资料大多散见于浩如烟海的文献之中，需要对卷帙浩繁的资料进行细致搜集、整合、研读、分析、解读。

二是逻辑与历史相统一的方法。"逻辑的方式是唯一适用的方式。但是，实际上这种方式无非是历史的方式，不过摆脱了历史的形式以及起扰乱作用的偶然性而已。"[③]本书既要以《人民日报》提供的历史事实为分析依据，客观揭示榜样教育发展的历史样貌，又必须从理论高度进行逻辑解析，排除历史发展中无关紧要的细枝末节的偶然性之干扰，以求把握中国共产党通过劳模报道开展榜样教育的思想精髓。

三是学科交叉法。研究劳模报道与榜样教育需观照不同学科的交叉性、渗透性，既要立足于思想政治教育学科的基础理论，又要以多学科融合的开阔视野，力图借助马克思主义哲学、伦理学、传播学、教育学、社会心理学、历史学等多学科的相关理论和研究方法开展研究。

#### （二）研究思路

本书以榜样教育理论为分析视域，以党的十八大以来《人民日报》劳模报

① 《马克思恩格斯文集》第三卷，人民出版社，2009，第502页。

② 《马克思恩格斯文集》第五卷，人民出版社，2009，第21~22页。

③ 《马克思恩格斯文集》第二卷，人民出版社，2009，第603页。

道文本和实践为主要分析对象，贯彻马克思主义关于劳动、榜样、劳模的基本观点，坚持辩证唯物主义和历史唯物主义的分析方法，借鉴多学科的相关理论，在呈现历史嬗变的坐标中，以榜样教育理论解读和审视党的十八大以来《人民日报》劳模报道所彰显的榜样教育意蕴与特质，在理论省思基础上，以小见大，力图为完善榜样教育理论、优化劳模宣传提供借鉴。

第一部分为绪论、第一章、第二章：这是本书的立论之基，主要阐明本书的学理依据。严谨的概念是研究的先导，概念上的轻率武断、犹疑不定会令研究陷入困难，第一章主要澄清榜样教育、劳模报道等核心概念，进而阐明榜样教育的基本要素，为本书基于这些维度展开论述提供依据。第二章，主要解读为何报刊要通过劳模报道进行榜样教育，以及《人民日报》劳模报道何以成为榜样教育的典型范本。首先梳理马克思主义理论中对于劳模报道和榜样教育契合性的论述，继而从理论层面解读劳模报道与榜样教育的契合性，最后论述为何新时代《人民日报》劳模报道可以作为榜样教育典型范本。

第二部分为第三章到第五章：这是本书的核心内容，主要立足于榜样教育分析视角，以党的十八大以来《人民日报》劳模报道为考察对象，阐明此种劳模报道所体现的榜样教育意蕴、成功经验、现实难题、制约因素。第三、四、五章从新时代《人民日报》劳模报道本身入手，分析新时代《人民日报》劳模报道的榜样教育意蕴、有效经验、现实难题。第三章聚焦于分析新时代《人民日报》劳模报道文本之中以及其运用的传播途径所彰显的榜样教育意蕴。第四、五章分别聚焦于分析新时代《人民日报》劳模报道所提供的榜样教育有效经验、面临的现实挑战。

第三部分为第六章和结语：这是本书的落脚点和归宿，主要基于榜样教育视域，对新时代《人民日报》劳模报道的榜样教育经验进行总结，并就如何提升劳模报道的榜样教育实效提出对策，力图从榜样教育叙事设计、榜样教育传播体系、榜样教育保障机制等维度提供若干建议。结语回顾、总结全书的核心观点，最终落脚于如何提升典型报道实效、彰显榜样力量。

## 四　研究的重点与难点

研究之重点。一是厘清研究榜样教育和劳模报道的学理依据，梳理马克思主义经典文献、中央文件关于劳模及其榜样作用的基本观点；二是在爬梳翔实文献资料的基础之上，从多维度对新时代《人民日报》劳模报道进行分析解读，并在学理省察基础上，以劳模报道时代化经验镜鉴榜样教育，提出可供参考的建议。

　　研究之难点。一是多学科交叉视野带来挑战。本书要借用多学科资源，但不同学科研究方法、知识体系之间日益拔高的壁垒横亘在前，给本书的研究带来挑战。二是广泛搜集和深入分析资料面临挑战。充分地占有资料是科学研究的前提。本书所涉及的相关资料散见于主要领导人的著作、报纸相关报道之中，广泛收集资料，并删繁就简地提炼核心内容，梳理逻辑脉络，具有一定难度。

# 第一章

# 榜样教育与《人民日报》 劳模报道概述

"必须先知道一个事物是什么，尔后才能觉察这个事物中所发生的变化。"[①]概念是反映研究对象本质属性的思维形式，学术研究首先要明晰所使用的核心概念"是什么"。本章首先对榜样与榜样教育、劳模与劳模报道、《人民日报》劳模报道等核心概念进行界定、辨析和说明，从而为全书研究奠定学术基础。

## 第一节　榜样与榜样教育

### 一　榜样

"榜样"作为榜样教育特有要素，是榜样教育活动区别于其他教育活动的独有特征。学界主要从方法、属性、功能等角度对其具体内涵予以界定。

---

① 《马克思恩格斯全集》第二十八卷，人民出版社，2018，第353页。

第一种思路是从"方法"角度界定榜样。一些学者将榜样理解为一种教育方法，如眭文龙等人认为，"榜样又称示范，是引导受教育者学习他人的优良思想、行为和品德的教育方法"[①]。又如，王道俊、王汉澜将榜样界定为"以他人的高尚思想、模范行为和卓越成就来影响学生品德的方法"[②]。他将榜样视作榜样法、榜样教育法，揭示了榜样对于榜样教育的工具效用。

第二种思路是从"属性"角度界定榜样。一是从榜样"最突出、最具有代表性"的属性界定。如姚迎春认为榜样是"最突出或最具有代表性的人或事"[③]。二是从榜样的道德属性界定，将榜样看作善品、善行相统一的正面人物风范。曾钊新认为，"榜样是在一定的道德实践中产生的、具有肯定意义的现实生活中的典型，是能够使人产生美感的崇高形象，是内在的善品和外在的善行的统一，是'诚于中而形于外'的正面人物的风范"[④]。三是从榜样"值得效仿和学习"的属性界定，榜样是一种"人格范式"。彭怀祖认为，"榜样是在一定历史时期经组织认定，公众舆论认可和公共传媒广泛传播，值得公众效仿和学习的人格范式"[⑤]。值得注意的是，从词义演变来看，"榜样"一词可表示"模样""样子""情况""情形""例子""典型"等中性概念，亦可用作"矫枉正曲的范式""楷模""正面典型""道德榜样"等褒义色彩词语。在大众日常用语中，多从褒义性质理解，"榜样"常暗含"值得学习""值得欲求"的属性，"每个人都把对方身上值得他欲求的东西当作自己的榜样"[⑥]。但有时候也有"好榜样""坏榜样"的用法，将"榜样"当作中性概念。而作为学术概念的"榜样"，学者多将之视作褒义概念。

第三种思路是从"功能"角度界定榜样。一是将榜样视作具有示范、激励、教化作用的特定的人（物）。刘靖君认为，"榜样是在一定的历史阶段，凝聚一定历史时期社会与大众共同理想追求的人（物），其所内含的道德与价值、外显的语言和行为，能对他人产生示范、激励和教化作用"[⑦]。二是将榜样视作具有教化作用的人格范式。成云雷认为，"榜样是凝聚了特定历史时期的人民

① 眭文龙、廖时人、朱新春主编《教育学》，人民教育出版社，1994，第407页。

② 王道俊、王汉澜主编《教育学》（新编本），人民教育出版社，1989，第399页。

③ 姚迎春：《榜样示范效应弱化现象分析》，《探索》2002年第6期。

④ 曾钊新：《道德心理论》，中南工业大学出版社，1987，第145页。

⑤ 彭怀祖：《和谐社会视阈下的榜样与偶像研究》，学习出版社，2015，第23页。

⑥ 〔古希腊〕亚里士多德：《尼各马可伦理学》，廖申白译注，商务印书馆，2003，第288页。

⑦ 刘靖君：《当代中国大学生榜样教育研究》，中国社会科学出版社，2016，第25页。

的共同理想追求、具有较高的道德境界，因而能够对他人具有教化作用的人格范式"①。

本书比较赞同成云雷的观点。首先，榜样当然是具体的、历史的存在，是特定历史时期人们理想人格追求的反映。"人们的意识，随着人们的生活条件、人们的社会关系、人们的社会存在的改变而改变。"②如果脱离了特定的社会历史条件，就无法理解榜样的合理性。其次，榜样通常表征为特定历史时期的理想人格范式。如传统社会的尧、舜、禹、汤、文、武、周公、孔子，现代社会的雷锋、劳模等，乃至文艺作品中承载真善美理念的英雄人物，皆是形象化的人格符号，承载了特定社会的价值内涵，是实现自我价值的理想化参照系统。最后，作为一种人格范式，榜样概念蕴含着道德性要求，在这个意义上，榜样与"道德榜样""道德典范"两个概念是相通的。王海明指出，榜样或道德榜样，原本是应该被模仿和学习的对象，亦即应该被模仿和学习的品德高尚的人，亦即达到了品德培养目标的人。③朱贻庭也认为，道德榜样亦称道德典范，是堪称道德楷模的典型个人或团体，是一定社会的道德原则和规范的具体、生动、形象的体现。④这说明道德榜样与道德典范是具有同一性、互释性的概念。

## 二　榜样教育

榜样教育也常常被学者称作"榜样示范法""榜样法"，关于其内涵，不同研究者从不同视角进行了界定，兹选取代表性观点分析如下。

第一种思路是从"方法"角度定义。将榜样教育视作一种教育方法是大多数学者的观点。一是将榜样教育视作一种思想政治教育的方法。张耀灿、陈万柏认为，"榜样教育法是指通过树立先进典型，以先进人物的先进思想、先进事迹为范例，教育人们提高思想认识、政治觉悟和道德品质的一种方法"⑤。这种界定将榜样教育视作思想政治教育的一种正面教育方法，教育内容是先进典

---

① 成云雷：《当代中国道德建设中的榜样作用》，《毛泽东邓小平理论研究》2005年第5期。

② 《马克思恩格斯文集》第二卷，人民出版社，2009，第50~51页。

③ 王海明：《论道德榜样》，《贵州社会科学》2007年第3期。

④ 朱贻庭主编《伦理学大辞典》（修订本），上海辞书出版社，2011，第41页。

⑤ 张耀灿、陈万柏主编《思想政治教育学原理》，高等教育出版社，2001，第181页。

型的先进思想、先进事迹，教育目的在于提高人们的思想认识、思想觉悟。二是从社会教育的角度将榜样教育视作教育社会公众的方法。王俏华认为，"榜样教育是指由国家、政府和教育者通过宣传典型人物的高尚思想、模范行为和英雄事迹来纠正和规范社会公众思想与行为的方法"①。这种视角将榜样教育的实施者界定为国家、政府、教育者，将榜样教育的对象界定为社会公众。三是从学校教育角度将榜样教育视作教育学生的方法。储培君认为，"榜样法是以各种好思想、好品德、好行为作为范例来影响、感染、教育学生的方法"②。这种视角将榜样教育视作学校教育的一种方法，将学生作为榜样教育的教育对象。

第二种思路是从"学习者"角度定义。如王丽荣认为，"榜样教育是一种常见的社会学习途径，即通过观察学习，从他人那里获取新行为的信息；模仿他人的所作所为，接受他人的行为影响而形成自身的人格特征"③。其独到之处是从"学习者"角度出发，将榜样教育不仅看作教育方法，而且看作社会学习途径。

第三种思路是从"实践活动"角度定义。如刘靖君认为，"榜样教育是特定的教育者，根据特定的教育目的，结合教育对象的身心特点，通过适当榜样的思想道德、能力水平、行为范式，来鼓励和引导教育对象认同、效仿榜样的精神品质、价值观念和道德人格，努力与榜样平齐甚至超越的一种教育实践活动"④。该视角将榜样教育看作一种教育实践活动过程，该过程包括教育者有目的、有计划、有组织地教育、启发、引导受教育者，也包含受教育者对榜样进行选择、接受、效仿、内化，体现了尊重受教育者自主性的以人为本教育理念。

第四种思路是从"方法与过程"的角度定义。该视角将榜样教育看作教育者利用榜样引导的方式来影响受教育者的过程和方法。如彭怀祖认为，"榜样教育是教育者选树合适的榜样，启发、引导受教育者模仿、学习榜样的品德、行为和其他知识技能的过程与方法"⑤。

本书比较赞同上述彭怀祖的定义。该定义比较综合地界定了榜样教育，榜样教育不仅是"方法"，而且是教与学、授予与接受相统一的过程。该界定有

---

① 王俏华：《榜样教育概论》，北京大学出版社，2014，第14页。
② 储培君：《德育论》，福建教育出版社，1997，第213页。
③ 王丽荣：《试论毛泽东的榜样教育——从学习雷锋好榜样谈起》，《毛泽东思想研究》2003年第6期。
④ 刘靖君：《当代中国大学生榜样教育研究》，中国社会科学出版社，2016，第31页。
⑤ 彭怀祖：《和谐社会视阈下的榜样与偶像研究》，学习出版社，2015，第102页。

两大优势。一是有利于弥补从上述其他角度界定的缺陷。从“方法”角度定义，彰显了榜样教育作为一种教育方法的工具价值，但过于强调教育者的主导作用，而对受教育者的能动学习观照不足。从“学习者”角度定义，其优势是凸显了学习者借助观察、模仿别人行为来进行自我教育的能动性，但这种定义没有厘清榜样教育与一般的观察学习的界限。从“实践活动”角度定义，明确了在教育实践活动中教育者教育、启发、引导的过程与受教育者对榜样选择、接受、效仿、内化的过程之间的关联，但也易忽略榜样教育的方法论特质。而彭怀祖的定义较好的综合了学者们的观点，既强调了榜样教育中教育者通过榜样引导的方式“教”的过程，也明确了受教育者能动地向榜样“学”的过程，与此同时，还确证了榜样教育的方法论特质，是一种比较科学、全面的定义。二是该定义清晰凸显了榜样教育的要素，有利于榜样教育基本问题的确立。本书认为推动榜样教育运行发展的基本要素应该包含六个方面①，与彭怀祖的定义相契。

## 第二节　劳模与劳模报道

分析新时代《人民日报》劳模报道，必须准确厘定“劳模”概念，阐明劳模与榜样的绾结，继而分析“劳模报道”概念，进而论述劳模报道与传播媒介之间的关系。

### 一　劳模：劳动之榜样

在现有界定中，“劳模”一般被视为“劳动模范”的简称。在学术论文和日常用语中，对其往往不加以严格区分。关于“劳模”概念，当前主要有两种观点。

第一种观点认为，“劳模”特指一种荣誉称号。一是认为“劳动模范”简称“劳模”，是国家、政府或企业授予生产建设中工作成绩卓著的优秀劳动者，或有重大贡献的先进人物的一种荣誉称号。②一般是将“劳模”等同于“劳动模

---

① 将在第二章第二节“一　劳模报道与榜样教育要素的融通”部分详细阐明，在此不赘。

② 徐大慰：《劳模精神研究》，安徽师范大学出版社，2020，第1页。

范"这种特定荣誉称号，至多也不过将"先进生产者""先进工作者"荣誉称号纳入其中，而无法涵盖以其他名称授予优秀劳动者的其他荣誉称号。二是认为"劳模"即"先进工作者"荣誉称号。[①]这将两种不同的劳动荣誉称号混同。三是认为"劳动模范"是授予生产劳动和工作中优秀"职工"的荣誉称号。[②]该界定忽视了除了"职工"之外的其他群体，如农民、个体户等非职工群体，他们作为劳动者和建设者，亦是"劳模"这一荣誉称号的授予对象，这种界定无疑窄化了劳模选树的范围。

第二种观点认为，"劳模"不仅是国家授予生产建设事业中先进人物的一种荣誉称号，而且是"可以作为学习榜样的人"。如韩承敏认为："劳动模范，简称劳模，是社会主义国家、人民授予生产建设中先进人物的一种崇高称号，以表彰劳动中有显著成绩或重大贡献，可以作为榜样的人。"[③]

本书认为，上述第二种观点更具合理性。其优势有二：一是阐释了"劳动模范"是一种荣誉称号，并指出了其授予主体和授予对象，即社会主义国家和人民授予优秀劳动者；二是突出了劳模的"榜样"含义，当优秀劳动者被授予某种荣誉称号时，不仅意味着其获得了崇高荣誉，还代表其成为具有感召力、示范力的榜样。正如范正伟所指，"'劳模'中心词是一个'模'字。'模'，体现了一种'示范''楷模'的价值导向，体现了一种榜样的作用"[④]。

需要说明的是，流行的"劳动模范"荣誉称号简称"劳模"的表述，在一定程度上窄化了"劳模"的涵盖范围。实际上，"劳动模范"只是授予优秀劳动者诸多荣誉称号中的一种，广义的"劳动模范"往往包括"劳动模范""全国先进工作者""大国工匠""全国优秀乡村教师"等荣誉称号，集中指向"劳动之榜样"这层含义，这些荣誉称号虽然不一定使用了"劳动模范"字样，但其获得者亦是可供学习的榜样，本书均视为"劳模"。

因此，"劳模"是国家、人民授予生产建设中先进人物的崇高称号，以表彰其在劳动中作出显著成绩或重大贡献，是可以作为榜样的人。当然，这种荣誉称号会有不同名称。本书将获得某种劳动荣誉称号、可以作为榜样的人统称为"劳模"，以凸显其榜样意蕴。

① 宋子然：《100年汉语新词新语大辞典（1912年—2011年）》上册，上海辞书出版社，2014，第236页。
② 苑茜、周冰、沈士仓等：《现代劳动关系辞典》，中国劳动社会保障出版社，2000，第640~641页。
③ 韩承敏：《劳模的力量》，南京大学出版社，2013，第160页。
④ 范正伟：《劳模精神如何引领时代（人民时评）》，《人民日报》2009年4月30日，第12版。

劳模与榜样是特殊与一般的关系，"榜样"是对可供效仿的多种理想人格的一般性描述，而"劳模"指称劳动领域的特殊榜样类型。依据前文之界定，凡符合"值得被学习和效仿并对他人具有教化作用的人格范式"这一规定，就可以统称为榜样。劳模亦符合这一规定，无疑是一种特殊形态的榜样。

其一，劳模是劳动领域的榜样。劳模之"劳"，即"劳动"，劳模凭借在劳动领域中获得的显著成绩或重大贡献而成为榜样。在《人民日报》的报道中，劳模是"劳动之榜样"的理念贯穿始终。如：1963年8月2日《人民日报》报道了山西省劳模萧进仁被评为省劳模后，反思并最终认识到劳模就是"劳动之榜样"的生动故事。

> 被评为省的劳动模范。……正要和大伙一起去下地，有几个社员却把他拦住了："……您现在是赫赫有名的大人物啦，还能老干这个，不像样嘛。"……"那干部、劳动模范究竟该是个啥样？"萧进仁边走边想。回到家里，吃饭也不香。……他老婆一听，就说："你怎连这也糊涂啦，劳模、劳模，不劳动，还叫啥劳模。""嗯！对……是啊。"老萧直点头。①

上述报道，萧进仁在被评为省劳动模范后，仍然亲自下地、参与拾粪，但一些人却认为劳模是"赫赫有名的大人物"，不需要再参与劳动。对此，萧进仁就产生了一个疑问："那干部、劳动模范究竟该是个啥样？"以至于他"边走边想""吃饭也不香"，最终在其老婆的宽解下才解决了疑问："劳模、劳模，不劳动，还叫啥劳模。"这个说法得到了萧进仁的赞同。

《人民日报》的生动叙事，承载了劳模应该是"劳动之榜样"的核心理念。在此后的相关报道中，这一理念被更多故事所复现。

> 全国劳动模范张士珍说："我若不劳动，还叫什么劳动模范！"②

> 全国劳动模范申纪兰说："劳模不劳动，还叫啥劳模。"③

---

① 陈大树：《劳动和革命——一个大队党支部书记在参加集体劳动中同旧思想斗争的故事》，《人民日报》1963年8月2日，第6版。

② 吴元富：《张士珍和她的顾客》，《人民日报》1980年4月29日，第3版。

③ 段存章：《申纪兰的根（闪光的足迹·散文特写）》，《人民日报》2003年1月2日，第15版。

　　显然，在这些报道中，劳模的朴素话语，皆表达了劳模是"劳动之榜样"的核心理念。相较之下，成为其他类型的榜样，劳动表现并非必备条件。①

　　其二，劳模相关荣誉称号一般是社会主义国家、人民授予生产建设中先进人物和杰出代表的。社会主义制度为孕育劳模提供了制度基础，劳模依托于社会主义劳动实践。何以然？因为劳模是社会主义制度下杰出劳动者的代表，是马克思主义劳动观的人格化体现，体现了社会主义价值原则和精神追求。在社会主义劳动体制下，通过政治力量选树劳模并发挥其积极作用，劳模"从劳动生产大军中脱颖而出，成为中国共产党革命文化和社会主义先进文化谱系中的精神符号"②。

　　总之，劳模体现了榜样谱系中普遍性与特殊性的辩证统一。劳模反映了榜样的一种具体形态——劳动领域的榜样之个性、特殊性。劳模之所以是榜样，是因为其体现了"教化作用的人格范式"的普遍性本质规定，在劳动领域具有先进性、超前性，值得被大多数人学习、效仿。因此，对榜样的研究，离不开对劳模的研究，同样，研究劳模的特殊性，亦有助于丰富对榜样的研究。

## 二　劳模报道

　　从字面上看，"劳模报道"即关于"劳模"的报道。在现代汉语中，"报道"有两种含义：一是作为动词使用，意指通过各种渠道将新闻、消息告诉受众；二是作为名词使用，是指用这些渠道发表的新闻稿。③刘建明认为，在新闻学中，作为动词的"报道"是"新闻记者借助大众传播工具向受众报告新闻或对新闻作出评述的过程"；作为名词的"报道"是指通过各种渠道发布的新闻稿、各种新闻体裁作品，只要"含有新发生的事实"，"也都具有报道的意义"，就此而言，报道指向广义上的"新闻"，除了"事件性新闻"，发表"评述性新闻""文艺性新闻""政论性新闻""观点性新闻"等也具有报道的含义。④据此，本书所说的劳模报道，不仅包含与劳模相关的事件性新闻报道，还囊括有关社

---

① 例如，在中国古代，孝子大舜成为榜样凭借的是事亲尽孝："舜尽事亲之道而瞽瞍底豫，瞽瞍底豫而天下化，瞽瞍底豫而天下之为父子者定，此之谓大孝。"（《孟子·离娄章句上》）

② 刘佳：《社会主义国家建设视野下劳模精神再阐释》，《内蒙古社会科学》（汉文版）2019年第5期。

③ 张清源主编《现代汉语常用词词典》，四川人民出版社，1992，第11页。

④ 刘建明主编《宣传舆论学大辞典》，经济日报出版社，1993，第146页。

论、人物纪实等多种具有报道意义的形式。因此，"劳模报道"就是传播者借助传播媒介向受众传播劳模相关新闻的活动，以及所发布的与劳模相关的新闻稿。

劳模报道只有借助特定传播媒介，才能将其信息传播出去。按照劳模报道的传播媒介的形态，可以分为印刷媒介（报纸、杂志）、电子媒介（广播、电视）、网络媒介等多种形态。

其一，劳模报道的印刷媒介，主要是报纸和杂志。报纸具有信息量大、报道详尽、便于查考、阅读灵活的优势。《人民日报》的纸质版持续发行至今。《人民日报》作为中国共产党的机关报，是政治性报纸的典型，也是劳模报道的重要媒体。《人民日报》还是综合性报纸的代表，其劳模报道最具综合性，各行各业、各个阶层的劳模都会广泛涉及。《人民日报》面向全国发行，是具有广泛影响力的媒体，随着《人民日报》（海外版）的发行，《人民日报》具有了全球性报纸的特质。

其二，劳模报道的电子媒介，主要是广播和电视。在电视尚未普及的年代，广播是劳模报道的重要方式，但随着时代发展，其作用日益式微并转向网络广播。电视比广播问世要晚，由于其具有视听兼备、传播迅速、报道及时、现场感强、受众广泛等特点，成为劳模报道的重要工具。其中，中央广播电视总台的劳模报道最具代表性，中央广播电视总台不仅拥有中央电视台多个电视频道，还包含"中国之声"等广播电台，其劳模报道在国内外具有广泛影响力。但作为一种线性传播，其劳模报道具有稍纵即逝、必须按时收看、不便查考的弊端。

其三，网络虚拟空间构造了劳模报道的全新传播场域。网络日益成为劳模报道的主要媒介，并且具有了媒介融合趋向。相形之下，网络媒介比印刷媒介和电子媒介更具优越性。我国网络媒介劳模报道与互联网在我国发展的进程具有同步性。总体来看，网络媒介中的劳模报道，有复制报道和原创报道两种形式，前者是将其他媒介的内容复制到网络上重新发布，如"人民日报图文数据库"即属于对纸质版《人民日报》内容的复制传播，其内容和纸质版内容一致；原创报道则是在网络中直接发布的报道，《人民日报》通过人民网、微博、抖音发布原创性劳模报道，提升了劳模报道的信息量，突破了报纸版面的限制。当前，媒介融合的兴起，进一步推动了劳模报道的网络化发展。

需要阐明的是，新兴传播技术涌现，并非对过往技术的简单替代，而是对过往技术的补充、完善与融合。保罗·莱文森（Paul Levinson）提出了"补救性媒介"（Remedial Medium）理论来诠释媒介技术发展的基本模式，认为"我们创造既保留原来好处又解决新问题的新技术"①。也就是说，在媒介演化过程中人们会进行理性选择，后继媒介作为一种补救措施，会补救或补偿既往媒介功能之缺失，从而使人类传播技术日臻人性化、完美化。同样，从纸媒、网媒、融媒到新兴的"元宇宙"，后继媒介吸纳、融合了既往媒介传播优势，亦不断改进、弥补既往媒介内在缺陷，使信息获取由费力耗时转向便捷高效。

综上所述，劳模报道是传播者借助传播媒介向受众传播劳模相关新闻的活动，以及所发布的与劳模相关的新闻稿。劳模报道可借助印刷媒介、电子媒介、网络媒介等多种载体传播。随着网络化的发展，作为纸媒的《人民日报》劳模报道开始从"报网互动"走向"媒介融合"，不仅继续发挥纸媒的劳模报道之优势，而且融合和吸纳了电子媒介的视听传播优势，是劳模报道的代表性媒体。

## 第三节 《人民日报》劳模报道

《人民日报》作为中共中央机关报和我国第一大报，其政治权威性、影响广泛性、资料完整性远超一般的报纸；《人民日报》劳模报道不仅蕴含深刻的政治、经济、文化诉求，而且在70余年的发展历程中，始终继承传统、与时俱进，产生了深远影响。

### 一 《人民日报》劳模报道的特殊地位

如前所述，劳模报道必须依托传播媒介，《人民日报》劳模报道在政治权威性、影响广泛性、资料完整性上具有显著优势和特殊地位。

其一，《人民日报》中共中央机关报的特殊政治属性，决定了其劳模报道具有很强的政治导向性。揆诸历史，《人民日报》在新中国成立前夕创立，是中国共产党中央委员会机关报，在我国传媒矩阵中无疑具有最强的政治权威性。"中共中央机关报"是中央级的报纸，其劳模报道就是中共中央立场、主

---

① 〔美〕保罗·莱文森:《莱文森精粹》，何道宽编译，中国人民大学出版社，2007，第131页。

张、政策的直接呈现。"全党全国人民都从人民日报里寻找精神力量和'定盘星'。"①《人民日报》是全党全国人民学习和了解党的方针政策的权威媒体，也是连接党和人民精神血脉的重要桥梁。一直以来，《人民日报》关于劳模的宣传报道，既呈现了不同时期中国共产党关于劳模这种特殊榜样的认识，也成为不同时期主导价值观的"风向标"，对不同时期的价值观起到了重要导向作用，反映了不同阶段中国共产党的原则和立场。因此，《人民日报》劳模报道旗帜鲜明地传播了主导价值观，在宣传党的理论路线和方针政策方面具有权威性。

其二，《人民日报》劳模报道影响力大。《人民日报》是中国第一大报纸，是世界十大报纸之一。②作为极具影响力的主流媒体，《人民日报》的传播力、引导力、影响力与日俱增。有人认为其传播力有所下降，甚至已经没有多少人再阅读，实际上这是一种误解。其实，在网络化时代，《人民日报》不仅继续创新并彰显传统纸媒报道的优势，还促进了"融为一体、合而为一"的新型主流媒体构建，使人们很多时候阅读了其信息却不自知，从而具有潜移默化的特质。③道格拉斯·凯尔纳（Douglas Kellner）指出，媒体文化并非天真无邪的娱乐，而是"彻头彻尾的意识形态的产物"④。主流媒体承担守护意识形态安全的重任。党的十八大以来，党中央多次强调《人民日报》在宣传报道中要发挥"中流砥柱"和"定海神针"作用，当好"排头兵"和"领航者"。⑤毫无疑问，《人民日报》具有较强的媒体影响力，承担着牢牢把握正确舆论导向、巩固主流意识形态思想阵地、激励全党全国人民不懈奋斗的重要使命。

其三，《人民日报》劳模报道具有连续性，资料完整性强。70多年来，《人民日报》劳模报道从未中断，始终对劳模话题保持一定的关注度。基于历史性考察，中国共产党的劳模报道始于《解放日报》（1941年5月16日至1947年3月27日），在其停刊后，《人民日报》继而成为中共中央机关报，基本接续《解放日报》劳模报道的传统，并一直持续至今，相较于其他媒体的劳模报道，

---

① 《习近平的新闻舆论观》，人民网，2016年2月25日，http://jhsjk.people.cn/article/28147896。
② 《人民日报社简介》，人民网，2022年5月，http://www.people.com.cn/GB/50142/104580/index.html。
③ 这将在第三章第三节详述，在此不赘。
④ 〔美〕道格拉斯·凯尔纳：《媒体文化——介于现代与后现代之间的文化研究、认同性与政治》，丁宁译，商务印书馆，2013，第158页。
⑤ 《人民日报社简介》，人民网，2022年5月，http://www.people.com.cn/GB/50142/104580/index.html。

《人民日报》劳模报道呈现出不同历史阶段劳模报道的历史嬗变和时代风貌，资料完整，堪称范本。

综上所述，《人民日报》的特殊地位，决定了其劳模报道也具有政治权威性、影响广泛性、资料完整性，是分析榜样教育的可靠文本。

### 二 《人民日报》劳模报道的目的诉求

典型报道"存在的根本目的就是反映、弘扬、引领时代精神与发展潮流，促进社会积极、稳定、和谐发展"①，即通过榜样引领，促进社会物质文明和精神文明的发展。《人民日报》劳模报道亦然，其旨在通过对劳模这种榜样的宣传，激发受传者对劳模的情感认同，促使其主动学习、效仿劳模；传播劳模先进事迹，传承劳模高尚德行，从而通过劳模引领社会潮流、促进社会发展。

其一，《人民日报》劳模报道的政治目的诉求。劳模凸显了工人阶级作为领导阶级的政治地位，展现了劳动者在政治上当家作主，并以"主人翁"姿态参加劳动，是工人阶级坚决听党话、跟党走政治觉悟的体现。劳模具有独特的政治属性，"是国家治理体系和主流意识形态的重要符号象征"②。习近平总书记将劳模称为民族的精英、人民的楷模、共和国的功臣，并阐明了要高度重视发挥劳模重要作用。习近平总书记指出，"我国是人民当家作主的社会主义国家，党和国家始终坚持全心全意依靠工人阶级方针，始终高度重视工人阶级和广大劳动群众在党和国家事业发展中的重要地位，始终高度重视发挥劳动模范和先进工作者的重要作用"③。因此，发挥劳模政治功能是劳模报道的重要诉求，这是由我国政治体制等决定的。在新时代，劳模报道着力号召工人阶级和劳动群众"做改革发展稳定的主力军"④，凝聚"用劳动创造托起中国梦"⑤的共识。

其二，《人民日报》劳模报道的经济目的诉求。一方面，劳模相关报道明确传达党和国家关于经济发展的方针政策；另一方面，劳模自身是推动经济建设和社会发展的重要力量，劳模人格魅力为受传者所接受和学习，就能转化为

---

① 朱清河：《典型报道论纲》，河南人民出版社，2011，第34页。

② 杨冬梅、赵健杰主编《劳模学概论》，人民出版社，2020，第106页。

③ 习近平：《在全国劳动模范和先进工作者表彰大会上的讲话》，人民出版社，2020，第2页。

④ 《做改革发展稳定的主力军（社论）——写在"五一"国际劳动节》，《人民日报》2012年5月1日，第1版。

⑤ 《用劳动创造托起中国梦（社论）》，《人民日报》2013年5月1日，第1版。

促进生产发展的精神动力。一直以来，中国共产党都十分重视发挥劳模的经济功能。新时代《人民日报》劳模报道，号召劳模"以主人翁姿态积极推动经济高质量发展"[①]，无疑是显扬劳模推动经济发展作用的有效途径。

其三，《人民日报》劳模报道的文化目的诉求。劳模承载先进文化，因此主流媒体劳模报道还具有文化建设诉求，这一诉求贯穿于各个历史阶段。在新时代，劳模及劳模精神是文化自信的重要支撑，因此，劳模报道有助于传播劳模文化，增强文化自信，推动中国特色社会主义文化繁荣发展；劳模是社会主义核心价值观的践行者和引领者，劳模报道有助于弘扬社会主义核心价值观；新时代要"营造劳动光荣的社会风尚和精益求精的敬业风气"[②]，劳模报道有助于弘扬以劳模精神、劳动精神、工匠精神为代表的精神文化，引领社会风尚。

总之，《人民日报》劳模报道的目的诉求主要体现在政治、经济、文化三个维度，而这些诉求在不同时期又有不同侧重。

## 三 《人民日报》劳模报道的历史发展

《人民日报》劳模报道是在长期实践中发展的，总体来看，经历了以下四个阶段。

第一个阶段，从1946年5月15日中国共产党晋冀鲁豫边区机关报《人民日报》创刊发端，持续至1949年新中国成立，这是《人民日报》劳模报道的雏形期。《人民日报》劳模报道是对《解放日报》典型报道的承续。作为组织群众的重要方法，《解放日报》报道劳动英雄，开了我国典型报道的先河。在农业领域，1942年4月30日，《解放日报》报道农业领域劳动英雄吴满有，开创了我国把普通劳动者的事迹刊登在报纸头版头条的先例。在工业领域，《解放日报》对赵占魁运动进行了深入报道，有力推动了赵占魁运动的开展。仅1943年上半年，该报报道的先进典型就逾600名[③]，而1943年后，"宣传大生产运动中的先进典型，推广他们的经验，先后发表大生产运动的消息和通讯3000多篇"[④]。随着1947年《解放日报》停刊和后来《人民日报》接替成为新的

---

① 《争做奋斗者 建功新征程——2020年全国劳动模范和先进工作者倡议书》，《人民日报》2020年11月25日，第5版。

② 《习近平谈治国理政》第三卷，外文出版社，2020，第24页。

③ 安岗：《新闻论集》，天津人民出版社，1982，第50页。

④ 丁淦林等：《中国新闻事业史新编》，四川人民出版社，1998，第310页。

中共中央机关报，《人民日报》承担起劳模报道的榜样教育使命。时值解放战争，《人民日报》劳模报道的中心任务是促使人们积极加紧生产，支援解放战争前线。如：在发展生产方面，劳动英雄李顺达"坚信党的政策，努力生产发家"①；劳动英雄石寸金领导全村生产致富②。在支援军事方面，劳动英雄王献芹带头替参战部队收秋③；女劳模王玉珍组织妇女为前线送煎饼④，凸显了军民鱼水情，体现了榜样在支援军事与生产建设中的双重引领作用。总之，报道的劳模具有为革命献身的特质，有助于调动军民革命斗争和生产劳动积极性。

第二个阶段，从1949年新中国成立到1978年改革开放前夕。该阶段劳模报道呈现出初步发展与曲折前进并存、"革命"话语与"建设"话语交织的特征，大致有三次转向。一是自1949年新中国成立到1956年底三大改造完成，主要报道以开国功臣为代表的"工农兵"劳模。该时期劳模报道的主要任务是发扬革命英雄主义，鼓励生产，发展经济，巩固新中国政权。国家建设中涌现出新劳模，如钢厂工人劳模潘长有"在紧急的生产任务面前，奋不顾身，表现了工人阶级的高尚品质"⑤；劳模高万红"一心革命，勤劳生产"；劳模还开展增产节约运动，全力支持志愿军保家卫国⑥。从1953年始，在大规模有计划的经济建设中，涌现出诸多先进生产者，如工业劳模孟泰、王崇伦成为"苦干加巧干、经验加创新"的代表，农业劳模李顺达、申纪兰等是增产节约代表⑦。二是自1956年社会主义制度确立到1966年，主要树立自力更生、艰苦奋斗的"老黄牛"劳模形象，其间，召开了1959年全国群英会、1960年全国文教群英会。《人民日报》主要报道积极参加劳动竞赛，自力更生、艰苦奋斗，改良操作技术和生产设备，全心全意为人民服务的劳模。如，"铁人"王进喜"深深懂得发扬艰苦奋斗、自力更生这个革命传统的伟大意义，心甘情愿地吃大苦，耐大

① 《太行劳动英雄李顺达等号召 英雄带头推动生产》，《人民日报》1948年6月1日，第1版；《太行劳动英雄李顺达 坚信党的政策 努力生产发家》，《人民日报》1948年7月5日，第1版。

② 冀雨：《领导全村生产致富——记太行一等劳动英雄石寸金》，《人民日报》1947年4月13日，第2版。

③ 北流：《劳动英雄王献芹 替参战部队收秋》，《人民日报》1946年10月15日，第2版。

④ 新华社：《华东翻身农民总动员保证前线军需》，《人民日报》1947年5月28日，第1版。

⑤ 陆宁：《潘长有热修马丁炉——工农兵劳模大会工业代表介绍之三》，《人民日报》1950年9月8日，第2版。

⑥ 《增加生产，厉行节约，支持中国人民志愿军！ 河北省工农业劳动模范代表大会全体代表 向毛主席保证开展全省增产节约运动》，《人民日报》1951年12月9日，第2版。

⑦ 参见新华社《劳动模范孟泰试验高炉除尘器防尘罩成功 王崇伦改进多活卡具提高工作效率两倍多》，《人民日报》1954年7月4日，第2版；新华社《农业劳动模范李顺达、郭玉恩、申纪兰、武侯梨 联名倡议开展全国规模的农业增产竞赛》，《人民日报》1956年1月18日，第1版。

劳，临危不惧，必要时甚至不惜牺牲个人的一切，而能把这些看作光荣，是幸福！"①又如，粪便工人时传祥认为劳动光荣，一心服务社会，"把一家家的厕所掏得干干净净"②。三是自1966年到1977年，"革命"话语泛化，着重报道凸显政治觉悟的"政治型"劳模，生产上的光辉事迹被淡化，如学习王进喜凸显"要有更高的两条路线斗争的觉悟，更大的革命干劲"③。劳模成为政治符号，"劳动之榜样"意蕴一度被淡化。

第三个阶段，是改革开放和社会主义现代化建设新时期的劳模报道，主要围绕改革开放和发展经济展开，劳模恢复"劳动之榜样"意蕴，是推动经济发展的模范。改革开放之初，选树劳模和劳模报道起到了改革开放先声的作用，形象地诠释了以经济建设为中心，凝心聚力推动"四化"建设的任务。一方面，劳模成为"一心扑在四个现代化上"的"劳动之榜样"，凝聚了"同心同德，搞好四化"④的共识；另一方面，劳模报道传播了改革开放的新观念，如劳模蒋筑英是"知识分子的优秀代表""工人阶级的先锋战士""人民学习的楷模"⑤，体现了知识分子是工人阶级一部分的政策，指引了科学技术是第一生产力的新导向。1992年党的十四大召开后，劳模报道开始出现市场经济先行先试的探路人，经理劳模、下岗再创业劳模成为新类型。如劳模王锡友使昔日靠国家财政拨款运转的地勘局，加入市场经济大潮，呈现出勃勃生机⑥；全国优秀企业家朱相桂创造出走向世界的品牌⑦；下岗女工华菊妹再就业成劳模⑧。该阶段，《人民日报》刊发的《全国劳动模范和先进工作者倡议书》实际上标识了劳模报道的重点，如1995年主题为争做"改革发展稳定"的模范⑨，2000年主

① 袁木、范荣康：《大庆精神　大庆人》，《人民日报》1964年4月20日，第1版。
② 《光荣的劳动　崇高的荣誉——记粪便工人时传祥的事迹》，《人民日报》1959年11月4日，第10版。
③ 《工业学大庆》，《人民日报》1971年6月20日，第1版。
④ 新华社：《全国先进企业、劳动模范向工交基建战线职工发出倡议书　团结起来，同心同德，搞好四化》，《人民日报》1979年9月29日，第2版。
⑤ 新华社：《吉林省人民政府追授蒋筑英为特等劳动模范　省委负责人号召科技工作者和广大职工学习蒋筑英，为祖国四化建设作出贡献》，《人民日报》1982年12月2日，第5版。
⑥ 董陶：《开拓者的风采——记山东省劳动模范王锡友》，《人民日报》1995年12月20日，第3版。
⑦ 《朱相桂——创造出走向世界的森达（被推荐为2000年全国劳动模范）》，《人民日报》2000年4月27日，第2版。
⑧ 张平：《昔日下岗女工　今天劳动模范》，《人民日报》1996年5月3日，第4版。
⑨ 《全国劳动模范和先进工作者倡议书》，《人民日报》1995年4月30日，第2版。

题为"为实现跨世纪发展宏伟目标再立新功"①，2005年主题是"为全面建设小康社会再立新功"②，2010年主题为"争当推动科学发展促进社会和谐的行动楷模"③，均体现了大政方针指向，契合各个时期劳模报道重点。此外，1997年劳模报道的传播途径开始了网络化转向。

第四个阶段，党的十八大以来，劳模报道呈现新局面。中国特色社会主义进入新时代，此时劳模报道顺应党情国情世情发展，顺应榜样教育规律，凸显了"复兴"与"强国"的时代使命，彰显了新时代工人阶级和劳动群众"追梦人"的特质；不宁唯是，从传播媒介来看，劳模报道亦进入融媒体传播、全媒体传播的新阶段，劳模报道进入了新的发展阶段。

要言之，《人民日报》劳模报道反映着党和人民持续推进的波澜壮阔事业，不断地注入符合时代特征的新元素，凸显其榜样教育的与时俱进。在新时代，《人民日报》劳模报道不断拓展精神内涵，提升报道实效，回应时代关切，有必要立足新的时代坐标，对其劳模报道进行理论审思。

---

① 《为实现跨世纪发展宏伟目标再立新功——全国劳动模范和先进工作者倡议书》，《人民日报》2000年4月30日，第4版。
② 《为全面建设小康社会再立新功——2005年全国劳动模范和先进工作者倡议书（2005年4月30日）》，《人民日报》2005年5月1日，第2版。
③ 《争当推动科学发展促进社会和谐的行动楷模——二〇一〇年全国劳动模范和先进工作者倡议书（二〇一〇年四月二十七日）》，《人民日报》2010年4月28日，第2版。

第二章

# 榜样教育视域下新时代
# 《人民日报》劳模报道的
# 前提阐证

　　榜样教育视域下新时代《人民日报》劳模报道研究，须明确两个前提性问题：为何研究劳模报道可以关涉榜样教育？为何通过对《人民日报》劳模报道的具体分析，可以深化对榜样教育的研究？对于第一个问题，实质上关涉劳模与榜样、劳模报道与榜样教育关系问题。一方面，马克思主义经典作家和中国共产党主要领导人从宏观上论述了劳模报道与榜样教育的契合性，明确了劳模是一种榜样，劳模报道具有榜样教育意义。另一方面，深入考察劳模报道与榜样教育的内在关系，可以确证二者亦具有契合性：二者基本要素内在一致，劳模报道展开过程亦即榜样教育的实施过程，榜样教育的实践经验可以指引劳模报道，对劳模报道的经验总结亦可以丰富榜样教育理论。对于第二个问题，新时代《人民日报》劳模报道具有主导性、人民性、权威性、传播力，这为确保榜样教育的方向性、大众性、公信力、影响力奠定了坚实基础。因此,《人民日报》劳模报道是透析新时代榜样教育的典型范本。要言之,劳模是一种榜样类型,劳模报道是一种榜样教育形式,而新时代《人民日报》正是通过劳模报道开展榜样教育的典型范本,因此,基于榜样教育视域,以之为分析对象开展研究具有合理性、可行性。

## 第一节　马克思主义理论中劳模报道与榜样教育契合的论述

"契合性"是指不同事物之间存在匹配、相符、吻合之处。劳模报道与榜样教育是否具有契合性,决定了能否基于榜样教育视角研究劳模报道。马克思主义理论明确了劳模报道是榜样教育的呈现形式,二者具有高度契合性。

### 一　马克思恩格斯对报刊中"模范工人"报道的批判

在马克思恩格斯生活的年代,资产阶级控制了报刊。为了分化和消解工人的阶级意识,这些报刊从工人中选取并宣扬的所谓的"模范工人",实为"工人贵族",并非劳动群众利益的代表,故而马克思恩格斯对之呈批判态度,在揭露了资产阶级报刊报道的"模范工人"的反动本质时,实际上隐含了真正的劳模报道应该代表广大劳动群众利益的应然指向。

例如,马克思在《资本论》脚注中写道:"比利时工人备受熬煎,但是《泰晤士报》却把他们描写成模范工人。"[①]换言之,《泰晤士报》宣扬的"模范工人",实为收入高于一般工人,却被资本家"招安"、收买的"工人贵族"。显然,由于当时世界上尚未建立由劳动者掌握政权的国家,在资本主义主导的劳动关系中,工人阶级在异己的、被迫的异化劳动之下,劳动即自己的对立物,尚不存在诞生真正的、代表广大劳动群众利益之劳模的制度基础,也不可能出现现代意义上的劳模。但是,蒲鲁东却反对工人阶级组织起来罢工和斗争,将鼓吹"既然交上厄运,就要学会忍耐,等待有一天好运到来!"的纺织

---

① 《马克思恩格斯文集》第五卷,人民出版社,2009,第693页脚注(50)。

工人赞扬为"行为检点的工人，堪称模范的工人"。①马克思批判他们缺乏阶级意识，是资本家分化、消解工人阶级革命意识的手段。恩格斯也写道："大约在15年前，英国的工人是模范工人，他们对雇主谦恭有礼，在要求自己的权利时温顺克己"②，但"他们构成了工人阶级中的贵族；他们为自己争到了比较舒适的地位，于是就认为万事大吉了。……对于每个精明的资本家和整个资本家阶级来说，他们确实都是非常可爱、非常听话的人"③。显然，此种"模范工人"是资本家眼中的模范工人，而不能成为劳动群众的榜样。

马克思恩格斯对资本主义生产关系中"驯良的模范工人"的批判，在否定性话语中其实也暗含了对真正劳模的期许，即真正的模范工人不能是依附于资本家并为资本家张目的利己主义者，而应该是劳动群众中的骨干。

## 二　列宁对新闻报刊开展劳动榜样报道的积极肯定

十月革命后，随着劳动者成为国家的主人，宣传以劳模为代表的榜样人物，成为报刊的重要使命。在此背景下，列宁正面明扬了劳模的榜样作用，明确指出劳模报道应承担起榜样教育之使命。

在马克思主义发展史上，列宁率先明确提出要发挥"模范生产者"榜样作用。他认为，生产中要"把枯燥的、死板的官僚主义的表报变成生动的实例（既有使人厌弃的例子，也有令人向往的榜样）"④。在他看来，在资本主义生产方式下，个别榜样的意义"必然是极其有限的"⑤，"榜样的力量在资本主义社会里不能显示出来"⑥。因此，只有当政权从资产阶级手中转到无产阶级手里以后，"榜样的力量第一次有可能表现自己的广大影响"⑦，"就能够而且一定会使榜样的力量在新的苏维埃俄国成为首先是道义上的、其次是强制推行的劳动组织的

①　参见〔法〕蒲鲁东《贫困的哲学》上卷，余叔通、王雪华译，商务印书馆，2017，第284页。马克思在《哲学的贫困》中摘录了蒲鲁东的论述并进行了批判。《马克思恩格斯文集》中将"模范的工人"译为"驯良的模范工人"。（《马克思恩格斯文集》第一卷，人民出版社，2009，第650页。）

②　《马克思恩格斯文集》第三卷，人民出版社，2009，第520页。

③　《马克思恩格斯文集》第一卷，人民出版社，2009，第375页。

④　《列宁全集》第三十四卷，人民出版社，2017，第172页。

⑤　《列宁全集》第三十四卷，人民出版社，2017，第172页。

⑥　《列宁全集》第三十四卷，人民出版社，2017，第138页。

⑦　《列宁全集》第三十四卷，人民出版社，2017，第172页。

范例"①。也就是说，社会主义制度为劳模真正发挥榜样作用提供了基础和保障。列宁认为，劳模为员工提供了效仿的榜样，即劳模能发挥带头作用。"这是因为模范工作是培养工作人员的园地，是可供仿效的榜样，有了榜样，仿效就会比较容易了。"②他还解释了在废除私有制的社会里榜样促进生产发展的经济动因："因为组织生产的好的榜样必然会使那些采用好的组织方法的人减轻劳动并增加他们的消费额。"③不难发现，"组织生产的好的榜样"表达了"劳模"的含义，而帮助"减轻劳动"，即发挥劳模在生产中的"带头"作用。不宁唯是，列宁还将劳模的榜样示范视为联系群众的方式，提出"着手进行真正的经济建设，改造党的全部工作，使党能够领导苏维埃的经济建设，取得实际的成就，并且多用行动少用言语来进行宣传。要知道，现在用言语既不能说服工人，也不能说服农民，只有用榜样才能说服他们"④。

在列宁所处的年代，报刊是最主要的传播媒介，因此他十分重视报刊的宣传功能，并将报刊视为涵养劳动纪律、改变陈旧工作方法的"首要工具"。"报刊应当成为我们加强劳动者的自觉纪律、改变资本主义社会陈旧的即完全无用的工作方法或偷懒方法的首要工具。"⑤相应地，报刊无疑是进行劳模报道、承担榜样教育使命的重要工具。列宁认为，报道劳模在内的各种典型的先进事迹，"正是报刊在从资本主义到共产主义的过渡时期的主要任务"⑥。列宁强调报刊要进行劳模报道，旨在通过劳模"生动具体的事例"引领群众。他认为要"用现实生活各个方面存在的生动具体的事例和典型来教育群众"，工厂、农村和连队的日常生活里"最需要关心、报道和公众的批评……号召学习好人好事"。⑦基于此种考量，列宁认为报刊应增加对劳模事迹的报道，他指出："让我们把报刊上那些报道……向全体居民介绍我国少数先进的劳动公社的模范事迹的报刊广泛销行几十万几百万份吧！"⑧在这里，"劳动公社的模范事迹"即包括对劳模事迹的报道。

---

① 《列宁全集》第三十四卷，人民出版社，2017，第136~137页。
② 《列宁全集》第四十一卷，人民出版社，2017，第223页。
③ 《列宁全集》第三十四卷，人民出版社，2017，第138页。
④ 《列宁全集》第四十卷，人民出版社，2017，第37页。
⑤ 《列宁全集》第三十四卷，人民出版社，2017，第136页。
⑥ 《列宁全集》第三十五卷，人民出版社，2017，第93页。
⑦ 《列宁全集》第三十五卷，人民出版社，2017，第93页。
⑧ 《列宁全集》第三十四卷，人民出版社，2017，第136页。

总之，列宁明确提出了在社会主义制度背景下，劳模是引领劳动群众的榜样，并明确指出劳模报道理应成为报刊的重要任务。中国共产党继承并发展了这一理念，进一步发挥了劳模报道的榜样教育功能。

### 三　中国共产党人对发挥劳模报道榜样教育功能的探索

中国共产党人十分重视发挥劳模引领群众的榜样教育作用。百余年轰轰烈烈的奋斗历程中，中国共产党不仅继承和发扬了马克思主义经典作家关于劳模报道与榜样教育契合性的认识，还在推动马克思主义中国化的进程中，高度重视主流媒体劳模报道工作，大力发挥劳模的榜样作用。

毛泽东十分注重发挥劳模的榜样作用。早在1933年瑞金武阳区春耕生产运动中，毛泽东就开始在实践中宣传劳模。1945年1月10日，毛泽东出席了陕甘宁边区劳动英雄和模范工作者大会并发表讲话，对劳模的榜样作用进行了系统概括，认为劳模"起了三个作用"[1]。具言之，一是"带头作用"，就是劳模"特别努力，有许多创造……工作成了一般人的模范"，从而"提高了工作标准"，引起了大家的学习。[2]毛泽东还认为，用群众民主选举的方法选出优秀分子，充当劳动英雄及模范工作者，并给予奖励与教育，可以"经过他们去鼓励与团结广大的群众……对于提高军队的战斗力，提高农业及工业的生产力，提高政府机关及一切其他机关的工作能力，数年来的经验已经证明是极有效果的"[3]。这就意味着，劳模"带头作用"指向在精神文明和物质生产中的榜样作用："特别努力"反映热爱劳动的劳动态度；"有许多创造""提高工作标准"指向物质生产中劳模劳动成果的创造性、劳动标准的突破性。二是"骨干作用"，是指劳模是组织群众、引领群众的骨干和核心。劳模"是群众中的骨干，群众中的核心，有了你们，工作就好推动了"[4]。三是"桥梁作用"，是指劳模是联系领导干部和劳动群众的桥梁。毛泽东对劳模说道："你们是上面的领导人员和下面的广大群众之间的桥梁，群众的意见经过你们传上来，上面的意见经过你们传

---

① 《毛泽东选集》第三卷，人民出版社，1991，第1014页。
② 《毛泽东选集》第三卷，人民出版社，1991，第1014页。
③ 《毛泽东文集》第三卷，人民出版社，1996，第241页。
④ 《毛泽东选集》第三卷，人民出版社，1991，第1014页。

下去。"①在毛泽东看来，召开劳动英雄与模范工作者大会，是一种联系群众的工作方法。因为"劳动英雄与模范工作者是群众中的模范"，通过这样的活动，"就使首长、劳动英雄、模范工作者同群众联系起来了"。②可见，劳模作为深受人民群众信任的榜样，既是劳动群众中的代言人，亦是政治觉悟较高的先行者，是沟通领导干部和劳动群众的桥梁。

正因为劳模具有上述三大作用，所以要通过劳模报道宣传劳模，从而大力彰显其榜样作用。在毛泽东看来，报纸的典型宣传实际上是一种重要的教育方法，他指出，"把办报这种工作方式采用起来，那末许多道理和典型就可以经过报纸去宣传。……所以报纸可以当做重要的工作方式和教育方式"③。显然，劳模属于典型人物，理应成为报纸宣传的重要榜样，劳模报道是报纸的重要使命。"各县的报纸登些什么呢？比如我们这里出了一个申长林，就把他的事迹登上，有一个陈德发也可以写进去。"④在这里，毛泽东所列举的申长林、陈德发，皆是陕甘宁边区劳动英雄。1944年7月14日，毛泽东在同英国记者斯坦因谈话时指出："为了达到教育目的，透彻地研究和分析一个工作中好的例子也是很重要的。"⑤当然，"工作中好的例子"泛指各种典型，但劳模无疑归属于"好的例子"之列。毛泽东以1944年7月14日《解放日报》发表的《警七团的第七连》一文为例，指出该文章详细讲述了八路军的一个连是如何改正缺点成为一个最好的连队的，提出"利用一个连队的好经验对五千个连队进行政策教育"是一种简便易行的做法，并表示"今后你还会看到……类似的文章"。⑥在此，毛泽东虽然并未直接谈论具体劳模人物，但却点出了报道好的劳模集体，有助于发挥其榜样教育的作用。

毛泽东对劳模报道的关注，推动了主流媒体通过劳模报道开展榜样教育。在延安时期，《解放日报》即是凸显劳模榜样教育作用的典型媒体，这也是《人民日报》劳模报道的肇端所在。当时，以《解放日报》为代表的主流媒体寻找英雄、塑造英雄，讲述了赵占魁等一大批劳动英雄的故事。对工业劳动英

---

① 《毛泽东选集》第三卷，人民出版社，1991，第1014页。
② 《毛泽东文集》第三卷，人民出版社，1996，第97页。
③ 《毛泽东文集》第三卷，人民出版社，1996，第112页。
④ 《毛泽东文集》第三卷，人民出版社，1996，第112页。
⑤ 《毛泽东文集》第三卷，人民出版社，1996，第189页。
⑥ 《毛泽东文集》第三卷，人民出版社，1996，第189~190页。

雄赵占魁的报道就具有典型性。1942年9月7日《解放日报》刊发题为《人们在谈说着赵占魁》的报道，这是中国新闻通讯史上首次把普通工人作为英雄模范大力宣传，其先进事迹甫经发表，就在工业战线掀起了向其学习的热潮。这是通过劳模报道推动榜样教育的成功实践。在《解放日报》停刊后，《人民日报》成为劳模报道的代表性媒体并持续至今。

毛泽东从三个向度集中概括了劳模的榜样作用，并强调报纸劳模报道的重要性，不仅高度凝练地概括了马克思主义经典作家的思想精髓，还成为中国共产党一以贯之的重要传统，并在之后的理论和实践中不断发展、充实、完善。

改革开放以来，党和国家领导人高度重视发挥劳模的榜样作用，不仅凸显了劳模生产模范之作用，还将宣传包括劳模在内的先进人物作为纠正社会风气的方式。1978年10月11日，邓小平在中国工会第九次全国代表大会上的致词中指出，涌现的劳模"至今还是我们学习的榜样和团结的核心"①。江泽民多次强调劳模是"建设社会主义物质文明和精神文明的先锋"②，强调要继续宣传劳模，他指出："这几年，大力宣传孔繁森、张鸣岐、李润五等先进人物，收到很好的效果。我们要继续宣传各条战线涌现出来的……劳动模范……"③ 胡锦涛亦十分重视发挥劳模的榜样作用，指出要注重在报道新闻事实中"用典型说话"④，要"用劳模的先进事迹感召人民群众，用劳模的优秀品质引领社会风尚，充分发挥劳模的骨干和带头作用"⑤。

党的十八大以来，劳模工作不断取得新进展，劳模三个向度的作用不仅在理论上被继承发展，还在实践中得到了进一步的发扬光大。习近平总书记重申了劳模的榜样作用："劳动模范是民族的精英、人民的楷模，是共和国的功臣。"⑥劳模"为全国各族人民树立了学习的榜样"⑦。因此，宣传思想工作要高度重视劳模，"广泛宣传劳模先进事迹，使劳模精神不断发扬光大"⑧。习近平总

---

① 《邓小平文选》第二卷，人民出版社，1994，第134页。
② 江泽民：《在全国劳动模范和先进工作者表彰大会上的讲话（二〇〇〇年四月二十九日）》，《人民日报》2000年4月30日，第1版。
③ 《江泽民文选》第一卷，人民出版社，2006，第505页。
④ 胡锦涛：《在人民日报社考察工作时的讲话》，人民出版社，2008，第5页。
⑤ 胡锦涛：《在2010年全国劳动模范和先进工作者表彰大会上的讲话》，人民出版社，2010，第5页。
⑥ 习近平：《在全国劳动模范和先进工作者表彰大会上的讲话》，人民出版社，2020，第2页。
⑦ 习近平：《在庆祝"五一"国际劳动节暨表彰全国劳动模范和先进工作者大会上的讲话》，人民出版社，2015，第4~5页。
⑧ 《习近平谈治国理政》，外文出版社，2014，第47页。

书记在不同场合阐述了"讲故事"的思想政治教育意蕴。"讲故事就是讲事实、讲形象、讲情感、讲道理，讲事实才能说服人，讲形象才能打动人，讲情感才能感染人，讲道理才能影响人。"①可见，"故事"具有真实性与形象性、情感性与理论性相统一的特质，"讲故事"可以发挥说服人、打动人、感染人、影响人的思想政治教育功效。显然，"讲好劳模故事"是劳模报道的重要方法。习近平总书记指出，"弘扬劳模精神，就要讲好劳模故事，树立劳模形象，发挥劳模作用"②。在新时代，要"加大对劳动模范和先进工作者的宣传力度，讲好劳模故事、讲好劳动故事、讲好工匠故事"③，要"大力宣传劳动模范和其他典型的先进事迹"④。

"讲好劳模故事"为新时代劳模报道指明了方向，喻示了榜样教育的两种趋向。一是明确了"讲故事"是榜样教育的方式。"新闻报道就是讲新闻故事。"⑤劳模报道对劳模事迹的宣传，即讲劳模故事。为何需要讲述劳模故事呢？习近平总书记从中华民族伟大复兴的高度，阐释了讲好劳模故事的必要性。他指出，实现中华民族伟大复兴的中国梦，归根结底要靠各行各业劳动者辛勤劳动，而"劳动模范平凡而感人的事迹"说明了"普通劳动者也可以在宽广舞台上展示自己的人生价值"，"劳模故事"可以激励广大劳动者"敢想敢干、敢于追梦"。⑥"讲好中国故事""讲好劳模故事"，媒体肩负着重要责任。"不仅宣传部门要讲、媒体要讲，而且实际工作部门都要讲、各条战线都要讲。"⑦在一定意义上，劳模报道就是通过报道的形式来讲劳模故事的教育方法，劳模报道与讲述劳模故事无疑是相契的。二是"讲好"凸显了对高质量劳模报道的要求。"讲好"的核心关切是劳模报道的方法论问题，即在新时代如何增强劳模报道的生机和活力。

综上所述，马克思主义理论中对劳模报道与榜样教育的契合性具有深刻论述。虽然在马克思恩格斯生活的年代，尚未产生现代意义上的劳模，但他们对

---

① 中共中央文献研究室编《习近平关于社会主义文化建设论述摘编》，中央文献出版社，2017，第212页。

② 杨冬梅、赵健杰主编《劳模学概论》，人民出版社，2020，第284页。

③ 习近平：《在全国劳动模范和先进工作者表彰大会上的讲话》，人民出版社，2020，第5~6页。

④ 习近平：《在庆祝"五一"国际劳动节暨表彰全国劳动模范和先进工作者大会上的讲话》，人民出版社，2015，第4~5页。

⑤ 郭镇之：《"讲故事"与"讲道理"：中国的新闻报道与话语创新》，《新闻与写作》2018年第2期。

⑥ 习近平：《在知识分子、劳动模范、青年代表座谈会上的讲话》，人民出版社，2016，第9页。

⑦ 中共中央文献研究室编《习近平关于社会主义文化建设论述摘编》，中央文献出版社，2017，第211页。

资产阶级报刊报道"模范工人"（"工人贵族"）的批判，表达了劳模报道要代表劳动群众利益的价值指向；列宁在社会主义理论探索和实践探索中，认识到劳模对生产具有榜样作用，主张将劳模报道作为报刊的重要使命；在马克思主义中国化的进程中，中国共产党始终重视发挥劳模的榜样作用，将劳模报道作为主流媒体的重要工作；在新时代，习近平总书记明确提出了"讲好劳模故事"的要求，为新时代锚定了以"讲故事"的形式开展劳模报道，并以"讲好"为目标的指向。党的十八大以来，《人民日报》关于劳模的相关报道，旨在发挥劳模的榜样教育作用。

## 第二节　劳模报道与榜样教育之契合性的理论分析

如前所述，马克思主义理论家从宏观层面揭示了劳模报道与榜样教育的契合性，强调了劳模是重要的榜样类型，确证了劳模报道具有榜样教育功能，这为通过劳模报道进行榜样教育提供了科学指引。从学理层面分析，还需深入剖析和揭示二者在微观层面有何内在关联。从基本要素来说，二者基本要素融通：劳模报道要达到的传播效果是实现榜样教育目标，劳模报道的传播者、受传者与榜样教育主客体相融通，劳模报道中劳模承载的传播内容与榜样教育内容同构，劳模报道的传播媒介即榜样教育介体，劳模报道传播环境也构成榜样教育的环境；从具体实施过程来看，劳模报道的过程与发现、树立、整合、利用、培育榜样的诸环节相耦合。正因为二者基本要素、实施过程具有契合性，所以，可以通过榜样教育理论分析劳模报道这一具体榜样教育实践，将劳模报道基本要素和实施过程视为榜样教育的基本要素和实施过程。从实践经验看，二者共享实践经验，因此可以基于榜样教育理论分析劳模报道问题，对劳模报道的研究亦有助于深化对榜样教育的认识。

### 一　劳模报道与榜样教育要素的融通

所谓"要素"，是指构成系统的基本单元。相应地，劳模报道和榜样教育的要素，即在劳模报道和榜样教育运行系统中不可或缺的元素，如果缺少了这些要素，就会影响劳模报道和榜样教育的正常运行。同时，这些元素在系统之中是相互关联的，若无此种关联，亦无法具备要素的特质。

榜样教育应该包括哪些要素？目前学界关于榜样教育要素包括哪些主要有两种观点：一是"四要素说"，如王俏华认为，榜样教育包括榜样、教育者、受教育者、社会环境四个要素[①]；二是"五要素说"，如彭怀祖认为，榜样教育应该包括主体（教育者）、客体（受教育者）、载体（榜样）、传播途径、外部环境五大要素[②]。笔者认为，"五要素说"是较为综合的概括，基本上囊括了榜样教育的主要构成要素。如果再加上"教育目的"这一要素，则更显全面。因此，笔者认为推动榜样教育运行发展的要素包括教育目的、教育者（主体）、受教育者（客体）、榜样（教育内容之载体）、教育途径（介体）、外部环境（环体），另文详述，在此不赘。[③]

明确了榜样教育之要素，还需要厘清劳模报道包括哪些要素。关于劳模报道的要素，当前学界相关研究较少。在传播学中，传播是一项涉及信息传送和交换的复杂过程，而劳模报道亦是一种传播，因此，劳模报道的要素与传播的要素具有一致性。显然，传播需要包含若干不可或缺的要素，缺少这些要素及其相互联系、相互作用，传播就难以进行。关于传播的要素，学界目前有多种观点。笔者认为，传播的要素有传播者、传播内容、传播媒介、受传者、传播环境、传播效果。[④]从整体上看，传播要素包括传播者、传播内容、传播媒介、受传者是学界共识，一些学者增加了其他维度。至于其他维度能否成为传播要素，要看其是否符合"要素"定义，要视其在系统中是否具有"不可或缺"的性质而定。基于此，"传播效果"和"传播环境"应该纳入传播的要素，其余维度因不符合"不可或缺"的性质而不应纳入。首先，传播效果是指在传播过程中，传播者传递的信息被受传者接受后所产生的有效结果，与传播目的越符合，传播效果也就越好。[⑤]所以，传播效果关乎传播目的之达成，并且是对传播过程之优劣进行评判的依据，舍此则无法构成完整传播过程。其次，传播环

---

① 王俏华：《榜样教育概论》，北京大学出版社，2014，第51~57页。
② 彭怀祖：《和谐社会视阈下的榜样与偶像研究》，学习出版社，2015，第112页。
③ 储成君：《〈四书〉榜样教育思想研究》，硕士学位论文，南京大学，2018。
④ 不同学者的表述略有差异：传播者（信源、传者、传方、制码者、信息拥有者、传播行为发起者）、传播内容（讯息、信息）、传播媒介（传播渠道、媒体、发射器）、受传者（信宿、受众、接收者、译码者、传播对象、信息承受者、接收器）、传播环境、传播效果。当然，每一类中的不同概念之间存在诸多细微差别，但因无关本书宗旨，又限于篇幅，故无须陷入"术语泥潭"进行冗长论述。
⑤ 邱沛篁、吴信训、向纯武等：《新闻传播百科全书》，四川人民出版社，1998，第55页。

境也应该成为要素。传播总是要在一定的环境中进行，舍此无法传播。最后，"反馈""编码""译码""共同经验""干扰""噪声"等维度则不应纳入传播要素。传播学上的"反馈"，是"受传者对传播者所发出的信息作出的反应"①，即为了避免将传播者和受传者关系固化，从而增强传播中主客体的互动性，"反馈"是对传播效果的一种优化，但即使没有这一要素，也不会导致传播过程无法进行，其他如"编码""译码""共同经验"属于传播者和受传者的工作内容或个体经验，"干扰"和"噪声"属于传播环境，皆非必不可少的要素。

显然，劳模报道是一种传播过程，因此，传播的六个要素也是劳模报道的要素，如果缺少其一，那么劳模报道就无法进行。所以，劳模报道基本要素有六个，即传播者、传播内容、传播媒介、受传者、传播环境、传播效果。

上文已详细阐明了榜样教育和劳模报道的要素，那么，二者基本要素存在何种关联？劳模报道与榜样教育的要素是融通的，主要体现在以下五个方面。

其一，劳模报道的传播效果与榜样教育目的具有同向性。任何大众传播都是有目的的活动，劳模报道亦然，如果劳模报道的传播效果与预期目的存在偏差、背离，则传播效果不佳。"在传播中，最重要的是保证信息传播'有效'……目的只有一个。"②也就是说，传播有效意味着实现了传播目的。具体到榜样教育领域，"榜样传播应当是增强正效果，消除负效果"③。这就意味着，唯有榜样传播实现正效果，才能实现榜样教育的目的。因此，在劳模报道中，传播效果既是传播过程的归宿，又确证了榜样教育的出发点，即榜样教育目的之合理性。

其二，劳模报道的传播者、受传者与榜样教育主客体相融通。一方面，从传播者/教育主体角度而言，《人民日报》是劳模报道的传播者，在传播过程中居于榜样教育主体地位。《人民日报》是从事信息采集、制作和传播的专业化、职业化传播媒介组织，在进行劳模报道时，作为主动传播者，实际上亦是榜样教育主体。另一方面，从受传者/教育客体角度而言，劳模报道受传者即榜样教育客体。"受传者"是指信息传播的接受者，在大众传播中亦称受众，是传播效果的直接的接受者、受影响者，也是榜样教育的受动一方，即榜样教育客体。

其三，在劳模报道中，劳模承载的传播内容与榜样教育之内容同构。传播是传送信息的过程，传播者的目的和意图必须附着于传播内容之中。《人民日

---

① 邱沛篁、吴信训、向纯武等主编《新闻传播百科全书》，四川人民出版社，1998，第45页。

② 杜骏飞：《弥漫的传播》，中国社会科学出版社，2002，第46~47页。

③ 彭怀祖、姜朝晖、成云雷：《榜样论》，人民出版社，2002，第171页。

报》通过劳模报道进行榜样教育，与通过活生生的榜样进行"面对面"身教示范不同，其榜样教育内容是由劳模报道所刊发的报道文本符号所间接传达的，劳模已经被抽象为"符号文本"，《人民日报》是其发出主体，受众是其接收主体，在此过程中，"发出主体在符号文本上附送了它的意图意义，符号文本携带着文本意义，接收者则推演出它的解释意义"①。传播者与受传者通过符号文本进行施教与受教。因此，劳模报道是榜样教育内容的载体，将榜样人物转化为图文、影音等报道的文本符号，其核心内容就是传播特定劳动观。

其四，劳模报道的传播媒介就是榜样教育介体。传播离不开传送信息的手段和工具，"传播媒介也称为媒体，专指用于交流和传递信息的工具"②。劳模报道必须依托一定的传播媒介，从而将传播内容从传播者一方传送至受传者一方，如《人民日报》劳模报道所凭借的报纸、网媒，就是劳模报道的传播媒介。列宁指出，仅仅"'相互作用'＝空洞无物，需要有中介（联系）"③。这些传播媒介就是榜样教育的"中介"，即"介体"，劳模报道的传播媒介与榜样教育介体是同一的。

其五，劳模报道与榜样教育共享传播环境/教育环境。劳模报道总是置于一定的环境中，传播者与受传者在特定传播环境中进行传播和接收，传播环境的优劣亦影响传播效果的实现。同样，榜样教育亦必须依托一定的教育环境，"离开了一定的环境，榜样教育活动便无法进行"④。显然，二者共享传播环境/教育环境。

要言之，从劳模报道和榜样教育不可或缺的要素维度出发，劳模报道的要素与榜样教育要素融通，这确证了二者内在结构具有契合性。本书主要基于榜样教育要素分析新时代《人民日报》劳模报道。

## 二 劳模报道与榜样教育过程的耦合

所谓"过程"，即事物产生、发展、变化所经过的程序或阶段。对劳模报道与榜样教育契合性的思考，不仅要考察其静态要素之契合性，还要从教育过

---

① 赵毅衡：《符号学与主体问题》，《学习与探索》2012年第3期。
② 汪万福：《新闻传播学》，吉林大学出版社，2018，第52页。
③ 《列宁全集》第五十五卷，人民出版社，2017，第137页。
④ 杨婷：《榜样教育研究》，中国社会科学出版社，2015，第125页。

程动态角度运思。"教育和学习与传播的过程是类似的。"①榜样教育是信息传播过程，劳模报道亦然。从开展过程来看，劳模报道与榜样教育的具体过程亦相耦合。

劳模报道作为一种榜样教育活动，是在一定的教育过程中展开的。唯物辩证法确证了一切事物不是"既成事物的集合体"，而是"过程的集合体"，任何事物都处于永不停息地运动、变化和发展的过程之中。在此意义上，所有教育活动也必然表现为"过程的集合体"，研究教育活动必然要分析其教育过程。杜威说，"教育过程应该是教育自身的目的"②。所有教育活动都是一个动态地影响人、培育人、发展人的过程，所有的教育因素及其相互关系，所有的教育规律、教育效果，无不通过教育过程体现出来。榜样教育过程规律是不以人的意志为转移的客观存在，研究榜样教育过程规律是榜样教育顺利开展并取得实效的重要保证。劳模报道作为一种榜样教育活动，当然也不例外。

根据现有研究，从榜样教育具体实施过程看，榜样教育是榜样的发现、树立、整合、利用、培育的过程③；从榜样教育主客体间互动关系角度看，可分为教育者自觉的施教过程和榜样教育的接受过程。④劳模报道与榜样教育过程相耦合。

其一，从榜样教育具体实施过程看，劳模报道的过程与榜样教育发现、树立、整合、利用、培育榜样的诸环节相耦合。

劳模报道与榜样教育在发现榜样环节耦合。"发现榜样是榜样教育运行过程的前提和准备。"⑤在榜样教育过程中，榜样教育主体既要及时发现榜样，又要对社会涌现的典型进行分析、鉴别，使之成为符合社会发展和时代要求的榜样。实际上，发现榜样是劳模报道过程的必要准备和首要环节，只有发现值得报道的劳模，才能进一步展开劳模报道。虽然每一位被评选出的劳模都堪称榜样，但进入《人民日报》报道视野的只能是其中少数典型。截至2019年，仅

---

① 陆学杰、元林：《思想政治教育需重视与传播的交叉研究》，《广西大学学报》（哲学社会科学版）2009年第1期。

② 〔美〕约翰·杜威：《杜威全集·晚期著作（1925—1953）》第九卷（1933—1934），王新生、朱剑虹、沈诗懿译，华东师范大学出版社，2015，第248页。

③ 王俏华：《榜样教育概论》，北京大学出版社，2014，第60页。

④ 杨婷：《榜样教育研究》，中国社会科学出版社，2015，第145~148页。

⑤ 李诗夏：《党的思想政治工作中榜样教育运行模式创新研究》，《学习与实践》2013年第9期。

全国劳动模范和先进工作者就达到3.4万人次。[①]显然，《人民日报》不可能对之全部报道，而只能在这些榜样中，选择最具有典型性、感染力、传播力的劳模进行深度报道。发现榜样实际上就是认识榜样、选择榜样的过程。

劳模报道在传播过程中与榜样教育树立、整合、利用榜样环节耦合。"榜样是借助于传播而存在并发挥其作用的。"[②]榜样传播有多种方式，既可以通过人际传播，榜样身教示范直接影响受传者；也可以通过大众传播方式，借助报纸、网络等大众传媒的劳模报道，向受众进行榜样宣传，从而间接发挥榜样教育功能。劳模报道属于后者。劳模报道这种榜样教育，也要树立、整合、利用榜样（劳模），即根据特定时代、特定社会的要求，对大批具有代表性的、纳入候选报道对象的劳模的事迹进行整合、总结，并提炼、概括出其高尚品质，对多样化、多层次的劳模进行整合，筛选出最具代表性的劳模，挖掘劳模事迹承载的精神品质和价值观念，在确定了劳模报道的对象和宣传事迹的基础上，形成包括劳模人物报道、事迹报道等多种形式的文稿，利用劳模的故事，发挥榜样教育功能，达成榜样传播效果，完成榜样教育预设的教育目的。

劳模报道与培育榜样环节耦合。"培育榜样是教育者利用榜样的力量影响和激励教育对象，促使其积极学习和效仿，并成为榜样的过程。"[③]换言之，培育榜样既是彰显原有榜样影响的过程，也是培育新榜样的过程。《人民日报》劳模报道，具有培育榜样的功能。一方面，培育榜样需要在正确的理论的指导下进行，《人民日报》作为权威报纸，第一时间刊发了党和国家对劳模的新的指示和要求，明确了培育榜样的政治导向；另一方面，《人民日报》劳模报道，提供了经过主流媒体确证的劳模，明确了培育榜样的学习对象和学习内容。换言之，《人民日报》劳模报道，不仅有助于宣传原有的榜样，还有助于培育新的榜样。

其二，从榜样教育的主客体互动的角度看，劳模报道与榜样教育的施教过程和受教过程耦合。一方面，从榜样教育的教育主体角度而言，在榜样教育施

---

[①] 数据参见《全总新闻中心召开2019年"五一"新闻发布会》，中国工会新闻网，2019年4月22日，http://acftu.people.com.cn/n1/2019/0422/c392912-31043174.html；丁林、李学仁《全国劳动模范和先进工作者表彰大会隆重举行》，《人民日报》2020年11月25日，第2版。

[②] 彭怀祖、姜朝晖、成云雷：《榜样论》，人民出版社，2002，第138页。

[③] 杨婷：《榜样教育研究》，中国社会科学出版社，2015，第156页。

教过程中，教育者的主要行为是"发现榜样、选择榜样、解释榜样和评比学习结果"①。与此对应，在劳模报道过程中，传播者就是教育者和"把关人"，亦承担同样功能。具言之，在劳模报道之前，传播者需要发现和选择契合榜样教育目标、可供报道的劳模；在劳模报道之时，需要借助媒体向公众诠释榜样，也就是通过媒体的诠释，为劳模及其故事赋予意义。传播者只有做好这一环节，才能把劳模引入受传者的内心世界，使其明确"好的行为应该是怎样的"，理解"为什么应该这样做"，从而建立起价值认同，接受劳模所承载的价值理念。在劳模报道结束后，传播者还需要对传播效果进行反馈、总结和评估，从而为下一步的榜样教育奠定基础。

另一方面，从榜样教育受教育者角度看，对劳模报道内容的接受过程即榜样教育的接受过程。榜样教育的实效与受教育者的心理机制高度关联，密不可分。班杜拉揭示了榜样教育的模仿心理机制，认为榜样教育实际上是观察学习的过程，其子过程有四：一是注意过程，即榜样示范行为重要特征引起观察者的注意；二是保持过程，即观察者将榜样示范行为表象化，并留存于记忆之中；三是运动再生过程，即观察者将符号化的表象，转化为适当的行为；四是动机过程，即通过强化而激发和维持动机的过程。②当然，他是针对榜样身教示范而言的，但这对通过间接劳模报道进行的榜样教育同样适用。传播者/教育者需要通过一系列的措施，吸引受传者/受教育者关注所报道的劳模，提升其接受和效仿劳模的积极性。

要言之，劳模报道与榜样教育是在一定过程中展开的，二者教育过程相耦合。从榜样教育具体实施过程来看，劳模报道的过程与榜样教育的发现、树立、整合、利用、培育榜样的诸环节相耦合；从榜样教育主客体互动的角度看，劳模报道与榜样教育施教过程和受教过程相耦合。

### 三 劳模报道与榜样教育经验的共享

"经验"即人们在实践基础上，对外部事物和现象所获得的表面认识，亦指在实践中获得的理性知识或技能。科学研究离不开经验观察和对经验的理论

---

① 王俏华：《榜样教育概论》，北京大学出版社，2014，第60页。
② 〔美〕阿伯特·班杜拉：《社会学习心理学》，郭占基等译，吉林教育出版社，1988，第22~29页。

跃升。劳模报道与榜样教育的契合性，还表现在二者共享教育经验上。榜样教育的经验可以为劳模报道提供指引，劳模报道获得的经验亦可为榜样教育提供镜鉴。

劳模报道与榜样教育为何能共享经验？关键在于，劳模报道作为一种榜样传播，本身就是榜样教育的一种方式。榜样教育作用的发挥，离不开榜样传播，即教育者通过组织方式或其他宣传途径，"对榜样人物的事迹在一定范围内进行传播、扩散，以期对受教育者产生预期影响的过程"[①]。榜样教育是大众传媒典型报道的重要诉求。大众传播媒介"以典型人物的优秀品质和感人事迹去获得公众的理解、认同、共鸣，是榜样教育在新闻报道中的落实手段，是人物报道的重要功能之一"[②]。不难发现，《人民日报》劳模报道正是大众传播媒介开展的榜样传播。可见，劳模报道这种榜样传播，亦是一种榜样教育，二者实为一回事，所以二者共享有效经验，并指向对"实效性"的追求。传播效果最大化是典型报道的追求，"如果不顾及传播效果，只谈典型报道，那是毫无意义的"[③]。提升劳模报道/榜样教育的实效，是劳模报道与榜样教育的共同关切，也是关乎思想政治教育实效的重要课题，关乎思想政治教育能否有效展开。

劳模报道与榜样教育共享何种经验？在长期的榜样教育过程中，取得了诸多经验，学界已取得一些共识。这既是榜样教育应该遵循的，也是榜样传播和劳模报道应该遵守的。这体现在认识论、方法论两个维度。

认识论层面的经验共享。要不要选树榜样、宣传榜样，推动榜样教育发展？其作用如何？对这些问题的认识，是我们能否通过劳模报道开展榜样教育的前提。从总体上看，学界认为榜样教育具有重大社会价值。但榜样、榜样教育的功能有其内在限度，"榜样的力量是无穷的"只不过是一种宣传之词，而非事实判断，因为"榜样教育的有效性并不与榜样宣传的时间上的频度、空间上的广度成正比"[④]，其原因既有可能是榜样塑造的问题，也有可能是榜样宣传的问题。就前者而言，"高、大、全"的榜样不仅会导致弄虚作假，还可能激发道德苛求；就后者而言，并非确立和宣传了榜样就能自然而然地产生符合预

---

① 彭怀祖：《和谐社会视阈下的榜样与偶像研究》，学习出版社，2015，第131页。
② 罗哲宇：《伦理重建与当代中国新闻报道》，中国传媒大学出版社，2012，第24页。
③ 杨明品、贺筱玲：《典型报道的思维方式》，《海南大学学报》（社会科学版）1999年第4期。
④ 戴锐：《榜样教育的有效性与科学化》，《教育研究》2002年第8期。

期的良好效果。显然，孔子所说的"君子之德风，小人之德草。草上之风，必偃"（《论语·颜渊》）的类比有些武断，因为有自主性的人类是否受到君子影响，并非如草随风动一样具有必然性。这就为总结教育经验、提升教育实效预留了研究空间。

方法论层面的经验共享。主要涉及选树和宣传榜样两个环节。首先，榜样选树环节主要解决两个问题。一是如何选树榜样？学界认为选树榜样应该突出"坚持先进性、时代性、多样性和真实性原则"；注重选树的民主性和规范性，"榜样形成机制要体现民主性"[①]，在榜样选树中走"官方典范与草根典范相结合"[②]之路。二是选择何种榜样？学界普遍认为十全十美、完美无缺的"高、大、全"榜样不具模仿性。因此，应选择可亲、可敬、可信、可学的榜样。[③]可亲意味着选择人性化、平民化、生活化的榜样，榜样既有血有肉、富有人性，又是平凡英雄，没有"高不可攀"的距离感；可敬是榜样具备崇高人格，勇于追求理想，善于引领时代的先进性体现；可信即要求榜样的事迹真实可信，反对弄虚作假；可学意味着榜样具体形象、便于模仿、可学而至。其次，榜样传播经验的共享。一是榜样教育需要坚持"求真求实"的榜样传播原则，"传播榜样必须求真、求实，唯有这样才能使榜样可信、可亲、可敬"[④]。二是增强传播互动性，尤其是在"新媒体的语境中，榜样传播元素界限逐渐模糊，交互影响明显"[⑤]。三是要搭建多种传播平台，善用新媒体进行榜样传播。"榜样教育也要不断开辟宣传的新手段、新渠道和新方式，使榜样能够借助宣传的力量最大限度地发挥教育功效。"[⑥]四是要借鉴心理学研究经验。榜样教育效果与学习者的主观心理状况密切相关，"只有科学认知和准确把握学习主体的心理过程，才能使榜样教育有律可循、有的放矢，做到知己知彼、对症下药"[⑦]。

要言之，榜样教育和劳模报道教育经验上共享，提高劳模报道的榜样教育实效，离不开对既有经验的总结。在劳模报道时，要认识到其榜样教育实效性之限度，优化榜样选树环节和宣传环节，进一步提升榜样传播实效。本书力图

① 万美容：《优选与创设：榜样教育创新的方法论视角》，《中国青年研究》2006年第9期。

② 陈桂蓉：《转型期道德典范效应常态化的思索：依据与路径》，《思想理论教育》2013年第9期。

③ 陈赵阳：《增进社会主义核心价值体系认同的榜样教育路径》，《思想教育研究》2011年第7期。

④ 彭怀祖：《关于榜样与偶像转化的思考》，《毛泽东邓小平理论研究》2011年第10期。

⑤ 杨婷：《新媒体时代榜样传播的"变"与"不变"》，《思想理论教育导刊》2017年第8期。

⑥ 李诗夏：《党的思想政治工作中榜样教育运行模式创新研究》，《学习与实践》2013年第9期。

⑦ 袁文斌、刘普：《榜样教育的理论依据与心理机制》，《河北大学学报》（哲学社会科学版）2010年第1期。

通过对新时代《人民日报》劳模报道这一榜样教育实践之分析，进一步深化认识。

综上所述，劳模报道与榜样教育的要素融通、过程耦合、经验共享，二者具有很强的契合性，这从理论上确证了劳模报道是榜样教育的典型范本。

## 第三节　作为一种典型范本的《人民日报》劳模报道

前文已经确证了劳模报道与榜样教育的契合性，明确了劳模报道是一种榜样教育形式，剖析了可以基于榜样教育视域研究劳模报道。至此，还需要回答的问题是：以新时代《人民日报》劳模报道为分析对象，有何特殊意义？

### 一　以劳模报道的主导性指引榜样教育方向性

把握住榜样教育的正确方向至关重要。如果不能把握正确方向，其效果就可能大打折扣甚至适得其反。例如，儒家十分重视榜样教育，榜样教化被儒家视为社会治理的根本手段，但其孝道曾被推到"极端化""愚昧化"的程度，出现仿效郭巨埋儿而为母杀子的人伦悲剧。[①]新时代《人民日报》劳模报道的主导性，是"政治家办报"思想的体现，意味着其劳模报道具有坚定政治立场，立场鲜明地坚持马克思主义劳动观的正确方向，牢牢把握住意识形态主导权，为宣传党的政治路线、重大方针政策服务，从而指引榜样教育沿着正确发展方向推进。

在新时代，《人民日报》肩负着宣传马克思主义的使命，其劳模报道的主导性，关键是弘扬马克思主义劳动观，从而确保榜样教育坚持正确方向。显然，此种报道绝非简单地陈述新闻，而是要始终贯彻尊重劳动的马克思主义劳动观。如，2015年4月28日，习近平在庆祝"五一"国际劳动节暨表彰全国劳动模范和先进工作者大会上的讲话中指出："全社会都要贯彻尊重劳动、尊重知识、尊重人才、尊重创造的重大方针。"[②]对此，《人民日报》不仅及时报道

---

① 陈继红：《儒家孝道的功利化转向及其限度——孝子榜样叙事的观念史释续》，《南京社会科学》2016年第10期。

② 习近平：《在庆祝"五一"国际劳动节暨表彰全国劳动模范和先进工作者大会上的讲话》，人民出版社，2015，第5页。

表彰大会实况，还通过发表社论和评论员文章深入解读、劳模本人现身说法等方式，积极宣传马克思主义劳动观。《人民日报》社论指出，"劳动的光荣绽放于此，尊重劳动、尊重创造的国家理念彰显于此"①。《人民日报》刊发了对全国劳动模范和学者的专访，如闻效仪认为要让劳动者工资收入、福利待遇、话语权等各方面得到有效保障，营造崇尚劳动、尊敬劳动者的环境和氛围。②显然，上述报道无疑贯彻和弘扬了尊重劳动的马克思主义劳动观。《人民日报》作为中共中央机关报，其劳模报道蕴含的导向意义不言而喻。《人民日报》全方位、多视角的劳模报道，不仅彰显了劳模报道对马克思主义劳动观的自觉坚守，还体现了对榜样教育方向的准确定向。

新时代《人民日报》劳模报道对马克思主义劳动观的弘扬，确保了榜样教育的科学性和方向性的统一。"没有科学性，就谈不上正确的方向性；同样，没有正确的方向性，也就失去了任何科学性。"③榜样教育也要贯彻科学性与方向性有机结合的原则，前者要求在榜样教育中贯穿真理性、规律性，后者要求坚持马克思主义指引榜样教育方向。《人民日报》劳模报道的主导性，在理论层面和实践层面均坚持和确保了马克思主义方向性原则，一方面，报道突出了马克思主义劳动观教育，马克思主义劳动观的科学性确保了其理论导向和教育内容的科学性；另一方面，报道牢牢以马克思主义新闻观为指导，巩固马克思主义在意识形态领域的指导地位，坚持了榜样教育方向性，提升了榜样教育科学性。"只要始终坚持马克思主义新闻观，作为社会主义'土特产'的典型报道就会获得不懈发展动力与支持力量。"④

要言之，《人民日报》劳模报道的主导性是"政治家办报"思想的展现，其劳模报道以马克思主义劳动观为主导内容，以马克思主义新闻观引领实践，劳模报道实现了方向性和科学性的辩证统一，指引了榜样教育的前进方向。

## 二 以劳模报道的人民性确保榜样教育大众性

人民性与大众性是辩证统一的，人民性是一种政治属性，大众性是一种文

---

① 《用劳动续写光荣与梦想（社论）》，《人民日报》2015年4月28日，第1版。

② 《以劳动托起中国梦（对话价值观·（全国劳模畅叙成长历程）（29））》，《人民日报》2015年4月30日，第7版。

③ 刘书林：《思想政治教育学原理专题研究纲要》，人民出版社，2018，第115页。

④ 朱清河：《典型报道论纲》，河南人民出版社，2011，第428页。

化属性。大众性揭示了文化与人民群众的关系，即文化要同人民群众相结合，代表广大人民群众的文化利益，为广大人民群众所理解和接受，最终转化为人民群众改造世界的巨大物质力量。人民性是大众性的政治要求和内在本质，大众性是人民性的社会接受和外在体现。劳模报道只有代表了广大人民群众的根本利益，才能为人民群众所欢迎和接受。新时代《人民日报》劳模报道始终抱持为了群众、依靠群众、服务群众的理念，为确保榜样教育大众性奠定了基础。

其一，《人民日报》劳模报道以唯物史观为理论根基，坚信人民群众是真正的英雄，确保了榜样教育的大众性。榜样教育必须摆正榜样和人民群众的关系。唯心主义英雄史观将历史描述为与人民群众毫无关系的英雄历史，片面夸大英雄人物作用，认为他们凭借个人天赋和主观意志能随心所欲地创造历史、主宰历史，在美化英雄人物的同时却贬低人民群众的作用。马克思主义唯物史观坚信人民群众是创造历史的真正英雄，纠正了唯心史观的根本谬误。毛泽东提出了"群众是真正的英雄"[①]的论断；习近平总书记重申了"人民是历史的创造者，群众是真正的英雄"[②]的观点，强调"坚信群众是真正英雄的历史唯物主义观点不能丢"[③]。《人民日报》劳模报道坚守了"群众是真正的英雄"的观点，不仅充分肯定人民群众是创造历史的决定性力量，而且重视劳模在推动历史发展上的重要作用，注重发挥其榜样引领作用。毛泽东指出，英雄想要有"用武之地"，必须立足实践、立足基层，因为任何英雄豪杰思想、意见、计划、办法的"原料或者半成品只能来自人民群众的实践中"[④]。离开了人民群众的生动实践，英雄也就失去了发挥作用的基础。英雄只有依靠人民群众，顺应历史发展趋势，才能建功立业，起到示范引领作用。显然，《人民日报》报道的劳模，就是群众中涌现的劳动之榜样。

其二，《人民日报》劳模报道的人民性，体现在劳模来自人民群众生产劳动之中，即榜样主体的大众性。70多年来，《人民日报》所报道的劳模，皆是来自人民群众之中的普通劳动者，如掏粪工人时传祥、高铁焊工谢元立等，都是立足岗位、埋头苦干的基层榜样，是从人民群众的生动实践中脱颖而出的杰

---

① 《毛泽东选集》第三卷，人民出版社，1991，第790页。

② 《习近平谈治国理政》，外文出版社，2014，第5页。

③ 《习近平谈治国理政》第二卷，外文出版社，2017，第295页。

④ 《毛泽东文集》第七卷，人民出版社，1999，第358页。

出人士，是在平凡岗位上默默奉献的人民群众的杰出代表。《人民日报》报道源于人民群众，以人民群众为主体的劳模，更能发挥其榜样引领作用。早在革命战争年代，毛泽东就要求让劳动英雄及模范工作者"去鼓励与团结广大的群众"[①]。朱德也提出，要以群众所最熟悉的、最钦佩的"群众英雄的活榜样号召大家前进"[②]，认为"如果没有把群众发动起来，工作还只停留在少数人的身上，则即使能造出几个突出的人物，其作用和意义也是很小的"[③]。伟大时代呼唤伟大精神，崇高事业需要榜样引领。新时代《人民日报》报道具有人民性的劳模，劳模是人民群众之中涌现的杰出代表，源于群众、引领群众，英雄的来源和主体具有了大众性。榜样是从人民群众中"生成"的，是人民群众中的优秀代表，榜样以其亲和力确证了人民群众能在平凡的岗位上成长为榜样。

其三，《人民日报》劳模报道的人民性，还体现在劳模始终将实现好、维护好、发展好人民群众的根本利益作为价值追求，彰显了榜样价值旨归的大众性。如雷锋多次被评为"劳动模范""先进工作者""社会主义建设积极分子"，《人民日报》多次报道雷锋服务人民群众的先进事迹："有限生命，无限为民""雷锋出差一千里，好事做了一火车"[④]。显然，雷锋代表广大人民群众的利益，为广大人民群众所接受和理解，涌现了郭明义等"雷锋传人"，"始终坚定'走雷锋道路、做雷锋传人'的人生信念，在帮助别人的过程中也体会到了无与伦比的快乐和幸福"[⑤]。真正的榜样不能以个人利益为中心，而是应该以实现人民大众的利益为根本追求，"历史把那些为共同目标工作因而自己变得高尚的人称为最伟大的人物；经验赞美那些为大多数人带来幸福的人是最幸福的人"[⑥]。传统的个人英雄主义的"榜样"，往往以维护个人利益为中心，将个人功业成就作为人生追求。[⑦]显然，《人民日报》劳模报道的人民性，始终夯实了维护大众利益的指向，超越了中西方传统中个人英雄主义的榜样教育观念。《人

---

① 《毛泽东文集》第三卷，人民出版社，1996，第241页。

② 《朱德选集》，人民出版社，1983，第121页。

③ 《朱德选集》，人民出版社，1983，第120页。

④ 参见刘良恒《雷锋：全心全意为人民服务（为了民族复兴·英雄烈士谱）》，《人民日报》2019年8月14日，第13版；郑海鸥《工程兵工程某团汽车连班长雷锋——有限生命　无限为民》，《人民日报》2019年9月20日，第6版。

⑤ 宋学春、刘裕国、何勇等：《平凡榜样　精神脊梁（对话价值观（19）·（先进模范篇））》，《人民日报》2015年1月19日，第6版。

⑥ 《马克思恩格斯全集》第一卷，人民出版社，1995，第459页。

⑦ 储成君、陈继红：《中国共产党对传统英雄观的继承与超越》，《学海》2020年第3期。

民日报》提倡的劳模，以人民为中心，维护和实现人民群众的利益，承载了中国共产党的人民情怀。作为无产阶级政党，中国共产党没有自己的特殊利益，而是"始终要把人民放在心中最高的位置，始终全心全意为人民服务，始终为人民利益和幸福而努力工作"①。因此，劳模报道的人民性，体现了榜样服务大众的崇高追求。

综上所述，《人民日报》劳模报道的人民性，夯实了榜样教育的大众性。从唯物史观理论基础来说，劳模报道坚守了人民群众是真正英雄的导向；从劳模报道的劳模主体构成来说，劳模来自人民群众的生产生活之中；从劳模报道价值导向来说，劳模始终以全心全意为人民服务为宗旨。因此，这确证了榜样教育的大众性，榜样不仅来源于人民群众，还服务于人民群众。

### 三 以劳模报道的权威性展现榜样教育公信力

提升榜样教育公信力，是增强榜样教育有效性的着力点。"公信力"反映新闻媒体获得社会公众认可、信任、赞誉的程度。榜样教育的公信力是榜样和榜样教育的影响力、号召力的直接表现，反映了受教育者/受传者对榜样权威性、可信度、美誉度的评判，是衡量榜样教育有效性的重要指标。"高可信度信源更容易引导观点朝着自己提倡的立场发生变化。"②如果榜样教育公信力缺失，就会导致榜样教育的实效性遭受质疑，其教育效果必然与教育目的相去甚远。彭怀祖指出，"如何不断探索，增强榜样教育的实效性和公信力，使新时期的榜样教育力量得到提升，是教育者必须面对的重要而紧迫的课题"③。

权威性是榜样教育公信力的重要保障，没有较强权威性的劳模报道就没有公信力可言。一般来说，榜样教育公信力的建立离不开教育活动中信任关系的长久积累。公信力既是一种普遍信任的反映，也是权威性的真实表达，公信力意味着"赢得公民的普遍信任而拥有的权威性资源"④。只有具有一定的权威性，才会具备公信力。具体到榜样教育来说，作为榜样教育主体的教育者"必须具

---

① 《习近平谈治国理政》第三卷，外文出版社，2020，第139页。
② 〔美〕卡尔·霍夫兰、欧文·贾尼斯、哈罗德·凯利：《传播与劝服 关于态度转变的心理学研究》，张建中、李雪晴、曾苑等译，中国人民大学出版社，2015，第23页。
③ 彭怀祖：《和谐社会视阈下的榜样与偶像研究》，学习出版社，2015，第155页。
④ 周治伟：《公信力的概念辨析》，《攀登》2007年第1期。

有很强的权威性和公信力"①。这种权威性和公信力关乎榜样教育成败。如果教育者缺乏权威性，榜样评选把关不严，难免会导致个别典型缺乏公信力，导致榜样"立不住、叫不响、树不长"，损害榜样群体美誉度，使榜样教育公信力大打折扣。

　　《人民日报》是劳模报道的权威媒体，为榜样教育公信力提供了保障。"言说的内容及其解释力、权威性，与言说者的地位、身份、知名度、公信力乃至理性与道德形象密切相连。"②显然，《人民日报》劳模报道的权威性，为榜样和榜样教育的公信力提供了重要保证。其一，《人民日报》劳模报道由官方组织，确保了榜样教育价值导向的公信力。《人民日报》是中共中央机关报，其劳模报道具备权威性，其社论和观点直接反映了党的政策立场。其二，《人民日报》直接参与对劳模表彰的报道，权威的资料来源确保了榜样教育公信力。为了做好全国劳模表彰工作，国务院成立全国劳动模范和先进工作者表彰大会筹备委员会，筹备委员会办公室下设宣传组"负责组织协调各项新闻报道工作"，包括"为各媒体记者办理会议证件和提供有关宣传资料等"。③可见，《人民日报》劳模报道是在党的直接领导下进行的权威宣传，是直接参与劳模报道的主要媒体之一，这确保了劳模报道话语彰显主流意识形态的权威性。其三，《人民日报》还承担了榜样评选中公示拟表彰名单和正式名单的职能，使榜样接受社会公众的监督和审查，显然有助于提升榜样教育的公信力。

　　显然，《人民日报》以其权威性，为榜样教育公信力提供了重要保障。反之，如果榜样教育缺少此种保障，则可能出现榜样造假现象，为一些人披着形形色色"先进""模范"的外衣追功逐利打开方便之门。如此一来，典型就会变味，榜样与榜样教育公信力也就不复存在。"如果树立榜样的过程都不真实，甚至弄虚作假，何谈所树立榜样的公信力和号召力？"④如果榜样教育缺乏权威性，可能会导致榜样教育工作变得缺乏严肃性，乃至令人反感，最终丧失公信力。"炮制什么一群'某某之星'或者'某某先锋'，热热闹闹走个过场，过不了十天半月就销声匿迹，这些先进典型经不起时间的考验。"⑤如此，对榜样教

①　彭怀祖：《和谐社会视阈下的榜样与偶像研究》，学习出版社，2015，第128页。

②　胡潇：《马克思恩格斯关于意识形态的多视角解释》，《中国社会科学》2010年第4期。

③　中华全国总工会经济技术部编《新编劳模工作手册》，中国工人出版社，2012，第97页。

④　彭怀祖：《和谐社会视阈下的榜样与偶像研究》，学习出版社，2015，第113页。

⑤　彭怀祖、姚春雷：《身边人身边事的力量：以大学生先进典型为视角》，苏州大学出版社，2012，第72页。

育的公信力会造成致命打击，导致"先进典型年年有，没有一个能长久"，最终导致典型变味，榜样公信力下降。

综上所述，榜样教育的公信力是衡量榜样教育有效性的重要指标，教育者/传播者的权威性为榜样教育公信力提供了保障。《人民日报》是我国权威媒体，其劳模报道不仅直接反映了官方立场，而且报道的劳模都是经过层层把关的，因而保障了榜样教育公信力。

## 四 以劳模报道的传播力保障榜样教育影响力

榜样教育的影响力与劳模报道的传播力亦密切相关。"传播力"代表了一种传播能力，关涉传播的信息量、传播速度、信息覆盖面及其影响效果等多个维度，是一种信息到达受众、影响社会、发挥功能的综合能力。媒体只有具备了较强的传播力，其传播的导向性、公信力、影响力才能得到彰显。《人民日报》以其较强的传播力为劳模报道提供了可靠平台，也为彰显榜样教育影响力奠定了现实基础。

劳模报道就是利用媒体来宣传劳模事迹，劳模报道的传播力与媒体的传播力息息相关，只有媒体具有较强的传播力，才能为劳模报道的传播力提供坚实保障，增强榜样教育影响力。当然，制约榜样教育影响力的因素是多方面的，但媒体传播力无疑是重要影响因素。榜样示范作用的发挥，离不开媒体对榜样的典型报道："榜样通常以新闻媒体通过典型报道的形式在社会传播开来，一个榜样的树立，不仅依靠其自身经验的典型性，更以强大的舆论宣传为后盾，从而具备更广泛的影响力。"[1]也就是说，榜样教育应该以强大的舆论宣传为保障，因此，媒体的传播力就成为关乎榜样教育影响力的关键因素。

《人民日报》在我国传媒矩阵中，传播力强，这为确保其劳模报道的传播力，提升榜样教育影响力夯实了基础。一般来说，大众媒体传播力的核心是媒体传播的能力，即"媒体到达受众并产生效果的能力"，媒体对受众的覆盖程度通过收视率、阅读率、到达率、发行量等指标体现。[2]显然，《人民日报》是中国第一大报纸，无论是作为传统纸媒，还是探索新媒体传播，都在主流媒体

---

① 陆树程、杨倩：《论培育和践行社会主义核心价值观的内在机制》，《毛泽东邓小平理论研究》2014年第8期。
② 姚林：《大众媒体传播力分析》，《传媒》2006年第9期。

矩阵中始终保持着较强的传播力，这为确保劳模报道传播力提供了坚实保障。

　　党的十八大以来，《人民日报》推动媒体融合发展，增强了自身传播力，也为确保劳模报道传播力提供了坚实保障。诚然，随着新媒体的迅猛发展，传统纸媒的传播力日益下降，但在新媒体蓬勃发展的过程中，《人民日报》建立了"中央厨房"优化内容生产，打通"报、网、端、微、屏"，借助新媒体进行传播，成为具有广泛影响力的平台，其巨大的传播力再次彰显，无论是传播频率、传播广度还是传播有效性，都远远超过了原有纸媒的传播力。"人民网研究院"关于2020年我国主流媒体在传统端、PC端、移动端的综合传播力的数据，确证了《人民日报》具有强大传播力。[①]这为确保劳模报道与榜样教育影响力奠定了基础。习近平总书记指出，要"坚持正确舆论导向，高度重视传播手段建设和创新，提高新闻舆论传播力、引导力、影响力、公信力"[②]。这为新时代不断增强《人民日报》传播力指明了方向，也为不断提升榜样教育的传播力、影响力提出了新的要求。

　　综而论之，劳模报道是榜样教育的题中应有之义，不仅马克思主义理论家确证了二者具有契合性，而且二者要素融通、过程耦合、经验共享，具有内在契合性；而《人民日报》以其独特地位和显著影响，成为通过劳模报道开展榜样教育的成功范例和经典文本。这表明：一方面，可以基于对劳模报道的分析，关涉榜样教育理论；另一方面，《人民日报》劳模报道在榜样教育中具有典型意义，可以将其作为分析样本。

---

① 数据表明，《人民日报》作为中国第一大报纸，具有很强的影响力，具有受众广泛、融合传播力强、被转载率高、阅读量大、互动性强的优势。（数据参见人民网研究院《2020年媒体融合传播指数总报告》，人民网，2021年4月27日，http://yjy.people.com.cn/n1/2021/0426/c244560-32088214.html；人民网研究院《2020报纸融合传播指数报告》，人民网，2021年4月27日，http://yjy.people.com.cn/n1/2021/0426/c244560-32088636.html。）

② 《习近平谈治国理政》第三卷，外文出版社，2020，第33页。

第三章

# 新时代《人民日报》劳模报道的榜样教育意蕴

新时代《人民日报》劳模报道具有重要的榜样教育意蕴。就榜样塑造而言，榜样塑造关乎榜样教育之成败，通过劳模报道塑造出典型深刻、触动人心的榜样乃开展榜样教育的前提。新时代《人民日报》劳模报道与时俱进地塑造了多元化的榜样。就榜样承载的教育内容而言，指向榜样教育"教什么"，其完善程度、合理与否、呈现方式，既关涉榜样教育目标能否实现，亦关乎榜样教育得失成败。通过劳模报道开展榜样教育，本质上是劳动观教育，以劳动观为教育的核心内容。在新时代《人民日报》劳模报道中，劳模承载的劳动观反映了人们对劳动相关问题的应然看法和态度，这体现在劳动意义观、劳动政治观、劳动道德观、劳动能力观四个维度。就劳模报道的榜样传播途径而言，新时代《人民日报》通过劳模报道开展榜样教育，实际上就是榜样传播过程。显然，承载主导价值观的劳模，只有高效地传播开来，才能进一步被传播受众/教育客体所熟知、接纳、学习。新时代

《人民日报》劳模报道反映了榜样传播路径从平面化转向立体化。

## 第一节　劳模报道中榜样塑造的多元化趋向

榜样塑造实际上关涉两个基本问题：榜样塑造对象应为何人？塑造出何种榜样形象？前者为榜样选择问题，后者即榜样形象问题。当前关涉榜样塑造的研究成果寥寥，相关研究的缺席与失语与该问题的重要性极不相称。本节从这两个基本问题出发，梳理并呈现党的十八大以来《人民日报》劳模报道中的榜样塑造之特质。

### 一　榜样选择、榜样形象与榜样塑造

何谓榜样塑造？当前学界对其并无明确界定。"塑造"一词被广泛用于文学艺术领域，主要有两种意涵：一是用石膏或泥土等可塑材料形塑人、物形象，如雕塑艺术家罗丹（Auguste Rodin）认为，使雕塑艺术获得真实的生命"是由于塑造的科学"[①]；二是从引申义而言，是用描写、表演等形式创造人物形象，在文学中，人物塑造多指运用恰当艺术手法，描绘鲜活生动的人物形象的过程。[②]

榜样塑造是从引申义而言的。在劳模报道中，榜样塑造使用的材料显然不是"石膏或泥土"等物质材料，而是通过"文字"等抽象的精神符号，对劳模进行描写、加工和再现；榜样塑造也是一种人物塑造，即通过图文符号描绘出榜样的人物形象。榜样塑造关涉以下两个基本问题。

其一，榜样选择问题。显然，榜样塑造首先要遴选符合需要的榜样人物作为塑造对象，否则榜样塑造就无从谈起。因此，明确选择何种榜样进行报道，是榜样塑造的前提条件，分析榜样塑造必须先考察榜样选择问题。所谓"选择"，是指人们在一定的意识支配下，根据一定标准进行抉择和取舍的活动。本书关注的榜样塑造之榜样选择，即榜样塑造时对各种可供选择的榜样的抉择与取舍。榜样选择反映了榜样塑造时的榜样取舍标准和选择意向。人们自发作

---

① 〔法〕奥古斯特·罗丹口述，〔法〕葛赛尔记录：《罗丹艺术论》，沈宝基译，广西师范大学出版社，2002，第42页。

② 孙文莲：《情与理：文学艺术的审美形成》，光明日报出版社，2015，第226页。

出的榜样选择往往并非总是合理的，如在亚文化中，青少年往往会倾向于选择各种娱乐偶像或者企业家等颇具光环的人士作为榜样，而辛苦劳作的劳模却往往受到冷遇；榜样选择的标准亦非一成不变的，时代在变、环境在变，对榜样的要求也会持续更新，榜样选择标准必然要与时俱进。因此，《人民日报》作为主流媒体，不仅其榜样选择是经过精心设计的，要选择国家倡扬、社会需要、人民景仰的劳模进行报道，而且其榜样选择标准绝非一成不变的，而是与时俱进、不断更新的。如此，才能优化榜样选择，助力榜样塑造，增强榜样正面效应。

其二，榜样形象问题。榜样形象设计亦是解读榜样塑造问题的重要维度。显然，劳模报道需要着力塑造劳模的榜样形象，通过归纳榜样的先进事迹来提炼其所代表的价值观念和精神内核，凭借这种榜样形象进行榜样教育。"形象"有三种含义：一是指称人或事物表现在外的具体形态或姿态，如外貌、外观、举止等；二是文艺作品中创造出来的生动具体的、激发人们思想感情的生活图景，如人物神情面貌、性格特征等文学形象、艺术形象；三是"生动逼真，富于形象"，指向对客体的认知和评价。[①] 主流媒体榜样塑造，就是通过逼真的、生动的描述，将其选择的榜样塑造成个性鲜明、有社会影响力的形象，让受众诉诸视觉、听觉，并感到具体真切，如见其人，如睹其物，如闻其声，如临其境。

"典型人物媒介形象是中国社会镜像的一种折射。"[②] 在通过《人民日报》劳模报道开展榜样教育时，《人民日报》实际上扮演了教育者角色。为了传达特定意识形态和价值观念，就要有目的地为受教育者树立可供学习的榜样。因此，《人民日报》所报道的榜样必然要经过精心选择与合理设计。榜样选择体现了榜样教育过程中的价值建构，故而具有鲜明的意识形态色彩。主体"懂得处处都把固有的尺度运用于对象"[③]。同样，榜样选择也体现了教育者的创造力量，旨在使榜样体现主导意识形态和价值观念的"内在尺度"。《人民日报》通过对榜样形象的二次加工与意义建构，使榜样具备生动逼真的具体形象，呈现出堪称典范的精神面貌、性格特征。而塑造出来的榜样形象，就是主导价值观念的化身，闪光的榜样形象是凝缩丰富价值内涵的文化符号，其崇高的德行寄寓了特定的价值取向。要言之，《人民日报》劳模报道中的榜样塑造，其所进行的榜样选择与呈现的榜样形象是我国社会变迁和现实面向的鲜活写照，透析

---

① 张清源主编《现代汉语常用词词典》，四川人民出版社，1992，第440页。

② 麦尚文：《新时期中国典型人物"媒介形象"的变迁与突破》，《新闻大学》2006年第2期。

③ 《马克思恩格斯文集》第一卷，人民出版社，2009，第163页。

其特质可以观照时下的主导价值观和榜样教育理念。

正因为榜样教育需要依托特定的榜样载体，所以富有成效的榜样塑造是关涉榜样教育实效的重要维度。唯有选择并塑造出生动形象、典型可学的榜样形象，使榜样获得受教育者的喜爱与认同，才能引发受教育者的情感共鸣。如此，才能借助榜样承载的具体化、人格化的优秀德行，令受教育者由衷敬佩、积极学习，才能通过此种榜样的示范作用达成榜样教育目的。

## 二　劳模报道中榜样选择的多样性特质

新时代《人民日报》的劳模报道，选择了多种多样的劳模，其榜样选择具有多样性特质，以多元化榜样超越了单一化榜样。

其一，新时代《人民日报》报道了多种类型、不同层次的劳模。习近平总书记多次指出，要充分发挥荣誉表彰的"精神引领、典型示范作用"，"推动全社会形成见贤思齐、崇尚英雄、争做先锋的良好氛围"。[①]在新时代的劳动领域中，各种荣誉表彰均受到重视。《人民日报》选择了获得多种类型、不同层次劳动荣誉称号的劳模（见表3–1）进行报道，以协同发挥其"劳动之榜样"的作用。

表3–1　《人民日报》报道中劳模获得的劳动荣誉称号（2012年1月1日至2022年1月1日）

| 类别 | 劳动荣誉称号 |
| --- | --- |
| 全国性劳模 | 全国劳动模范、全国先进工作者 |
| 省部级劳模 | 省级劳模：某某省/自治区劳动模范、某某省/自治区先进工作者 |
| | 各部委表彰的劳模：全国教育系统劳动模范、全国卫生系统劳动模范、全国旅游系统劳动模范、全国林业系统先进工作者、全国总工会劳动模范、全国关心下一代工作先进工作者、全国治沙劳动模范、全国水电系统劳动模范、全国中小学德育先进工作者等 |
| 市级劳模 | 武汉市劳动模范、黄山市劳动模范等 |
| 公司/工厂劳模 | 长征机械厂劳动模范、浙江省电力公司劳动模范等 |
| 其他劳模 | 全国"五一劳动奖章"、国家级技能大师、大国工匠、人民满意的公务员等 |

---

① 中共中央文献研究室编《习近平关于社会主义文化建设论述摘编》，中央文献出版社，2017，第130页。

由表3-1可知，从报道中劳模所获得的劳动荣誉称号来看，新时代《人民日报》报道了多种类型、不同层次的劳模。除报道了以"劳动模范""先进工作者"命名的劳模之外，还报道了"国家级技能大师"等新型劳模。从劳模获得的劳动荣誉称号的层次而论，不仅报道了"全国劳动模范""全国先进工作者"这两种最高级别的全国性劳模，如谢元立、郝振山、包起帆等；还将各部委评选的行业性劳模、一些省市乃至公司和工厂评选的劳模纳入报道范围，如全国旅游系统劳动模范最美导游金磊①，浙江省第一位外籍劳模"洋劳模"老西②等。将不同层次、不同类型的劳模都纳入报道，彰显了《人民日报》劳模报道的层次性、多样性。

其二，新时代《人民日报》劳模报道选择了不同时期评选的劳模。经典劳模形象重塑集体记忆，新评选的劳模直面时下热点，共同构成一个涵容不同时期多种劳模的榜样谱系。一方面，既往不同时期评选的经典劳模并未淡出报道视野，而是被反复重刊，以重塑集体记忆、赓续红色血脉。新时代《人民日报》报道了一些改革开放之前家喻户晓的经典劳模，如马恒昌、戎冠秀、赵梦桃、雷锋、申纪兰、吕玉兰、孟泰、李殿冰、库尔班、时传祥、张秉贵等。实际上，这些光辉的榜样深植于中国人的集体记忆之中，要"使人类的事业保留在记忆中，使之不因为岁月的流逝而被人们遗忘"③。对于没有经历过改革开放前火热年代的青年人而言，这种集体记忆面临被新生代群体集体遗忘的风险。由于对既往历史的不在场，新生代群体对英模的精神和事迹可能会产生陌生感、疏离感。为了使这些英模创造的精神财富传承不息，以传承红色血脉，有必要通过一次次的报道来对抗遗忘、唤醒记忆、重构意义："留住他们个人的记忆，实际留住的是一辈人艰苦创业、勤劳奉献的集体记忆。"④

另一方面，劳模是工人阶级和广大劳动群众"与祖国同成长、与时代齐奋进"的杰出代表，新时代《人民日报》报道的劳模，不仅突出地体现了民族精神和时代精神，而且大多奋斗在生产建设一线，是各行各业的生产骨干和时代先锋。党的十八大以来《人民日报》报道了30余位"国家级技能大师"，他们是新时代传承工匠精神、培养高技能人才的"领头羊"。可以说，技术工人队

---

① 王珂：《游客利益无小事（文明旅游　最美导游）》，《人民日报》2015年5月13日，第8版。
② 王慧敏、方敏：《"洋劳模"老西（人民眼·中外交流合作）》，《人民日报》2017年7月20日，第16版。
③ 〔古希腊〕希罗多德：《历史》上，周永强译，陕西师范大学出版社，2008，第3页。
④ 姚力等：《生命叙事与时代印记——新中国15位劳动模范口述》，人民出版社，2017，第8页。

伍是支撑中国制造、中国创造的重要力量。据统计，我国技能劳动者已超过 2 亿人，高技能人才超过 5000 万人。[1] 在新时代，创新型、应用型、技能型人才培养的现实诉求，对高技能人才与专业技术人才提出了更高要求，如何让更多高技能人才脱颖而出成为关乎国家发展的重大课题。为此，要大力弘扬劳模精神、劳动精神、工匠精神，激发高技能人才创新活力，为实施制造强国战略和推动高质量发展提供有力人才支撑。由于我国技能劳动者占就业人口总量的比重仅为 26%，高技能人才占技能人才总量的比重为 28%，与发达国家相比仍然存在较大差距[2]，培养高技能人才刻不容缓。"十三五"期间，我国建设了近 700 个国家级技能大师工作室，这些国家级技能大师无疑是高技能人才的典范。《人民日报》劳模报道选择 30 余位国家级技能大师进行报道，无疑体现了新时代培育高技能人才的需要。

其三，新时代《人民日报》报道的劳模广泛分布于各行各业。劳模报道致力于使不同行业、不同职业的劳动者都学有榜样，那么，就需要广泛选择各行各业的劳模进行报道。早在 2009 年，《人民日报》就刊发评论指出，劳模体现了"一种榜样的作用，意义就在于让不同行业不同职业的人可近、可亲、可信、可学，引导全社会热爱劳动、尊重劳动，因此，劳模的评选应该面向基层，面向一线，离普通人更近"[3]。新时代《人民日报》劳模报道集中彰显了这一导向，体现了让不同行业不同职业的人可近、可亲、可信、可学的特质，其报道的劳模不仅是在"不同行业不同职业"奋斗的领头羊，也是"面向基层，面向一线"的普通劳动者。例如，报道了"大学生村官"王淑媛[4] 等支援社会主义新农村建设的模范，扎根基层专职干扶贫工作的苏庆亮[5] 等脱贫攻坚战中涌现的全国劳动模范；又如，报道了农民与个体工商户两种职业身份合而为一的全国劳动模范陈兹方[6]，他是对接产销的农村电商从业者，既反映了"直播带货"的新的劳动方式，又彰显了农民劳动者的知识化趋向；报道的农民高树满是河北省劳动模范，他从外出打工到自己当老板，

① 李心萍：《我国技能劳动者已超过 2 亿人（权威发布）》，《人民日报》2020 年 12 月 19 日，第 4 版。

② 李心萍：《我国技能劳动者已超过 2 亿人（权威发布）》，《人民日报》2020 年 12 月 19 日，第 4 版。

③ 范正伟：《劳模精神如何引领时代（人民时评）》，《人民日报》2009 年 4 月 30 日，第 12 版。

④ 袁泉：《怀抱梦想　扎根村头（最美基层干部）》，《人民日报》2013 年 7 月 23 日，第 6 版。

⑤ 顾仲阳：《"认准了的事就放手干"（打赢脱贫攻坚战）》，《人民日报》2016 年 10 月 18 日，第 6 版。

⑥ 马跃峰、王锦涛、范昊天等：《拓宽销售渠道　增加农民收入（人民眼·农村电商）》，《人民日报》2020 年 12 月 25 日，第 13 版。

从庭院种植到工厂化生产，把食用菌销售到国际市场，是激活农村食用菌发展的致富典型。[①] 新时代《人民日报》劳模报道选择各行各业的劳模进行报道，彰显了"一切劳动者，只要肯学肯干肯钻研，练就一身真本领，掌握一手好技术，就能立足岗位成长成才，就都能在劳动中发现广阔的天地，在劳动中体现价值、展现风采、感受快乐"[②]。

综上所述，新时代《人民日报》劳模报道中的榜样选择具有多样性特质。该特质生动体现出劳模承载的劳动观正在与时俱进地发展，也深刻反映出我国社会发展不断取得巨大进步，更顺应了新时代需要多元化榜样的必然趋势。

### 三 新时代《人民日报》劳模报道中榜样形象的个性化设定

党的十八大以来，《人民日报》劳模报道中的榜样形象具有"个性化"发展趋势。为了彻底突破"脸谱化"榜样形象的局限性，《人民日报》劳模报道着力强化劳模"普通人"形象，增强对劳模"个性化"描写，有力消弭了大众对劳模榜样形象的刻板印象。由是，劳模不仅是各行各业发挥聪明才智的劳动者，还被塑造为富有个性的普通人形象，推动榜样形象从"千人一面"转向"千人千面"。

新时代《人民日报》劳模报道之所以着力呈现个性化榜样形象，是对既往"脸谱化"榜样形象的纠偏。在很长时期内，榜样形象呈现"脸谱化"特质，是单一化、平面化、趋同化的群体形象，而劳模的个性化特征并不明显。这种榜样形象，很容易让大众对劳模产生刻板印象。

其一，仅仅凸显劳模"不怕牺牲"的英雄气质。劳模为了革命和建设事业英勇无畏、甘于奉献、不怕牺牲的品格得到彰显，但其他人格特质被遮蔽。

> 首都工业劳模代表刘德珍事迹："他在工作中充分表现了为祖国建设事业不怕牺牲自己的英勇精神……立刻进厂冒着七十度高温坚持九小时工

---

① 史自强、张建伟：《"一扇门"办好 承诺日办结》，《人民日报》2017年5月31日，第14版。
② 习近平：《在庆祝"五一"国际劳动节暨表彰全国劳动模范和先进工作者大会上的讲话》，人民出版社，2015，第10页。

作……"①

　　全国劳动模范智呼声："22年来，智呼声比别人多干了5万多个小时的工作，牺牲节假日2400多天，却没有多拿过一分钱的报酬。"②

　　"不怕牺牲"是劳模的共同形象。这是宝贵的精神财富，特别是在革命战争年代，革命需要流血牺牲，"勇"德是每位革命者的必备素养。恩格斯曾用革命策略家丹东的话来阐明无产阶级革命斗争需要"勇敢，勇敢，再勇敢！"③马克思也说："谁最勇敢、最坚定，谁就能取得胜利。"④在新中国成立后，这种革命战争年代的牺牲精神，延续到了社会主义革命、建设和改革之中。但长期以来大量的同质化报道，也易使大众产生"劳模只讲牺牲"的刻板印象，令其敬而远之。

　　其二，过于凸显劳模"吃苦耐劳"的榜样形象。吃苦耐劳是工人阶级伟大品格的体现，艰苦奋斗是中国共产党的优良传统。在很长时期内，《人民日报》劳模报道突出体现劳模"吃苦耐劳"的榜样形象。

　　工农兵劳模刘启宇事迹："今年春节时，别人都回家过年去了，他一个人整整四昼夜坐在办公室里，为设计改良播种机而刻苦努力。"⑤

　　全国劳动模范周孟波："他，在风沙弥漫的戈壁荒漠，搬片石、修护坡、打草袋、码围堰、打水井、砸道岔，吃苦流汗的活样样抢着干。"⑥

　　"吃苦耐劳"是劳模的典型群像。无疑，"吃苦耐劳"是劳模崇高精神的体现，但对劳动之"苦"和劳模"吃苦"的过度宣传，造成了劳动是痛苦的，以及劳模就应该吃苦的刻板印象。大量出大力、流大汗、有家不回、有病不治的描述，会弱化劳模的多元个性。此外，由于劳模"日复一日地拼搏，年复一年

①　京市新闻处：《首都工业劳模代表——工农兵劳模大会工业代表介绍之五》，《人民日报》1950年9月10日，第2版。

②　《"时代领跑者——新中国成立以来最具影响的劳动模范"候选名单》，《人民日报》2009年6月27日，第7版。

③　《马克思恩格斯文集》第二卷，人民出版社，2009，第446页。

④　《马克思恩格斯文集》第二卷，人民出版社，2009，第71页。

⑤　《刘启宇专心改造农具——工农兵劳模大会工业代表介绍之六》，《人民日报》1950年9月11日，第2版。

⑥　宋臻：《默默奉献　勇挑重任》，《人民日报》2003年11月12日，第12版。

地苦战"，往往患有各种疾病，一些劳模因公因病做过大手术，给大众留下了"十个劳模九个病"的印象，弱化了劳模吸引力。

毋庸置疑，这些劳模的榜样形象有其现实合理性，也彰显了劳模崇高精神。但如果局限于单一化的敢于牺牲奉献、甘于吃苦耐劳、政治立场鲜明的群体形象，则存在"脸谱化"问题。实际上，榜样之形象应具有个性。榜样既要有勇于献身、苦干巧干、大公无私的形象，也要有善于创造、勇于开拓、自立自强的新形象。

在此意义上，在劳模报道中融入更多个性化元素，进一步改变"千人一面"的榜样形象，是新时代《人民日报》劳模报道面临的重要任务。通过强化劳模"普通人"的榜样形象，描摹劳模"个性化"的榜样形象，促进榜样形象个性化发展。

其一，着力强化劳模"普通人"的榜样形象。此种设定实际上确证了每一位劳模都是在立足岗位、服务群众中造就的，他们也有普通人的情感需要、优点缺点，劳模是有血有肉、个性分明的普通人。

> 时代先锋车著明说："先进模范也是平凡人、普通人，他们也是从一点一滴做起，从身边小事做起。"①

> 全国劳动模范张黎明说："我就是个普通人，我得对得住当年引领我走上'电路'的父亲、师傅，还有我的妻子和孩子。"②

显然，劳模现身说法，旨在展现其作为"普通人"的一面。每个人都是有所差异的独特个体，"个人就等同于个性"，"每个人都是作为无可替代的独立个性存在着"。③面向千千万万普罗大众的劳模，必然是各具特色、充满个性、各美其美的。

其二，新时代《人民日报》劳模报道增强了对劳模"个性"之描写，有助于改变劳模"脸谱化"形象，避免了"千篇一律""千人一面""千口一腔"的

---

① 宋学春、刘裕国、何勇等：《平凡榜样 精神脊梁（对话价值观（19）·（先进模范篇））》，《人民日报》2015年1月19日，第6版。
② 秦岭：《"明星"黎明与万家灯火（时代楷模）》，《人民日报》2018年8月18日，第12版。
③ 冯建军：《论个性化教育的理念》，《教育科学》2004年第2期。

程式化、样板化描写，凸显了"千人千面"乃至"一人千面"的个性化塑造。

> 全国劳动模范洪刚："凭着农家子弟吃苦耐劳的劲头和爱琢磨的个性，在老师傅悉心传授下，洪刚很快从学徒到'单飞'……"①

> 全国铁路劳动模范董翠萍："……尤其是自己一辈子不服输的个性，促使我放下顾虑，挽起袖子带着仅有的7名员工，开始了新的创业梦想。"②

> 全国劳动模范陈国强："'强叔'个性似顽童，时尚潮语用得溜，精神上与年轻世代无隔膜，在嬉笑中稍加点醒时居多，极少一本正经说'忧虑'。"③

> 西陵区劳模李双喜："一身运动装的他看起来更像个时尚的小伙。……带着百余名'蚁工'行走在江滩……从泥土里一点点翻捡出垃圾，打包带走。"④

从这些劳模报道中可以看出，劳模不再是"千人一面"、重复单调的形象，而是有着各自的风格和特性。洪刚有"吃苦耐劳的劲头和爱琢磨的个性"；董翠萍有"一辈子不服输的个性"；陈国强是"个性似顽童"的院士；李双喜是时尚青年。《人民日报》劳模报道中的劳模不再是遵照一个"样板""生产"出来的枯燥形象，而是尊重个体职业、性格、心理之差异，破除风格单一、故事雷同、大同小异、失去特质的叙事塑造的个性化形象，这有助于尊重劳模的个性差异，消弭大众的审美疲劳。

综上所述，榜样塑造会对榜样教育成效产生显著影响，榜样选择与榜样形象设计是解读榜样塑造的必备维度。从新时代《人民日报》劳模报道看，不仅榜样选择呈现出多样性特质，而且榜样形象设计亦注重个性化呈现，劳模"普通人"的一面被进一步强化，劳模叙事注重个性描写，强化了对"千人千面""一人千面"的个性化劳模形象之塑造。

---

① 姜泓冰、谢卫群、屠知力：《让人才温暖而自由（故事·十年）》，《人民日报》2012年8月10日，第8版。
② 董翠萍：《做中国高铁"良心餐"（中国道路中国梦·新改革故事）》，《人民日报》2015年3月23日，第5版。
③ 姜泓冰：《从不给自己留退路（治学者）》，《人民日报》2018年7月3日，第12版。
④ 程远州、刘明强：《三峡蚁工，为江滩美容（故事·百姓影像）》，《人民日报》2017年2月17日，第9版。

## 第二节　劳模报道中劳动观的时代化呈现

　　劳动观对社会变革和发展具有不可低估的影响。通过劳模报道开展榜样教育，旨在进行劳动观教育，劳动观是劳模报道承载的榜样教育之核心内容。新时代《人民日报》劳模报道所承载的劳动观，是与时俱进的马克思主义劳动观，集中体现在劳动意义观、劳动政治观、劳动道德观、劳动能力观四个维度。

### 一　劳动观：劳模报道承载的榜样教育之核心内容

　　"劳动观"亦称"劳动观念"，指人们对劳动的根本观点和应持态度。曹亚雄认为劳动观是对劳动的根本看法、观点的总和。[1]苑茜、周冰、沈士仓等学者认为，劳动观不仅包括对劳动的认识、看法、观点，还包括劳动中"所持的态度"。[2]郑银凤对劳动观进行了系统概括："劳动观是指人们对劳动的根本看法和观点，思想政治教育学视域下的劳动观是指人们对劳动的本质、劳动的目的、劳动的意义、劳动分工等方面的认识，是世界观、人生观和价值观的重要组成部分。"[3]她从劳动目的意义观、劳动荣辱观、劳动分工观、对创新劳动以及对劳动相关社会问题的认识等方面考察"95后"大学生的劳动观教育，第一条反映了对劳动价值本身的看法，后四条体现了对如何实现劳动价值的观点和态度。[4]该概括较为全面。

　　本书在此基础上结合研究实际进一步整合，从劳动意义观、劳动政治观、劳动道德观、劳动能力观四个维度进行考察。这些维度反映了劳动者对劳动意义、劳动目的、劳动道德、劳动能力等方面的观点和态度，基本囊括了劳动过程中对劳动本身价值和劳动应持态度的方方面面，可大致反映新时代《人民日报》劳模报道呈现的劳动观的宏观图景。具言之，一是

---

① 曹亚雄：《马克思的劳动观的历史嬗变》，中国社会科学出版社，2008，第1页。
② 苑茜、周冰、沈士仓等主编《现代劳动关系辞典》，中国劳动社会保障出版社，2000，第16页。
③ 郑银凤：《"95后"大学生劳动观教育研究》，中国社会科学出版社，2020，第5~6页。
④ 郑银凤：《"95后"大学生劳动观教育研究》，中国社会科学出版社，2020，第80~104页。

劳动意义观，主要是劳动者对劳动本身价值的观点和认识，如劳动有无价值、有何价值、有多大价值等；二是劳动政治观，本书未使用劳动目的观这一表述，劳动目的即劳动者通过劳动实现何种目标，这是参加劳动的动力因素，但《人民日报》劳模报道中的劳动目的观实为劳动政治观的表达，是劳动目的观在政治层面的集中反映；三是劳动道德观，关于劳动光荣与否的看法、对劳动中分工协作的认识、对劳动中利益关系的看法等，实际上都是以劳动道德观的形式表现出来的，可以整合为劳动道德观；四是劳动能力观，即对劳动能力的要求和看法，创新能力仅为其一。从这些维度研究劳动观，还有利于整合对劳模精神、工匠精神和劳动精神的研究。其实，这三种精神之间相互交叉、相互融合，所关涉的都是对劳动意义、劳动目的、劳动道德等问题的认识和态度，皆是对劳动观的某种体现，这将在第四章第二节详述，在此不赘。

劳动观是劳模报道所承载的榜样教育之核心内容。价值观与劳动观是一般与特殊的关系，劳动观是价值观在劳动领域的具体化，在价值观体系中居于核心地位。人类社会生活的复杂性决定了"人的活动的每一个领域都有价值观念"[1]。因此，劳动领域也必然有具体的价值观。价值观的产生离不开主体与客体发生关系，人是在一定社会关系中从事活动的人，都有现实的、具体的需要，会产生一些价值关系，生产劳动是产生这种价值关系的根本前提。"从发生学的角度来说，人类价值观的发生有三个基本前提：人类的生产活动、社会关系和社会意识。"[2]显然，社会关系与社会意识都是在人类的生产活动中缔结和产生的，人类的生产活动对价值观而言具有更为根本的意义。兰久富指出，生产劳动是社会生活的基础，对劳动的价值理解是其他价值观念的基础。各种观念无一例外都受劳动观念的引导。[3]可见，劳动是社会生活的第一个前提，劳动观在价值观体系中居于核心地位。因此，理解劳动观是理解其他价值观的基础。劳模报道作为劳动领域的价值观教育，当以劳动观为核心内容。

通过劳模报道进行榜样教育，实质上是进行劳动观教育。劳动观教育是"思想政治教育的重要组成部分，主要是指教育者对受教育者进行有目的、

[1]　兰久富：《社会转型时期的价值观念》，北京师范大学出版社，1999，第68页。

[2]　陈章龙：《论主导价值观》，江苏人民出版社，2006，第57页。

[3]　兰久富：《价值体系的两个核心价值观念》，《东岳论丛》2000年第1期。

有计划、有组织的教育活动，使学生在具有正确的劳动认知的基础上，具有热爱劳动和劳动人民的情感、养成尊重和珍惜劳动成果的品质，并同时具有一定的劳动创新意识的教育"[①]。换言之，劳动观教育不是一般意义上的劳动教育，而是侧重"观念"层面，指向意识形态教育。马克思主义劳动观是《人民日报》通过劳模报道开展榜样教育的核心内容，也是劳动教育的核心内容，二者在教育内容上是一致的。因此，在"劳动教育"概念的基础上，进一步提出"劳动观教育"有其合理性、必要性。在很长时期内，学界认为劳动教育是劳动知识、劳动技能层面的教育。实际上，思想政治教育视域中的劳动教育是以劳动观教育为核心的。而劳动知识、劳动技能层面的教育所涵盖的专业化内容会因不同行业、不同部门的劳动技术、操作技能而千差万别，一般意义上的劳动教育很难肩负起这一艰巨任务，将劳动教育与劳动知识教育、劳动技能教育相混淆，易使劳动教育范围漫无边际。郭海龙指出，"劳动价值观教育的实质是思想政治教育，而非专业技术教育，更不等同于劳动实践"[②]。檀传宝也认为，劳动观是劳动素养的核心内涵，劳动教育的核心目标只能是劳动观（情感、态度、价值）的培育。[③]因此，从思想政治教育角度切入，劳动观教育的主要内容仅是劳动教育中的劳动观部分。

## 二 劳动意义观："劳动创造美好生活"的价值逻辑

有"意义"即有"价值"、有"作用"，劳动意义观即是对劳动的价值、作用的根本看法和观点。在新时代《人民日报》劳模报道中，始终贯穿着"劳动创造美好生活"的价值逻辑，体现新时代对马克思主义劳动意义观的继承发展。

马克思恩格斯之前的思想家，其劳动意义观往往晦暗不明、隐而不彰、充

---

① 郑银凤：《"95后"大学生劳动观教育研究》，中国社会科学出版社，2020，第6页。
② 郭海龙：《研究生劳动价值观教育研究》，西南交通大学出版社，2018，前言第1~2页。
③ 檀传宝：《劳动教育的概念理解——如何认识劳动教育概念的基本内涵与基本特征》，《中国教育学刊》2019年第2期。

满悖论。① 马克思恩格斯从多维度科学地揭示了劳动之意义，为新时代建构"劳动创造美好生活"的劳动意义观提供了理论依据。一是劳动本体论意义。"劳动创造了人本身。"② "世界历史不外是人通过人的劳动而诞生的过程。"③ 可见，劳动创造人、形塑人、发展人，是人之为人的存在基础，是人类社会的意义源泉，是现存感性世界的深层根源，是观念世界的诞生之地。因此，劳动不能沦为动物般的"生产"，而应是人之为人的本质属性，指向创造美好生活。二是劳动经济学意义。劳动具有二重性，具体劳动生产商品的使用价值，抽象劳动即无差别的一般人类劳动生产商品的价值，生产资料并不创造新价值，而只是通过活劳动转移价值："与活劳动相接触，则是使这些过去劳动的产品当做使用价值来保存和实现的唯一手段。"④ 由是，价值是活劳动创造的，资本家剥削剩余价值的奥秘被揭开，为劳动者获取自己的劳动果实确立了正当性依据，如此，劳动果实属于劳动者，指向创造美好生活，而非效力于资本增殖：人所从事的一切活动都是为了创造和拥有尽可能多的社会公共财富，"实现自我价值，享受自由、自主的美好生活，此乃人自身之终极存在意义的彰显"⑤。三是劳动人的解放意义。劳动理应成为解放人的手段。劳动构筑了个体的生活样式："人们生产自己的生活资料，同时间接地生产着自己的物质生活本身。"⑥ 但在阶级社会中，异化劳动把自主活动、自由活动贬低为手段，奴隶劳动、徭役劳动、雇佣劳动始终是令人厌恶的事情。因此，"劳动解放的实质就是由异化劳

---

① 这些思想家虽然无法否认劳动具有重要意义，但是他们贬抑和鄙视劳动者。如中国封建社会存在"贱视劳工的心理"。(《李大钊全集》第三卷，人民出版社，2013，第191页。) 在西方，亚里士多德虽然无法否认奴隶为人民生产了生活必需品，承认劳动者"担负粮食和日用必需品的生产业务"，但却认为"工匠、商贩和佣工这些市廛群众，各操贱业以糊口，他们的种种劳作都无可称尚。"(〔古希腊〕亚里士多德：《政治学》，吴寿彭译，商务印书馆，2017，第461、325页。) 虽然随着近代资本主义萌芽发展，劳动光荣理念逐渐确立，但现实中却是"劳动生产了宫殿，但是给工人生产了棚舍"的另一番景象。(《马克思恩格斯文集》第一卷，人民出版社，2009，第158页。) 要言之，在以往阶级社会中，虽然无人能否认劳动具有生产意义，但剥削阶级为了自身优渥生活而将劳动者工具化，于是剥削阶级宣扬"大多数人总是注定要从事艰苦的劳动而很少能得到享受"。(《马克思恩格斯文集》第三卷，人民出版社，2009，第459页。) 在阶级社会中，通过辛苦劳作创造美好生活只是空话。

② 《马克思恩格斯文集》第九卷，人民出版社，2009，第550页。

③ 《马克思恩格斯文集》第一卷，人民出版社，2009，第196页。

④ 《马克思恩格斯文集》第五卷，人民出版社，2009，第214页。

⑤ 袁祖社：《公共价值的信念与美好生活的理想——马克思哲学变革的理论深蕴》，《中国社会科学》2019年第12期。

⑥ 《马克思恩格斯文集》第一卷，人民出版社，2009，第519页。

动转化为自主活动"①。换言之，劳动解放要求劳动归于创造性的自主活动、自由活动："美好生活就是创造性劳动本身。"②

不同时期的《人民日报》劳模报道，既体现了马克思主义劳动意义观的基本观点，又根据不同的时代任务有所侧重。进入新时代，随着我国社会主要矛盾发生转化，美好生活成为人民的深切渴求。习近平总书记指出："人民对美好生活的向往，就是我们的奋斗目标。"③显然，"美好生活"凝聚着人民群众的多面向、多层次的现实需求。从奋斗目标的实现途径来看，劳动是实现人民美好生活向往的不二法门："劳动是财富的源泉，也是幸福的源泉"④，"幸福都是奋斗出来的"⑤。显然，实现美好生活向往要立足于辛勤劳动，而非远离现实的凭空臆想："新时代美好生活是自我赋予、自我创造的，而不是外在施加、他者给予的，劳动是新时代美好生活得以实现的根本所在。"⑥显然，这体现了美好生活奋斗目标与实现路径的结合，这不仅是马克思主义劳动意义观的最新表达，也为新时代《人民日报》劳模报道指明了方向。

新时代《人民日报》劳模报道在榜样教育中贯彻了"劳动创造美好生活"的劳动意义观。其一，报道褒扬了劳模通过劳动帮助群众实现美好生活的先进事迹。如全国劳动模范王燕华，作为基层女镇长，她心里装着责任，在基层尽心尽责，认为解决好老百姓关心的事情就是满足人民群众对美好生活的向往，她说道："什么叫人民对美好生活的向往？连村里的用水都解决不了，我还咋带领老百姓追求美好生活？""这个事不仅要干，还要干好！"要"解决好老百姓对美好生活的需要，实实在在为群众办好实事！"⑦其二，报道了一些劳模通过劳动创造美好生活、在劳动中享受美好生活的故事，改变了过去劳模报道中"苦"劳模的叙事方式。如，全国劳动模范杨廷相，他"双腿高位截肢，遭遇家庭变故"，虽然生活不幸，但他勤于劳动，"始终凭着一股干劲儿，与困境顽强抗争。编竹、养蜂、嫁接……他样样都是一把好手"。通过报道确证了以劳动创造美好生活的现实性：这些年，杨廷相的日子过得平静而幸福。当然，以

① 刘同舫：《政治解放、社会解放和劳动解放——马克思人类解放思想再探析》，《哲学研究》2007年第3期。

② 张三元：《论美好生活的价值逻辑与实践指引》，《马克思主义研究》2018年第5期。

③ 《习近平谈治国理政》，外文出版社，2014，第4页。

④ 《习近平谈治国理政》，外文出版社，2014，第46页。

⑤ 习近平：《在北京大学师生座谈会上的讲话》，人民出版社，2018，第12页。

⑥ 项久雨：《新时代美好生活的样态变革及价值引领》，《中国社会科学》2019年第11期。

⑦ 禹丽敏：《在基层，不跑腿就不出活（青春派·时代新人新担当①）》，《人民日报》2017年12月19日，第18版。

个人为例确证劳动创造美好生活，并非宣扬个人奋斗主义。如，报道还指出杨廷相成为致富带头人，帮助村里人共同增收，他说道："希望大伙致富，个个有收入，光顾自己也是不对的。"①其三，专门刊发社论、评论等理论性文章，强调劳动创造美好生活。如2013年4月29日，《人民日报》发表社论强调要发挥劳模作用，鼓励通过劳动创造美好生活，指出"必须大力弘扬劳模精神、发挥劳模作用。让全体人民进一步焕发劳动热情、释放创造潜能，通过劳动创造更加美好生活"②。2015年4月30日，《人民日报》记者对受表彰的5位全国劳模进行访谈，指出"没有谁比劳动者更能理解劳动之美，正是他们用双手和汗水构筑起你、我、他的美好生活！"③2018年"五一"劳动节，《人民日报》再次刊发社论，指出要弘扬劳模精神，"用劳动书写新时代，在奋斗中创造美好生活"④。

此种报道思路，通过显扬劳模是"以劳动创造美好生活"的榜样，彰显了旨在创造美好生活的劳动意义观。正如《人民日报》指出："学习劳模，要学习他们身上闪耀的信仰光彩。'人间万事出艰辛。越是美好的未来，越需要我们付出艰苦努力'。盘点这些劳模，他们身上有一个共同点，那就是穿越眼前的迷雾，相信并为'美好的未来'而奋斗。"⑤

新时代《人民日报》劳模报道，在劳动意义观上坚持"劳动创造美好生活"的价值逻辑，凸显了对劳动者的人文关怀。在资本逻辑下，劳动的意义指向创造财富、积累资本，服务于资本增殖和扩张，"金钱代替刀剑成了社会权力的第一杠杆"⑥，异化劳动并非满足人民美好生活需要，工人只能"作为活的孤立的附属品附属于它"⑦。而马克思主义的劳动意义观，关注人的本质存在与自我实现，确证了劳动创造人类社会以及解放人类的功能，并在历史进程中追求劳动解放，劳动意义观最终指向人的生存和发展的幸福："真正观照人的主体性、体现人文关怀的劳动解放，才是劳动状态和劳动关系正义性的真实表征

---

① 张帆、王明华：《杨廷相，做挺立的硬汉》，《人民日报》2019年12月31日，第13版。
② 《用劳动筑梦　以实干圆梦（社论）》，《人民日报》2013年4月29日，第1版。
③ 臧春蕾、黄福特、郭婧妍：《以劳动托起中国梦（对话价值观·（全国劳模畅叙成长历程）（29））》，《人民日报》2015年4月30日，第7版。
④ 《用劳动书写我们的新时代（社论）》，《人民日报》2018年5月1日，第1版。
⑤ 智春丽：《弘扬劳模精神（人民时评）》，《人民日报》2019年4月30日，第9版。
⑥ 《马克思恩格斯文集》第九卷，人民出版社，2009，第273页。
⑦ 《马克思恩格斯文集》第八卷，人民出版社，2009，第120页。

和价值诉求。"①实际上，"立足生活世界，创造人民幸福美好生活，这是马克思主义政党的本质特点和根本追求"②。因此，中国共产党自成立之日起，就把实现人民美好生活作为价值追求；新中国诞生，劳动者翻身解放，继而确定社会主义国家制度，为劳动创造美好生活奠定了政治基础；改革开放通向"富起来"的康庄大道，为劳动创造美好生活奠定了经济基础；在新时代，人民群众日益增长的美好生活需要对生活品质提出了更高要求，必然要显扬劳动创造美好生活的劳动意义观。

要言之，新时代《人民日报》劳模报道将劳动创造美好生活作为劳动意义观的价值逻辑，不仅继承了马克思主义劳动意义观的价值内核，还从理论维度再次明确了满足人民群众日益增长的美好生活需要是中国共产党始终不渝的奋斗目标，指明了依靠群众、辛勤劳动是达成目标的必经之途，确证了只有以劳动为本才能实现美好生活。

## 三 劳动政治观："以劳动托起中国梦"的时代要义

"劳动政治观"即是对劳动与政治关系的总看法和观点。"中国梦"是新时代的重要政治理念，《人民日报》劳模报道勾画了劳动者为实现"中国梦"而努力奋斗、积极劳动的榜样群像，诠释了"以劳动托起中国梦"的时代要义。

马克思主义劳动政治观揭示了劳动者是创造历史的主体，无产阶级是解放全人类的根本政治力量，无产阶级要为"共同事业即劳动解放的事业而斗争"③。马克思揭示了资产阶级政治革命"政治解放"的局限性，指明要获得"劳动解放""人类解放"。马克思并不否认政治解放具有使国家摆脱宗教"人的自我异化的神圣形象"的积极意义，肯定了国家"从宗教中解放出来"④的进步性。但政治解放仍无法摆脱"非神圣形象的自我异化"⑤。因此，需要超越政治解放，走向"劳动解放""人类解放"。劳动解放和人类解放是一致的："人类解放首先是消除异化劳动，使异化劳动复归为和人的本质直接同一的'自主

---

① 刘同舫：《马克思唯物史观叙事中的劳动正义》，《中国社会科学》2020年第9期。
② 成龙：《中国共产党带领人民创造幸福美好生活的百年经验》，《求索》2021年第3期。
③ 《马克思恩格斯文集》第三卷，人民出版社，2009，第128页。
④ 《马克思恩格斯文集》第一卷，人民出版社，2009，第28页。
⑤ 《马克思恩格斯文集》第一卷，人民出版社，2009，第4页。

活动、自由活动'，实现劳动解放。"①而无产阶级是争取劳动解放的主体力量，"社会从私有财产等等解放出来、从奴役制解放出来，是通过工人解放这种政治形式来表现的"②。无产阶级革命从自发斗争发展为自觉斗争，无产阶级从自在阶级蜕变为自为阶级，需要"有它自己的政策"，需要有"表现出工人阶级解放的条件"③的无产阶级政党的坚强领导。马克思主义劳动解放理论为劳动者和无产阶级实现劳动解放提供了行动指南。在百余年奋斗历程中，中国共产党领导人民争取劳动解放，通过革命运动使受剥削、压迫的劳动者获得翻身解放，建立了无产阶级政权；社会主义改造完成后，社会主义生产方式和公有制原则为劳动解放奠定了必要条件；改革开放以来，以经济建设为中心，鼓励勤劳致富，不断改善人民生活，"富起来"夙愿成真；党的十八大以来，我们以"中国梦"汇聚劳动政治观，为马克思主义劳动解放理论提供了新见。"我国工人运动的时代主题，是为实现中华民族伟大复兴的中国梦而奋斗。"④国家富强、民族振兴、人民幸福是"中国梦"的本质要求和奋斗目标。确如江畅所诠释的：国家富强是最重要的前提，是民族振兴、人民幸福的基础和前提条件，而归根结底，全国人民过上幸福生活，又是国家富强、民族振兴的终极价值目标。⑤

　　实现"中国梦"离不开胼手胝足的辛勤劳动。中华民族历来重视通过辛勤劳动富民强国。在新时代，"以劳动托起中国梦"生动诠释了实现"中国梦"的现实途径和政治要求。我国工人阶级和广大劳动群众"要更加紧密地团结在党中央周围，勤奋劳动、扎实工作，锐意进取、勇于创造，在实现'两个一百年'奋斗目标的伟大征程上再创新的业绩，以劳动托起中国梦！"⑥该号召不仅生动诠释了"中国梦"是我们的政治目标，还明确了实现"中国梦"的现实途径、依靠力量、领导力量、具体要求。具言之，劳动是实现"中国梦"的现实途径和根本动力，"实干才能梦想成真"⑦；工人阶级和广大劳动群众是主体力

① 刘同舫：《政治解放、社会解放和劳动解放——马克思人类解放思想再探析》，《哲学研究》2007年第3期。

② 《马克思恩格斯文集》第一卷，人民出版社，2009，第167页。

③ 《马克思恩格斯文集》第三卷，人民出版社，2009，第92页。

④ 鞠鹏：《竭诚服务职工群众维护职工群众权益　为实现中国梦再创新业绩再建新功勋》，《人民日报》2013年10月24日，第1版。

⑤ 江畅：《中国梦与中国社会的终极价值目标》，《道德与文明》2013年第4期。

⑥ 习近平：《在庆祝"五一"国际劳动节暨表彰全国劳动模范和先进工作者大会上的讲话》，人民出版社，2015，第13~14页。

⑦ 《习近平谈治国理政》，外文出版社，2014，第48页。

量、依靠力量，"实现中华民族伟大复兴的中国梦，要靠各行各业人们的辛勤劳动"①；党的领导是"以劳动托起中国梦"的政治保证，"要始终坚持把党的领导作为实现'中国梦'的坚强核心"②；此外，"以劳动托起中国梦"还要求辛勤劳动、创造性劳动，为实现"中国梦"提供精神动力和强大推力。

基于此，新时代《人民日报》劳模报道在劳动政治观层面彰显了"以劳动托起中国梦"的时代要义。此种劳动政治观是"个人梦""国家梦""民族梦"的融合统一。从"个人梦"的角度看，劳模自觉地将个人理想、家庭幸福与国家富强、民族复兴的历史伟业相融合，通过劳动改变个人命运，实现个人梦想，最终助力国家富强、民族复兴；从"国家梦""民族梦"的角度看，劳模通过劳动创造财富，促进国家从"制造大国"迈向"制造强国""智造强国"。

其一，"以劳动托起个人梦"是"中国梦"的题中应有之义。"中国梦归根到底是人民的梦。"③劳动为实现"个人梦"夯实现实根基。新时代《人民日报》报道了诸多通过劳动实现个人梦想的先进事迹。

> 北京市劳动模范李家妹事迹："……做起了保姆。但凭着勤奋与坚持，李家妹用8年时间，成为家政服务明星……还实现了大学梦。"④

> 农民工劳模刘军事迹："从农民工到多项国家专利拥有者……工艺员刘军用劳动实现了自己的中国梦。"⑤

以上仅是部分案例。李家妹勤奋劳动，成为家政服务行业的明星人物，还圆了"大学梦"；家庭贫困、初中辍学的农民工刘军，在劳动中刻苦钻研，获得多项国家专利。这些劳模是辛勤劳动、创造性劳动的典范，不仅是事业有成的榜样，还是提升劳动知识、劳动技能的榜样，实际上内含着"以劳动托起个人梦"的深刻道理。"个人梦是中国梦在个人层面的反映，是'小我'对于

---

① 习近平：《在知识分子、劳动模范、青年代表座谈会上的讲话》，人民出版社，2016，第9页。
② 戴木才：《实现"中国梦"的重要支柱——关于"中国梦"成为精神旗帜的若干思考》，《道德与文明》2013年第5期。
③ 《用劳动创造托起中国梦（社论）》，《人民日报》2013年5月1日，第1版。
④ 刘维涛、胡鹏洋：《中国梦里社区美》，《人民日报》2013年4月27日，第4版。
⑤ 李姿阅：《四位劳模的人生片段》，《人民日报》2015年5月1日，第7版。

自身美好生活的追求。"①这些劳模事迹表明，将"个人梦"熔铸于"中国梦"，不仅享有实现梦想、人生出彩的机会，还有助于最终促成"中国梦"的实现。

其二，劳动为实现"国家梦""民族梦"提供根本保证。中国梦汇聚了每个中华儿女的个人梦想，但并不是所有人梦想的简单集合，它源于个人梦，又高于个人梦，是人民群众个人梦想表达的整合、凝聚和升华。新时代《人民日报》报道了诸多以辛勤劳动为实现"国家梦""民族梦"而奋斗的先进事迹。

> 中国商飞上海飞机制造有限公司高级技师胡双钱：在实现中华民族伟大复兴中国梦的道路上，工匠……应起到模范带头和榜样示范作用，给身边的同事做示范……②

> 全国劳动模范李万君：一把焊枪，一双妙手，他以柔情呵护复兴号的筋骨；千度烈焰，万次攻关，他用坚固为中国梦提速。③

上述报道着力强调要通过实实在在的劳动创造实现"国家梦""民族梦"。胡双钱认为工匠应成为实干兴邦的带头人和榜样；李万君在焊接工作中为中国梦提速。总而言之，这些报道彰显了劳动是实现中国梦的根本保证，唯有依靠立足岗位、脚踏实地、科学求实、精益求精的劳动，艰苦奋斗，踔厉奋发，笃行不怠，实干兴邦，中国梦才能成为现实。

其三，"以劳动托起中国梦"是"个人梦""国家梦""民族梦"的内在统一。这要求劳动者将个人理想、家庭幸福融入国家富强、民族复兴伟业，以主人翁姿态报国强国。新时代《人民日报》劳模报道体现了这一点。

> 全国劳动模范徐小平："从制造大国成为制造强国，是中国产业工人共同的梦想。……（徐小平）以实际行动追求着中国汽车工业崛起的发展之梦。"④

① 骆郁廷：《"小我"与"大我"：价值引领的根本问题》，《马克思主义研究》2019年第12期。
② 贺勇、沈文敏、叶琦等：《敬业报国　匠心圆梦（（对话价值观（37）·（时代呼唤"工匠精神"）））》，《人民日报》2015年8月4日，第6版。
③ 《2018年"大国工匠年度人物"发布活动》，《人民日报》2019年2月28日，第8版。
④ 沈文敏：《托起产业工人"中国梦"（劳动者之歌）》，《人民日报》2013年4月25日，第12版。

全国劳动模范贾向东："从'讨生活'的农民工，到为事业而奋斗的新一代技术工人……从为怀揣自己的'小梦想'，到为实现'中国梦'努力奋斗，贾向东用了11年。"①

上述报道揭示了"以劳动托起中国梦"是"个人梦""国家梦""民族梦"的内在统一。工人徐小平将设备维修作为不懈奋斗的终身事业，将之融入中国汽车工业崛起的发展之梦；焊工贾向东从"讨生活"的个人梦成长为致力于实现中国梦的新一代技术工人。他们是将个人梦融入中国梦，把实现个人理想与国家发展目标结合起来的典型。这些劳模报道的共同主题是：三个层面的梦想具有内在一致性，要通过劳动将"个人梦"融入国家富强、民族复兴的伟大梦想。

其四，"以劳动托起中国梦"的实现条件。新时代《人民日报》劳模报道通过劳模本人阐述、报纸评论等形式，阐释了"以劳动托起中国梦"的实现条件。

全国劳动模范沙夕兰观点：港口人有自己的港口梦，通过每个人的努力、创新，实现这个梦，也就是在以一己之力实现中国梦。②

全国劳动模范王华吐露心声：涵养崇尚劳动的社会氛围，为保障劳动者权益创造更好制度环境，就能激发亿万人民用劳动托举梦想的豪情，汇聚实现中华民族伟大复兴中国梦的磅礴力量。③

全国劳动模范林鸣说："我希望……培养起一支世界顶级队伍。……而这样的队伍多了，我们国家就能更好地实现中国梦。"④

上述观点，强调了"以劳动托起中国梦"的实现条件。一是将努力劳动视为实现中国梦的前提条件。沙夕兰认为"每个人的努力、创新"就是在实现中国梦。二是从社会氛围、制度环境角度阐发如何"以劳动托起中国梦"，王华阐明了涵

① 冀业、李楠：《梦想在焊花中绽放（时代先锋）》，《人民日报》2013年5月2日，第8版。

② 臧春蕾、黄福特、郭婧妍：《以劳动托起中国梦（对知价值观·（全国劳模畅叙成长历程）（29））》，《人民日报》2015年4月30日，第7版。

③ 李拯：《用辛勤劳动托举全面小康（评论员观察）》，《人民日报》2020年4月30日，第5版。

④ 孟祥夫：《手拿"显微镜" 脚踩"钢丝绳"（两优一先·国企党建）》，《人民日报》2016年11月1日，第9版。

养崇尚劳动的社会氛围、优化保障劳动者权益的制度环境，有助于激发和汇聚"以劳动托起中国梦"的磅礴力量。三是从人才保障角度阐释了"以劳动托起中国梦"，林鸣将"培养起一支世界顶级队伍"视为实现中国梦的人才基础。

要言之，马克思主义劳动解放理论为无产阶级追求劳动解放奠定了理论基础，中国共产党百余年奋斗历程彰显了为劳动者谋幸福的价值情怀。从新时代《人民日报》劳模报道中可见，在新时代，"以劳动托起中国梦"的号召，凝聚了通过劳动实现劳动解放的政治共识，体现了"个人梦""国家梦""民族梦"的内在统一、相互促进。

## 四　劳动道德观："以人民为中心"的根本价值遵循

何种劳动、为谁劳动、靠谁劳动、如何劳动是道德的？不同时代、不同思想家众说纷纭、立场歧异，在阶级社会中，劳动群众在道德上也常常被恶意污名化，"劳动被整个社会赋予低贱、下作之类的负面道德价值。劳动者常被称为贱民、群氓、草芥，被视为'会说话的牲口''机器的附庸'或者'赚钱的工具'"[1]。"人民立场是中国共产党的根本政治立场，是马克思主义政党区别于其他政党的显著标志。"[2] 在新时代《人民日报》劳模报道中，"以人民为中心"是贯穿始终的根本价值遵循，彰显了中国共产党劳动道德观的人民立场。

马克思恩格斯批判了资本主义剥削造成的"道德沦丧"，揭示了"以资本增殖为中心"而非"以人民为中心"的劳动制度之不正义性。异化劳动导致劳动者遭受深重苦难："把工人只当做劳动的动物，当做仅仅有最必要的肉体需要的牲畜。"[3] 工人"不能履行他作为一个儿子、兄弟、丈夫和父亲所应尽的家庭义务，以致造成道德上的非常不幸的后果"[4]。资产阶级也道德沦丧，将家庭"建立在资本上面，建立在私人发财上面"[5]，甚至婚姻也"撕下了罩在家庭关系上的温情脉脉的面纱"，沦为"纯粹的金钱关系"。[6] 马克思恩格斯揭露了资本主义劳动制度

---

① 田方林：《劳动道德价值赋义生发历史的伦理逻辑》，《伦理学研究》2020年第5期。

② 《习近平谈治国理政》第二卷，外文出版社，2017，第40页。

③ 《马克思恩格斯文集》第一卷，人民出版社，2009，第125页。

④ 《马克思恩格斯文集》第五卷，人民出版社，2009，第292页。

⑤ 《马克思恩格斯文集》第二卷，人民出版社，2009，第48页。

⑥ 《马克思恩格斯文集》第二卷，人民出版社，2009，第34页。

"以资本增殖为中心"的不正义性，指明发展应指向增进劳动者之幸福，即"用以人民为中心的发展思想替代了以资本为中心的发展思想"①。

中国共产党自成立之日起，就承担了为人民谋幸福、为民族谋复兴的历史使命，始终站在人民群众立场上，全心全意为人民群众谋利益。"我们党就是为人民服务的。"②毛泽东号召学习张思德同志为人民服务的精神；邓小平将"人民拥护不拥护，人民赞成不赞成，人民高兴不高兴，人民答应不答应"③作为判断工作是非成败的根本衡量尺度；江泽民指出，贯彻"三个代表"要求"本质在坚持执政为民"④；胡锦涛提出，科学发展观必须坚持以人为本，"全心全意为人民服务是党的根本宗旨，党的一切奋斗和工作都是为了造福人民"⑤。

党的十八大以来，中国共产党"以人民为中心"的发展思想为新时代认识劳动道德问题提供了理论根基。此种理念从根本上确证了社会主义劳动本身的道德性："以人民为中心的发展是社会主义劳动解放的本质要求。"⑥质言之，社会主义制度下的劳动，是"以人民为中心"的劳动，而非"以资本增殖为中心"的劳动，是坚持人民主体地位、劳动成果由人民共享的劳动，契合了劳动解放的内在要求，顺应了人民对美好生活的向往。如此，劳动本身就是应该追求的、道德的活动。反之，认为劳动"不光荣不道德的观点，是错误的"⑦。正因如此，以何种态度参与社会主义劳动，实际上是一个人道德素质的映射。

显然，劳模作为"劳动之榜样"，承载了"以人民为中心"的劳动道德观，新时代《人民日报》劳模报道亦以此为根本价值遵循。

其一，"以人民为中心"的劳动道德观指明了"为谁劳动"合乎道德的根本问题。中国特色社会主义制度下的劳动，旨在追求建设强大国家，确保人民实现美好生活，落脚于为国为民。因此，热爱祖国、服务于中国特色社会主义建设事业、服务于人民群众美好生活需要的劳动，是高尚的、道德的。

一方面，国家富强、民族复兴是人民幸福的前提和保障。因此，劳模首先是热爱祖国、服务于中国特色社会主义建设事业的榜样。

---

① 周嘉昕：《劳动价值论和以人民为中心的发展》，《新华日报》2017年8月23日，第11版。
② 习近平：《做焦裕禄式的县委书记》，中央文献出版社，2015，第24页。
③ 《江泽民论有中国特色社会主义（专题摘编）》，中央文献出版社，2002，第638页。
④ 《江泽民论有中国特色社会主义（专题摘编）》，中央文献出版社，2002，第583页。
⑤ 《胡锦涛文选》第二卷，人民出版社，2016，第624页。
⑥ 刘雨亭：《"美好生活论"与马克思劳动解放理论的中国样态》，《社会主义研究》2020年第1期。
⑦ 《毛泽东选集》第三卷，人民出版社，1991，第912页。

全国劳动模范肉孜麦麦提·巴克认为：怎样把爱国落到实处？就是要爱岗、爱自己的事业，并争取作出好成绩，为国家发展作出应有贡献。[①]

吉林省特等劳动模范黄大年："黄大年怀着一腔爱国热情义无反顾返回祖国……只争朝夕，带领团队在航空地球物理领域取得一系列成就。"[②]

全国劳动模范郝振山："外国人能干的事，咱中国人也一定能干成！"[③]

上述报道的劳模，都是以辛勤劳动践行爱国主义的榜样。肉孜麦麦提·巴克认为爱岗敬业就是爱国精神的具体落实；黄大年胸怀爱国热情，回国献身于国家科研事业；郝振山打破国外技术垄断。"实干兴邦，空谈误国"，这些报道确证了爱国最终要落实到辛勤劳动、建设祖国的具体事业中去，"以劳动托起中国梦"。

另一方面，"以人民为中心"的劳动道德观，意味着提升人民福祉是劳动的价值追求。我国以人民为中心的发展理念，最终服务于人民群众的公共利益。在社会主义中国，"国家以人民为中心，一切为了人民，以人的全面发展为核心"[④]。因此，心系群众、服务人民的劳动才是高尚的、道德的。

全国劳动模范段新宽：他心系群众、诚信为民……带领群众走上致富路。[⑤]

锡林郭勒盟劳动模范吉日嘎拉：心系群众、为民解忧……46本工作日记，每本都记录着工作要求，记录着群众所需所盼，承载着一名党员干部应尽的沉甸甸的义务。[⑥]

全国劳动模范赵五：把疏通管道的小事变成服务群众的大事，解决了

①　臧春蕾、黄福特、郭婧妍：《以劳动托起中国梦（对话价值观·（全国劳模畅叙成长历程）（29）)》，《人民日报》2015年4月30日，第7版。

②　孟海鹰：《海漂到海归　无憾亦无悔》，《人民日报》2017年2月26日，第4版。

③　徐宏：《"海上铁人"郝振山（故事·十年）》，《人民日报》2012年9月24日，第7版。

④　高国希：《关于社会主义核心价值观逻辑结构的思考》，《复旦学报》（社会科学版）2021年第6期。

⑤　《全国诚实守信模范候选人》，《人民日报》2015年6月24日，第18版。

⑥　《全国敬业奉献模范候选人》，《人民日报》2015年6月24日，第20版。

居民们一件件添堵的烦心事，被誉为"当代时传祥"。①

上述报道的劳模，都是"以人民为中心"，服务人民群众的榜样。段新宽心系群众，带领群众致富；吉日嘎拉心系群众、为民解忧；管道工赵五将小事变成服务群众的大事。心系群众、服务人民是他们的共同特征。毛泽东指出，"要使广大群众认识我们是代表他们的利益的，是和他们呼吸相通的"②。中国共产党来自人民、扎根人民、服务人民，我们所弘扬的劳模，无论是在管理、领导岗位心系群众，还是在普通工作岗位上服务人民，都是立足岗位，全心全意为人民服务的榜样。要言之，"在社会主义社会，一切有利于人民和社会的劳动都值得尊重"③。

正因如此，从国家层面而言，"以人民为中心"的劳动道德观，要求蕴含劳动伦理的现实关怀，致力于让劳动者体面劳动，维护劳动公平正义，保障劳动者合法权益，使全体劳动者共享劳动成果，提升劳动幸福感。习近平总书记指出，"要坚持以人民为中心的发展思想，维护好工人阶级和广大劳动群众合法权益……不断提升工人阶级和广大劳动群众的获得感、幸福感、安全感"④。

其二，"以人民为中心"的劳动道德观明确了"靠谁劳动"合乎道德的问题。"以人民为中心"的价值取向大力倡导尊重劳动，实际上明确了实现人民美好生活需要的现实方式，即对美好生活的向往不能停留于思想意愿层面"应如何"，还要将之付诸每个人的劳动实践。⑤新时代《人民日报》劳模报道体现了人民是创造历史的主体，社会主义劳动者、建设者是人民最主要的组成部分。国家繁荣昌盛、个人实现美好生活，皆要依靠全体人民的辛勤劳动。

全国劳动模范陈兹方："我没有双手，也能依靠双脚，从精神上站起来，更从经济上站起来。"……从辍学在家养猪、牧羊，到摸索做电商，再到走上小康路，他以自己的曲折经历给在场的300多名贫困户"现身说脱贫"。⑥

---

① 《全国诚实守信模范候选人》，《人民日报》2015年6月24日，第18版。

② 《毛泽东选集》第一卷，人民出版社，1991，第138页。

③ 赵浚、田鹏颖：《新时代劳动精神的科学内涵与培育路径》，《思想理论教育》2019年第9期。

④ 习近平：《在全国劳动模范和先进工作者表彰大会上的讲话》，人民出版社，2020，第8~9页。

⑤ 王紫潇、陈继红：《"以人民为中心"改革价值取向的生成逻辑》，《南京社会科学》2021年第3期。

⑥ 范昊天：《用双脚书写无悔的人生（青春派）》，《人民日报》2018年6月19日，第19版。

全国劳动模范田明："性能超过4000米井深的震击器都由国外产品垄断，光租赁使用1次就需10多万元。"……田明，决定自己动手解决难题。①

上述劳模报道，确证了发展要依靠人民群众。无臂青年陈兹方自力更生，凭借坚强毅力和辛勤劳动摆脱贫穷；田明发扬劳动者首创精神，攻克技术难题。可见，"以人民为中心"的劳动道德观主张发挥人民首创精神：从国家层面，提倡尊重劳动和劳动者的美德；从个体层面，主张发挥劳动者主体性、主动性、创造性，依靠自己辛勤劳动创造财富。幸福源自辛勤劳动，而不可驰于空想、骛于虚声。反之，厌恶劳动、不愿劳动、消极劳动的懒惰行为则是不道德的。

其三，"以人民为中心"的劳动道德观，意味着劳动必然指向是否有利于维护人民利益，这是衡量其道德与否的根本尺度。

在劳动荣辱观上，主张辛勤劳动光荣、好逸恶劳可耻。

全国"五一劳动奖章"获得者杨云：干起活来，不顾脏累，从不偷懒取巧。②

上述劳模报道中提到的杨云是辛勤劳动的榜样，"从不偷懒取巧"。早在1982年，我国就将"爱劳动"作为国家提倡的社会公德写入宪法；新时代以降，习近平总书记多次重申"劳动光荣、创造伟大是对人类文明进步规律的重要诠释"③。正是人民群众的辛勤劳动，创造了丰厚的物质财富，促进了国家富强、民族复兴。

在职业平等观上，"以人民为中心"的劳动道德观，强调所有职业一律平等，只要立足工作岗位，通过劳动作出贡献，皆是光荣的、道德的。

对时传祥的评价：业有分工，人无贵贱，其以小人物之身份载于万民之口碑。④

---

① 姚雪青、季春鹏：《技能大师　油田长成（劳动者之歌）》，《人民日报》2016年5月3日，第6版。
② 《德耀中华·第七届全国道德模范候选人事迹（下）》，《人民日报》2019年6月26日，第10版。
③ 习近平：《在庆祝"五一"国际劳动节暨表彰全国劳动模范和先进工作者大会上的讲话》，人民出版社，2015，第3~4页。
④ 《百位共产党人百篇小传（三）》，《人民日报》2014年7月2日，第4版。

天津市劳动模范徐文华说："行业有分工，职业无贵贱，只要为社会做贡献，扫马路一样有成就感。"[①]

全国劳动模范鲁朝忠观点：评选劳动模范，是要将一种"劳动最光荣"的观念传播开来，让社会平等地看待每一个行业，尊重每一位劳动者。[②]

上述劳模报道，传达了"以人民为中心"的劳动不分贵贱、一律平等的劳动道德观。对著名劳模时传祥的追忆，强调了"工作无贵贱、行业无尊卑"；环卫工徐文华认为"职业无贵贱"，无疑是时传祥精神在当代的传承；鲁朝忠则指出宣传职业平等是评选劳模的目的之一。在社会主义制度下，无论劳动者身处何种岗位、从事何种职业，只要以人民为中心、为人民服务，就是道德的、光荣的。

在工作态度上，"以人民为中心"的劳动道德观要求劳动者爱岗敬业，对自己所从事的职业心怀热爱、珍惜和敬重之情，对自己所从事的事业积极投入、执着追求。爱岗敬业体现了劳动者对自己所从事的工作的高度认同，体现了其发自内心的热爱，并展现出高度责任感，严肃认真、恪尽职守、兢兢业业。

全国劳动模范雷立：几乎囊括了一名探伤工人能获得的全部荣誉……她始终深感自己只是个敬业的"车辆医生"而已，只是尽本分坚守岗位。[③]

全国劳动模范李万君：一名普通的焊接工人，但凭借精湛的焊接技术和敬业精神，为我国高铁事业发展作出了重要贡献，被誉为"高铁焊接大师"……[④]

全国劳动模范鲁朝忠认为：劳动模范身上最大的共同点，应该是敬业。[⑤]

① 陈杰、张超群：《平常是真　实在为美（十八大代表风采录）》，《人民日报》2012年9月29日，第4版。
② 臧春蕾、黄福特、郭婧妍：《以劳动托起中国梦（对话价值观·（全国劳模畅叙成长历程）（29））》，《人民日报》2015年4月30日，第7版。
③ 王明峰：《雷立 给动车"看病"（守望）》，《人民日报》2016年4月9日，第6版。
④ 孟海鹰、杨旸：《人人争做创新"主人翁"》，《人民日报》2012年11月20日，第13版。
⑤ 臧春蕾、黄福特、郭婧妍：《以劳动托起中国梦（对话价值观·（全国劳模畅叙成长历程）（29））》，《人民日报》2015年4月30日，第7版。

"敬业者，专心致志以事其业也。"①从上述报道可见，雷立"尽本分坚守岗位"，李万君认为具有敬业精神的劳动者皆是敬业榜样；鲁朝忠将敬业视为劳模的最大共同点，要求热爱并敬畏自己的职业，进一步确证了爱岗敬业是劳模的基本特质。显然，只有爱岗敬业，才能立足岗位做好本职工作，最终服务人民。

在劳动纪律层面，"以人民为中心"的劳动道德观强调严守劳动纪律。劳动纪律即国家和用人单位为了保障劳动秩序等而制定的规章制度。"当其用正，纪律严明不可克也。"②只有遵守劳动纪律，才能更好地为人民服务。

全国先进工作者杨碎胜：在他的要求和感召下，全科医护人员都能牢记"医者父母心"的古训，从不接受任何馈赠和吃请……③

全国劳动模范王传喜：王传喜……"约法三章"，即村里的工程绝不许亲朋好友插手，惠民政策绝不因沾亲带故徇私，干部选用绝不让直系亲属沾光。④

全国劳动模范冷友斌：冷友斌还把……诚信文化延伸至合作方，对所有供应商严格按质量体系标准定期审核，审核不通过，坚决淘汰。⑤

上述劳模报道都体现了劳模是遵守劳动纪律的榜样，只有遵守纪律的劳动才是道德的。医生杨碎胜"不接受任何馈赠和吃请"；村支书王传喜廉洁奉公，遵守劳动法律法规，反对腐败徇私；冷友斌严控质量标准；这些事迹共同体现了劳动者坚守正道、弘扬正气、严格遵照劳动规章制度的劳动纪律观。反之，贪污腐败、投机倒把、践踏诚信、坑蒙拐骗、偷工减料、制假造假等行为，既不道德，亦违法律。

在劳动名利观上，劳模报道弘扬淡泊名利、甘于奉献的高尚道德情操。

全国劳动模范陈俊武：淡泊名利、甘为人梯，为国家培养一大批高水

① （清）孙希旦撰：《礼记集解》，沈啸寰、王星贤点校，中华书局，1989，第959页。
② （清）刘沅：《十三经恒解·笺解本》卷三，谭继和、祁和晖笺解，巴蜀书社，2016，第306页。
③ 《全国诚实守信模范候选人》，《人民日报》2013年7月16日，第17版。
④ 刘成友、王沛：《乡村振兴路　村民有奔头（最美基层干部）》，《人民日报》2018年1月23日，第6版。
⑤ 《德耀中华　第七届全国道德模范候选人事迹（上）》，《人民日报》2019年6月25日，第10版。

平石化专家，资助多名贫困学生和优秀青年。[1]

全国劳动模范黄久生：生动诠释了利他精神的内涵，树立了一种道德境界的标杆，必将鼓舞更多的人把助人当作快乐，把奉献作为幸福。[2]

全国劳动模范李万升：带领公司上下，让奉献成为一种常态、一种习惯，更是一种行动。一个人不只是追求金钱，更要在奋斗中体现自身价值、社会价值。[3]

"淡泊名利""甘于奉献"是上述劳模的道德追求和精神标识，其劳动皆以人民为中心，全心全意为人民服务，无疑是高尚的、道德的、值得提倡的。

综上所述，"以人民为中心"的劳动道德观是贯穿劳模报道始终的根本价值遵循。"以人民为中心"的发展思想并非抽象口号，而是体现在劳动的各个环节。在新时代，人民是共建社会主义事业、共享经济社会发展成果的主体。因此，从个体层面，要秉持尊重劳动、热爱劳动的态度，弘扬诸种劳动美德；在国家层面，社会主义劳动本身就是道德的劳动，要大力倡导劳动光荣、尊重劳动和劳动者的理念，不断维护劳动正义、协调劳动关系、加大劳动培训力度、优化成果分配，使发展更多更公平地惠及全体人民，提升广大劳动者的劳动参与感、获得感、幸福感。

## 五　劳动能力观："知识·技能·创新"的复合指向

劳动能力是劳动者所特有的，在生产过程中所运用的，能够创造社会财富的一切能力的总和。[4] "面对日趋激烈的国际竞争，一个国家发展能否抢占先机、

---

① 《中宣部授予陈俊武"时代楷模"称号》，《人民日报》2019年10月8日，第4版。

② 《致富不忘本　常怀报恩心（道德模范评选表彰）》，《人民日报》2013年8月27日，第4版。

③ 窦瀚洋：《有格局的人生有宽度（暖闻热评·最美退役军人③）》，《人民日报》2019年1月15日，第5版。

④ 马克思指出，"货币占有者在市场上找到了这样一种独特的商品，这就是劳动能力或劳动力。""我们把劳动力或劳动能力，理解为一个人的身体即活的人体中存在的、每当他生产某种使用价值时就运用的体力和智力的总和。"（《马克思恩格斯文集》第五卷，人民出版社，2009，第195页。）这揭示了"劳动能力"的基本规定性：一是持有主体的规定性，即劳动能力是人所特有的一种能力，内蕴于活的人体中；二是使用领域的规定性，即只有用于生产使用价值的过程中，才能被称为劳动能力，在劳动过程中，劳动者即劳动能力的使用者；三是具体内容的规定性，劳动能力是"体力和智力的总和"，是一种综合能力。

赢得主动，越来越取决于国民素质特别是广大劳动者素质。"①党的十八大以来的《人民日报》劳模报道，宣传了大量知识型、技能型、创新型劳模，不仅确证了劳模在理论素养、技术技能、创新能力等方面堪称典范，还凸显了新时代要求劳动者具备"知识·技能·创新"复合劳动能力的指向。

其一，劳模是努力学习科学知识，提高理论素养的榜样。新时代《人民日报》报道了诸多努力学习科学知识、勤勉提高理论素养的劳模。

全国劳动模范、焊工贾向东：贾向东从没有放弃任何可以学习的机会和时间，晚上休息时就一个人趴在宿舍床上钻研理论知识。②

全国劳动模范刘佑年："给编钟调音，需要铸造、音乐、历史、文物等多学科知识。……一有机会，我就向他们请教。"……练就了一双"金耳朵"。③

全国劳动模范、电工许启金：作为一个……门外汉，许启金把线路知识写在小纸条上，外出巡线时有空就拿出来看。这些年来，"小纸条"写了上万张。④

上述报道中的劳模是努力学习科学知识、提高理论素养的典范。焊工贾向东在高强度劳动之余不辞辛苦地"钻研理论知识"；编钟调音师刘佑年学习"多学科知识"而被誉为"中国编钟调音第一人"；电工许启金把线路知识写在小纸条上时时学习而成为全国技术能手。他们的共同之处是重视对理论知识的学习，并且刻苦钻研理论知识，这喻示了理论素养是劳动能力不可或缺的组成部分。一些劳模强调了知识与理论的重要性。

技能大师、全国劳动模范田明："曾因为没及时关闭测试阀导致工期延误……当时就痛下决心，起点低一点不要紧，只要努力提升就能成为有知识的石油工人！"⑤

①　习近平：《在庆祝"五一"国际劳动节暨表彰全国劳动模范和先进工作者大会上的讲话》，人民出版社，2015，第9页。

②　冀业、李楠：《梦想在焊花中绽放（时代先锋）》，《人民日报》2013年5月2日，第8版。

③　田豆豆：《静心打磨　乐音和谐（工匠绝活）》，《人民日报》2018年7月20日，第6版。

④　朱思雄、韩俊杰、张勇：《线路知识小纸条，写了上万张（爱国情　奋斗者）》，《人民日报》2019年5月7日，第2版。

⑤　姚雪青、季春鹏：《技能大师　油田长成（劳动者之歌）》，《人民日报》2016年5月3日，第6版。

全国劳动模范贾向东："焊工是一个实践性极强的工种，但这并不意味着理论知识不重要。不掌握理论知识的焊工只能永远处于'二流子'水平。"①

上述报道中的劳模强调了学习科学知识、提升理论素养的重要性。田明曾下决心成为"有知识的石油工人"；贾向东认为，即使是实践性很强的技术工人，要想提高工作效率和产品质量，也离不开理论素养的提升。这些报道彰显了知识对个人发展和国家发展的重要意义。

显然，知识经济是以知识为基础的经济，知识经济时代对劳动者的素质提出了全新要求。国家富强、民族兴旺、企业发达和个人发展，皆有赖于对知识的掌握运用、开拓创新。知识经济时代就应尊重知识、尊重知识分子。改革开放后，中国共产党重申了"知识分子是工人阶级一部分"的观点，对劳动者掌握科学知识的要求越来越高。邓小平强调，要"造成一种空气：尊重知识，尊重人才"②。新时代，习近平总书记重申，要"贯彻好尊重劳动、尊重知识、尊重人才、尊重创造方针"③。在知识经济时代，即使是以体力劳动为主的劳动者，也出现知识化、脑力化、白领化新趋势，上述"工人专家"型劳模，即知识型产业工人代表，喻示着体力劳动同脑力劳动的界限日渐消除，劳动能力需要朝着更加复合的方向发展。

其二，劳模是技能精湛、不断淬炼技能的榜样。新时代《人民日报》报道了大量技能型劳模，这些"技能大师""技能专家"是技术精湛的榜样。

江苏省劳动模范顾健：其精度要求……这一过程全凭扎实技艺和高超手感，稍有不慎就会削多……顾健凭借自主维修解决了这一技术难题……④

全国劳动模范洪刚：每天下班后，他都和几位工友到培训工厂加练焊接技术，一练就是几个小时……他很快练就了过硬的焊接技能。⑤

---

① 冀业、李楠：《梦想在焊花中绽放（时代先锋）》，《人民日报》2013年5月2日，第8版。
② 《邓小平文选》第二卷，人民出版社，1994，第41页。
③ 习近平：《在全国劳动模范和先进工作者表彰大会上的讲话》，人民出版社，2020，第5页。
④ 姚雪青：《精度两微米　机器犹不及（工匠绝活）》，《人民日报》2017年12月11日，第6版。
⑤ 姜泓冰、李方宇：《田垄上走出的电焊能手（十八大代表风采录）》，《人民日报》2012年10月4日，第2版。

　　上述劳模都是技能型劳模的代表。"机械工业技能大师"顾健打破精密加工技术国外垄断；洪刚苦练掌握了"过硬的焊接技能"。此种劳模报道凸显了技术工人、技能人才是新时代国家发展的重要支撑。2016年3月中共中央印发的《关于深化人才发展体制机制改革的意见》提出，要弘扬"技能宝贵"的时代风尚，要"大力培养支撑中国制造、中国创造的技术技能人才队伍"，要"不断提高技术技能人才经济待遇和社会地位"。[①]劳模们强调了"技能"的重要性。

　　全国"五一劳动奖章"获得者朱强说："只有练就一身过硬的技能和本领，才能成为社会的有用之才！"[②]

　　全国劳动模范高凤林：技术发展到什么阶段，高技能的工匠都不可或缺。[③]

　　《人民日报》评论：像许菊云这样吃香的能工巧匠还有很多。他们的故事有力地驳斥了"能工巧匠不吃香了"的观点……[④]

　　这些报道表明：技术精湛的技能型人才是国家发展的重要支撑，劳动者在专业领域应该淬炼职业技能。朱强认为劳动者掌握过硬技能，是其成为有用之才的前提，是其安身立命之本；高凤林从技术发展角度，指出高技能工匠的操作技能是机器不可替代的；《人民日报》评论指出了高技能人才缺乏的现实，并以劳模许菊云的事迹，批驳了"能工巧匠不吃香了"的错误观点。上述观点皆表明：高技能人才对个人、企业和国家发展具有重要意义，新时代应该重视高技能人才培养，让崇尚技能英雄成为价值导向和时代精神。

　　其三，劳模是勇于创新、善于创新的榜样。新时代《人民日报》重视报道创新型劳模，他们是具有较强创新能力、创新成果突出、努力提升创新能力的榜样。

　　全国劳动模范郑贵有："蓝领专家"，一直是工友们心目中的创新楷模。[⑤]

---

① 《中共中央印发〈关于深化人才发展体制机制改革的意见〉》，《中国人才》2016年第7期。

② 《践行新理念　建功"十三五"》，《人民日报》2016年5月13日，第14版。

③ 贺勇、沈文敏、叶琦等：《敬业报国　匠心圆梦（对话价值观（37）·（时代呼唤"工匠精神"））》，《人民日报》2015年8月4日，第6版。

④ 王比学：《劳动光荣还需法律保障（锐评）》，《人民日报》2015年5月6日，第17版。

⑤ 《践行新理念　建功"十三五"》，《人民日报》2016年5月13日，第14版。

全国劳动模范杨峰：痴迷技术钻研，先后完成100多项技术创新。①

浙江省劳动模范韩明华："以前的劳模可以苦干，现在的劳模更要动脑子。"……老韩一跃成为技术"创新达人"。……他总不放过任何机会搞创新……②

上述劳模是热爱创新且创新能力强、创新成果突出的榜样。郑贵有被工友视为"创新楷模"；杨峰"痴迷技术钻研"，具有多项创新成果，无疑是创新能力突出的榜样；韩明华将不同时代的劳模进行对比，强调新时代的劳模不能还是只知苦干的老黄牛，"更要动脑子"，"要走创新之路"，"不放过任何机会搞创新"。这些报道表明创新能力是新时代劳模的必备能力。新时代《人民日报》劳模报道凸显了提升创新能力的重要性。

全国劳动模范何光华："创新是提高工作效率的好办法。"③

全国劳动模范王钦峰：作为一名技术工人，他始终把创新放在心上，不断推动技术更新换代，让企业在同业中遥遥领先。④

全国劳动模范沙夕兰观点：创新就是技术人员的生命。老是跟着别人走，永远没发展，尤其是在"中国制造"要升级为"中国创造"的当口……⑤

这些报道确证了创新能力之于新时代的重要性。创新能力"是提高工作效率的好办法"，使"企业在同业中遥遥领先"，促进国家经济转型升级。要言之，创新能力对提升生产效率、企业赢得竞争、国家产业升级具有重大意义。

当前，中国经济已经进入新的发展阶段，发展方式转变越来越依靠创新驱动。党的十八大报告明确提出，要"着力增强创新驱动发展新动力"⑥；党的

---

① 高炳：《打孔钻锉　不差分毫（工匠绝活）》，《人民日报》2018年7月24日，第6版。

② 王新影、俞涛、刘红：《电线那头的故事》，《人民日报》2016年5月12日，第13版。

③ 易舒冉：《执着创新　勇于突破（劳动者之歌）》，《人民日报》2020年11月26日，第4版。

④ 潘俊强：《把创新刻在骨子里（劳动者之歌）》，《人民日报》2015年4月21日，第9版。

⑤ 臧春蕾、黄福特、郭婧妍：《以劳动托起中国梦（对话价值观·（全国劳模畅叙成长历程）（29）》，《人民日报》2015年4月30日，第7版。

⑥ 中共中央文献研究室编《十八大以来重要文献选编》上，中央文献出版社，2014，第16页。

十八届五中全会提出"创新、协调、绿色、开放、共享"的新发展理念，这是中国共产党首次把"创新"摆在国家发展全局的核心位置，认为创新是引领发展的第一动力。显然，创新离不开具有创新能力的劳动者。因此，新时代需要强化劳动者创新意识、创新思维，"促使劳动者在不断追求卓越、超越自我的过程中提升自身的创新能力，从而为建设社会主义现代化国家提供强劲的发展动力"[①]。

进而言之，随着社会对高素质人才的需求越发迫切，亟须培养同时具备"知识·技能·创新"劳动能力的复合型人才，标识了对劳动能力更高的要求。高技能人才不仅要有精湛的操作技能，还需要对整个生产系统具有完整、深入的理解能力，理论素养与操作技能都是重要能力要求，复合型人才是发展方向。新时代《人民日报》劳模报道推出一系列以大国工匠、工人专家为代表的劳模，即体现了这种趋向。孔祥瑞、胡耀华、窦铁成、巨晓林等劳模被誉为"知识型工人""蓝领专家""工人教授""专家型技术工人"，他们是这种复合型人才的代表。

全国劳动模范洪家光：从业20多年，带头完成200多项技术革新，解决340多个技术难题；从普通技工到数控、车工双料高级技师、首席技能专家……[②]

全国劳动模范、"工人专家"胡耀华：解决生产一线实际问题，完成大大小小的技术攻关、技术创新……有一手过硬技术的"金牌蓝领""技改先锋"。[③]

全国劳动模范邓建军：邓建军"知识型产业工人"的路也越走越远。……带领的团队参与的技术改造超过400项……[④]

上述报道的劳模，不仅理论素养拔尖、技术技能精湛，而且创新成果突出，是具备"知识·技能·创新"劳动能力的复合型人才，体现了新时代对高素质劳动者的劳动能力要求。劳动者的素质对国家和民族的发展至关重要。习近平总书记高度重视劳动者劳动能力的培养，指出要"积极培育劳动意识和劳

① 赵浚、田鹏颖：《新时代劳动精神的科学内涵与培育路径》，《思想理论教育》2019年第9期。
② 刘洪超：《毫厘之间　精密磨削（工匠绝活）》，《人民日报》2020年8月24日，第6版。
③ 江南：《港口码头上的"工人专家"（劳动者之歌）》，《人民日报》2013年4月27日，第7版。
④ 尹晓宇：《笨办法磨出技术大拿（十九大代表风采）》，《人民日报》2017年10月4日，第4版。

动能力"①，多次要求不断拓展职工成长成才空间，培养"宏大的高素质劳动者大军"②，建设"知识型、技能型、创新型劳动者大军"③。新时代《人民日报》劳模报道充分体现出新时代培养"知识·技能·创新"三位一体的复合型人才乃当务之急。

问题在于，普通劳动者能否成为高素质劳动者？显然，如果只有少数劳模能够达到这一要求，那么就难免会使普通劳动者产生榜样高不可攀的心理挫折感。新时代《人民日报》劳模报道进一步确证了普通劳动者立足岗位提升劳动能力的可能性。通过对大量劳模成长成才故事的报道，确证了他们也是普通劳动者，通过坚持不懈、立足岗位，不断地汲取知识、淬炼技能、勇于创新，从而成长为复合型人才。

> 全国劳动模范巨晓林：巨晓林从一名普通农民工成长为知识型工人、国家级技能大师……"只要勤学苦练，掌握知识和技能，农民工也能有所作为。"④

> 全国"五一劳动奖章"获得者许燕妮：好技术，是拼出来的。1994年，许燕妮从技校毕业，来到玉柴工作，学做装配钳工。……一页一页学原理……一个工序一个工序请教……一条经验一条经验地累积……⑤

如上，《人民日报》报道的这些劳模具有典型性，都是普通人通过努力成为劳模的典范，可以消除劳模高不可攀、不可学而至的质疑。巨晓林等劳模，他们或是普通工人，或是农民工，学历不高，是一线普通劳动者的代表。但是，他们通过在岗位中汲取知识、淬炼技能、勇于创新，最终成长为"工人院士""工人教授""技术能手"，证明了普通劳动者立足岗位也能取得突出成就，劳模事迹印证着即使学历低、起点低，但只要肯学肯干，就能立足岗位成才。要言之，通过对普通劳动者成长为劳模故事的报道，以及工人对身边劳模成长

---

① 中共中央文献研究室编《习近平关于社会主义生态文明建设论述摘编》，中央文献出版社，2017，第121页。

② 习近平：《在庆祝"五一"国际劳动节暨表彰全国劳动模范和先进工作者大会上的讲话》，人民出版社，2015，第9页。

③ 中共中央党史和文献研究院《十九大以来重要文献选编》上，中央文献出版社，2019，第318页。

④ 易舒冉：《做懂行的技术工人（最美奋斗者）》，《人民日报》2019年11月28日，第7版。

⑤ 庞革平、许晴：《拼搏是工匠的本色（追梦人）》，《人民日报》2019年3月4日，第15版。

成才事迹的看法，喻示了普通人只要努力提升劳动能力，也能取得各种成就，因此这种劳模是面向大众、人人可学的。

要言之，新时代《人民日报》劳模报道在劳动能力观上，不仅确证了在新时代提升劳动者理论素养、实践技能、创新能力的重要性，还体现了成为"知识型、技能型、创新型"劳动者的复合指向，彰显了人才强国的时代之需。

综上所述，劳动观是劳模报道承载的榜样教育之核心内容，新时代《人民日报》劳模报道在劳动意义观、劳动政治观、劳动道德观、劳动能力观四个维度体现了时代化的马克思主义劳动观。这些劳动观进一步集中凝缩为"劳动精神""劳模精神""工匠精神"，成为中国共产党人精神谱系中熠熠生辉的重要组成部分。

## 第三节　劳模报道与立体化榜样传播途径的建构

就劳模报道载体本身而言，"传统媒体和新兴媒体不是取代关系，而是迭代关系；不是谁主谁次，而是此长彼长；不是谁强谁弱，而是优势互补"[①]。新时代《人民日报》劳模报道不仅具备传统纸媒的传播优势，还积极顺应传播技术深刻变革的新诉求，对榜样传播理念和技术进行了创新升级，充分发挥了网媒的传播优势，并积极促进榜样传播融媒化、全媒化发展；从新时代《人民日报》劳模报道中可见，劳模创新工作室等实训平台的构建亦推动榜样教育与生产生活紧密结合。

### 一　纸媒传播：榜样传播之传统途径的承续

纸媒传播是《人民日报》榜样传播的传统途径。《人民日报》作为我国第一大报纸，其纸媒版塑造了王进喜、时传祥等众多至今仍家喻户晓的著名劳模。进入新时代以来，虽然新媒体迅猛发展，对传统纸媒产生一定冲击，但作为纸媒的《人民日报》继续发行，彰显了传统纸媒的传播优势，并得以融入网媒传播之中。

---

[①] 《习近平谈治国理政》第三卷，外文出版社，2020，第317页。

新时代承续纸媒传播这种传统榜样传播路径，以纸媒的存续为前提。近年来，在层出不穷的新传播手段冲击下，传统纸媒遭遇受众分流、销量下滑困境，一些竞争力不强的纸媒退出市场。弗朗西斯·加利（Francis Gurry）曾预测，数字报纸将在2040年取代纸质报纸。①刘海贵、庹继光则认为纸媒不会消失：纸媒在深度报道领域具有优势，而新媒体往往只能提供"快餐式"浅层次阅读，因此新媒体不能完全取代纸媒等传统媒体。②即使纸媒产业萎缩，也并不意味着纸媒消亡，报纸在纸媒单位中仍然在发挥支撑作用，随着新媒体发展和融媒时代的到来，纸媒单位会向多媒体方向发展。

在新时代，《人民日报》纸质版尚在持续发行，仍是榜样传播的重要媒介。而"人民日报社"作为"报纸单位"，积极推进纸媒产业转型，依托传统纸媒进行多元平台联动，开发出新的媒介产品。纸媒虽遭遇销量下滑的现实困境，但却作为新媒体的"母媒体"而存在，其承载的信息、传播的优势也被延伸和整合到网媒之中。因此，即使以纸张为介质的纸媒走向"衰落"，也不过是信息承载介质由"纸"转"网"而借助网络等平台二次出版，不仅可以呈现纸媒劳模报道的完整内容，而且可以借助纸媒"内容为王"的深度报道优势，通过网络传播进一步扩大影响力。"情理合一""图文并茂"是纸媒劳模报道之强项。

其一，纸媒劳模报道中的文字叙事具有情理交融特质。文字是纸媒最重要的承载信息符号。纸媒对劳模进行深度报道，一方面，可"动之以情"，以文字叙事"讲故事"，用生动的情节诠释情感、传递信息、碰撞心灵，可发挥劳模感人故事情感熏陶功效。故事妙趣横生，道理才能深入人心。凭借对劳模鲜活形象的生动塑造、对扣人心弦情节的动情讲述，可触发读者情感，触动读者心扉，诠释深刻道理。另一方面，可以"晓之以理"，以社论等理论性较强的文章进行说理教育。《人民日报》社论是直接传达党中央"声音"的重要理论文章，社论写作"求准确还要求生动，求全面还要求深刻，求稳健还要求锐利，求平实还要求韵味。坚持正面宣传为主的方针，同时又不失战斗锋芒；坚持正确导向，同时又使文章有感染力、亲和力"③。可见，《人民日报》社论不仅彰显了对政策精神的准确阐述、对论述问题的精准把握、对现实生活的深入思

① 《数字报纸将在2040年取代纸质报纸》，《发展》2011年第11期。
② 刘海贵、庹继光：《生存危机中的纸媒著作权维护路径探析》，《复旦学报》（社会科学版）2015年第2期。
③ 米博华：《社论难写——报刊评论笔谈（二）》，《新闻战线》2007年第2期。

考，还要求作者具备扎实理论功底、敏锐政治嗅觉、丰富实践经验、娴熟驾驭文字能力。所以，此类文章可读性强，增强了说理教育的说服力。新时代《人民日报》就关涉劳动、劳模的重大事件、活动、政策刊发了多篇社论。此外，还通过"人民时评""人民论坛""人民要论""评论员观察""思想纵横""新论""锐评"等栏目进一步阐发、评论关涉劳动、劳模的重大事件、活动、政策，充分彰显了纸媒劳模报道的"说理"优势。这种理论教育是必要的，可弥补生活中对身边劳模直接"模仿"存在的简单化、肤浅化之不足。

其二，纸媒劳模报道中的图像叙事也是重要形式。改革开放后，穆青针对新闻报道中"重文轻图"的现象，提出报道要图文并茂、两翼齐飞①的观点，促进了传播视觉转向。此后，《人民日报》劳模报道中的图片运用日益丰富。

新时代《人民日报》纸质版劳模报道，不仅注重文字叙事，而且注重图片视觉传播，增进了榜样传播的生动性、形象性。此种图片叙事，主要呈现三种场景。一是对劳模工作场景的直接呈现，这有助于增强劳模报道的现场感。二是对劳模生活场景的展示，这可以增强榜样形象的亲切感。三是对榜样个人肖像的展示。

在劳模报道中，图像具有生动直观、形象逼真、吸引眼球的优势，增强了报道可读性。亚里士多德说，"人们总爱好感觉，而在诸感觉中，尤重视觉"②。《易传·系辞》亦有"圣人立象以尽意"，从而弥补"书不尽言，言不尽意"之论。特别是在"读图时代"，图像在传播中大行其道，劳模报道亦发生"图像转向"，"一图胜千言，没图没真相"，报纸运用"图说"的叙事方式，愈发显得重要。图像作为传播符号见于各种报道之中，是有魂的意象、可见的思想、定格的在场，不仅能够记录事实、增强美感，还可以通过逻辑编排建构意义："每一种图像都是逻辑图像，逻辑形式是逻辑图像的本质特征。"③构成叙事的劳模报道之图像，是经过精心编排和设计的图像语言，引导读者在"观看"中解读意义。因此，图像提供了超越画面本身的思想政治教育意义："不仅能够还原思想政治教育内容的原有文本，而且超越了原有的文本内容。"④随着《人民日报》网络化发展，图像叙事进一步从平面化图片叙事转向立体化、影像化

① 徐人仲、李年贵主编《穆青新闻作品研讨文集》，新华出版社，1998，第571页。
② 〔古希腊〕亚里士多德：《形而上学》，吴寿彭译，商务印书馆，2017，第1页。
③ 程志民、江怡主编《当代西方哲学新词典》，吉林人民出版社，2003，第265页。
④ 周琪：《思想政治教育的图像化转向》，《思想理论教育》2017年第1期。

的图像叙事，其传播优势不断强化。

　　要言之，纸媒传播是榜样传播的传统途径，新时代纸质版《人民日报》继续发挥榜样传播作用，凸显了报纸图文合一的优势。当其以电子版形式在网络中二次出版、推进报网融合时，纸媒情理合一、图文并茂的传统传播优势得以继续发挥。

## 二　网媒传播：榜样传播之主体途经的构建

　　"网媒"即网络媒体，是新时代《人民日报》榜样传播的主体途经，既包括对传统纸媒劳模报道内容的数字化重刊，也有原创性的劳模报道。1997年元旦推出的"《人民日报》网络版"（"人民网"前身）是中共中央机关报网络化转型之嚆矢。进入新时代以来，随着网络技术日臻完善，网络应用快速普及，网媒日益成为榜样传播之主体途经。作为"信息DNA"的"比特"正在替代"原子"成为人类社会的基本要素。[1] 报网融合的《人民日报》劳模报道，以其优质内容供给和巨大影响效能，彰显了思想性、知识性、趣味性、服务性于一体的榜样教育优势。

　　"人民网"是人民日报社开办的网媒，被誉为"网上的人民日报"。人民网提供了纸质版《人民日报》劳模报道的内容，其中，"人民日报图文数据库"完整收录了纸质版《人民日报》自创刊以来的全部内容，其最新数据则每日同步更新并免费开放阅读，从而使《人民日报》劳模报道在网络中得以完整呈现、便捷传播。此外，人民网原创性劳模报道亦注重发扬纸媒情理合一、图文并茂的传统优势，如"观点"栏目侧重理论评论，"人民图片"栏目聚焦图片报道。

　　"人民网"劳模报道有助于增强榜样传播力。一是扩充劳模报道信息量。网络"是没有版面限制和时间限制的"[2]。人民网不仅整合了《人民日报》报系和旗下网站内容，还转载其他媒体的优质报道，突破了传统纸媒版面有限、信息量不足的局限。二是增强了劳模报道的时效性。人民网24小时滚动报道最新热点，可以迅速跟进各地与劳模相关的新闻热点，增强时效性。三是确保了

---

① 〔美〕尼古拉·尼葛洛庞蒂：《数字化生存》，胡泳、范海燕译，海南出版社，1997，第21页。

② 吴满意主编《网络媒体导论》，国防工业出版社，2008，第50页。

劳模报道的高品质。在信息过剩、低质量资讯充斥网络的年代，人民网作为权威媒体，确保了报道质量。"人民网－观点"栏目新闻评论提供了高质量的理论解读，既有对《人民日报》纸质版评论的整合，也有对其他媒体优质评论的转载，使新闻不再是简单传送消息，还可以帮助网友整合杂乱无章的讯息，对人民大众关注的热点问题进行详细分析、释疑解惑。四是"可视化"增强劳模报道吸引力。网络技术促进了从纸媒时代平面图片报道向视频报道的发展。在"人民网－可视化"栏目中，有"视频""图片""图解"等子栏目。如，2019年8月2日，"人民网－人民视频"栏目以视频形式报道了全国劳模何满棠的故事[1]，视频让劳模现身说法，亲自发声，增强了劳模报道的现场感、亲切感："通过图片或视频等展示学习者无法亲临现场的真实情境"，可以使受教育者"产生亲临现场的感觉，从而产生积极的道德情感"。[2]这些新的特征，有助于提升榜样教育的传播力、引导力、公信力、影响力。

此外，"微时代"改变了劳模报道的信息传播方式，拓宽了劳模报道的传播途径。微时代是以"微信息、微媒体、微社区为主要形态的新网络空间"[3]。在智能手机普及的年代，微媒体几乎具有了全民参与的广泛性，使用微媒体进行互动交流成为人们的日常习惯。《人民日报》借助其他传媒机构的微媒体传播平台进行劳模报道，拓展了劳模报道的传播渠道。如：《人民日报》法人微博于2012年7月22日在新浪网开通运营，微博粉丝量达1.4亿（数据截至2021年12月29日），影响力大。显然，微媒体是劳模报道不可忽视的渠道。面对微时代开放的网络空间海量芜杂信息的挑战，《人民日报》提供了高质量的榜样教育资源，有助于利用微媒体的传播优势，提升榜样教育实效。其优势可大体总结为以下几点。

利用微媒体劳模报道时效性强的优势。"网络胜于传统媒体的最大优势是它的快捷性和及时性。"[4]在微媒体中，信息短小精炼，能快速采编、发布，实现了实时、高效传播。例如，2020年11月24日，习近平总书记出席全国劳动模范和先进工作者表彰大会并发表讲话，《人民日报》微博就第一时间报道了

---

① 《何满棠——拧螺丝拧出来的"全国劳模"》，人民网－人民视频，2019年8月2日，http://v.people.cn/n1/2019/0802/c427344-31273480.html。

② 徐建军：《大学生网络思想政治教育理论与方法》，人民出版社，2010，第62页。

③ 周琪、罗川：《"微时代"下大学生价值观教育面临的挑战及应对》，《思想教育研究》2014年第1期。

④ 夏晓虹主编《高校网络思想政治教育》，泰山出版社，2008，第39页。

大会盛况并迅速整理和发布了讲话中的"金句"，使"光荣属于劳动者，幸福属于劳动者""新时代是奋斗出来的"等话语迅速传播并成为流行语。

发挥微媒体劳模报道互动性强的优势。微媒体具有社交型媒体的鲜明特征，评论、转发、点赞功能为网友发表观点、参与互动提供了便捷渠道。例如，2021年5月22日，《人民日报》微博报道了全国劳动模范袁隆平逝世的消息，网友发表了19万条评论，进行了297万条转发（截至2021年12月29日），体现了人民群众对为国为民的老劳模的敬重；2021年3月8日，《人民日报》微博报道了"95后"少年邹彬"干一行、爱一行"，从普通泥瓦匠做起，勤学苦练成为大国工匠的事迹，网友评论认为"行行出状元""脚踏实地，值得点赞"，表达了岗位平等的劳动观。在微传播中，离散化的"微民"通过评论、转发，参与了信息的生产、加工、传播，可以突破信息传播的时空界限，随时随地生产和发布信息，而无数个"微民"向他者传播信息时，最终会形成"所有人面向所有人传播"的网络结构，这尊重了受众的传播主动性，有助于提高用户的参与度、活跃度。

借助微媒体中的表情符号表达情感。表情符号作为一种辅助情感交流的工具，在微博正文以及网友评论中也因其形象直观、简洁明了、寓意丰富的特质而被广泛运用。例如，在袁隆平呼吁关注海水稻的微博评论中，网友评论运用了爱心、可爱、点赞等表情符号；在发布袁隆平、申纪兰逝世消息的微博下面，网友使用点蜡烛、悲伤、流泪、难受等表情符号寄托哀思。网络表情符号作为特殊信息载体，是一种辅助交流手段。使用表情符号的主要意图并不在于摹写表情，而是"更强调情绪、态度或感觉的传达"[1]。当在微媒体中使用表情符号时，其本身的象征意义是主要的，并且以视觉形式冲击着信息受众的内心。"视觉不是对元素的机械复制，而是对有意义的整体结构式样的把握。"[2]显然，表情符号和所有符号一样，既是传播者"编码"过程，也是受众"解码"过程。在视觉刺激下，受众易于解码表情符号的隐喻意义，感受传播者的情感状态。

显扬微媒体劳模报道作用，能融合多媒体传播优势。除了文字、图片等纸媒具备的传统表意符号，微博中还可以插入视频、声音等更加丰富的表意符

① 赵爽英、尧望：《表情·情绪·情节：网络表情符号的发展与演变》，《新闻界》2013年第20期。
② 〔美〕鲁道夫·阿恩海姆：《艺术与视知觉》，滕守尧译，四川人民出版社，2019，第5页。

号。"文字＋图片＋视／音频"突破了传统报纸平面传播方式。例如，2020年6月28日，全国劳动模范申纪兰逝世，《人民日报》微博第一时间发布消息，并通过70秒小视频回顾申纪兰"人民的声音"以录音记录了她说"当代表就是代表人民说话""吃苦在前，享受在后""多做贡献，为人民办实事"等朴素话语，彰显了老劳模人民至上的情怀。显然，网媒集合了多种传播媒介的表现形式和传播优势，其劳模报道具有极强的感染力。

要言之，在网媒时代，《人民日报》亦从传统纸媒拓展至网媒领域，成为劳模报道的主体途径，这为劳模报道网络化转型奠定了基础。一方面，依托"人民网"，不仅使《人民日报》纸质版内容得以完整呈现，还刊发原创内容、整合海量信息，使劳模报道的资源和形式更为丰富；另一方面，依托"微博"等微媒体平台，与时俱进地进行劳模报道，充分发挥了微媒体的独特优势，提升了新时代劳模报道的时效性。

### 三　融媒传播：榜样传播之发展趋势的展现

新时代《人民日报》劳模报道日益凸显出融媒传播的发展趋势。"融媒"亦称"融媒体"，是以"媒体融合"为特征的传播媒介。媒体融合不是将传统媒体的报道简单移植到网络中数字化出版，而是在内容、渠道、平台、技术、产品、人才、管理等多个层面的全方位、系统性融合。在新时代，随着融媒体技术迅猛发展，媒体融合趋向越发明显。2014年被称为我国"媒体融合元年"。是年8月18日，中央全面深化改革领导小组第四次会议审议通过了《关于推动传统媒体和新兴媒体融合发展的指导意见》，由是，媒体融合成为国家战略，开启了新一轮媒体融合进程，具备更高技术特性的融媒体成为发展方向。新时代《人民日报》推动平台建设、社交互动、技术赋能，构建了融媒发展新格局，也为推动通过劳模报道开展榜样教育提供了强力技术支撑。

《人民日报》是我国较早探索融媒发展的媒体，其早期推出的网络版，将传统纸媒报道内容移植到网络媒体，开启了"报网融合"的序幕。随着技术迭代升级与国家政策有力推动，在新时代，媒体融合发展迈入快车道。2015年全国"两会"期间，人民日报社首次试用"人民日报中央厨房"，建立统一指挥调度和编辑制作中心，以实现传统媒体和新媒体资源深度融合，并促进不同部门间资源共享。由是，"一次采集、多种生成、多元传播"得以实现。随后，

"人民日报中央厨房" 2016年正式启动了 "融媒体工作室" 计划。在劳模报道实践中，新时代《人民日报》也使用了一些新技术手段，展现了通过媒体融合助力榜样教育的发展趋势。

一是搭建融媒平台，聚合劳模报道相关资源。移动互联网上有海量用户，彼此间年龄结构、职业分布、兴趣爱好殊异，仅靠一家媒体、一家报纸的资讯，显然难以满足海量用户的多元需求。因此，推进媒体深度融合，聚合多方优质资源，优化内容生态体系，从而打造内容聚合平台，无疑是发展方向。在媒体融合背景下，新时代《人民日报》逐渐发展为内容聚合型的 "海量内容生产者＋平台"。[①] 人民日报社不仅搭建了 "两微两端" 的传播体系，还推动实施平台化战略，建设分众化、个性化的内容聚合平台，使众多内容生产者参与其中。由此，内容生产从 "一枝独秀" 发展为 "百花齐放"，为扩充劳模报道资源量奠定了基础。

例如，2018年6月12日，《人民日报》新媒体聚合平台 "人民号" 正式上线，该平台内嵌于 "人民日报客户端"，可供媒体、企事业单位、优质自媒体和个人入驻，并在内容生产和分发环节推进了智能化发展。据统计，截至2021年8月，"人民号" 累计入驻各级主流媒体、党政机构、企事业单位、优质自媒体等逾3万家，收录优质内容近1855万篇，累计阅读量达954.6亿。[②] 此外，为了纾解既往商业化资讯平台流量至上、算法失序的问题，"人民号" 既重视通过算法推荐实现海量内容的个性化匹配，又反对 "失控的算法、混乱的算法、危险的算法"，将 "党媒算法" 嵌入内容分发环节，"不断优化算法推荐技术，形成主流价值导向的 '党媒算法'"[③]。运用 "党媒算法" 技术赋能，打造 "智能融媒"，不仅促进劳模报道智能化传播、分众化传播，为用户智能推荐个性化的、差异化的劳模报道资讯，促进从 "千人一面" 到 "千人千面" 的精准传播；还确保了海量数据的质量，使向用户推荐的劳模报道资讯处在主导价值观的驾驭之下，确保坚持正确政治方向、舆论导向、价值取向，大幅提升了劳模报道的 "质" 与 "量"。

二是嵌入社交媒体，利用其榜样传播互动优势。媒体融合对信息传播和人际交往模式进行了整合。在社交媒体中进行劳模报道，推动了榜样传播嵌入社

① 黄佩诗：《从受众需求出发，打造内容聚合平台——对话人民号平台运营团队》，《视听界》2021年第5期。
② 黄佩诗：《从受众需求出发，打造内容聚合平台——对话人民号平台运营团队》，《视听界》2021年第5期。
③ 《让主流媒体成为 "全媒体"》（人民观点），《人民日报》2019年1月30日，第5版。

交媒体的社会传播网络。新时代《人民日报》与社交媒体联动，利用微博、微信公众号、抖音和快手短视频平台等社交媒体，进行劳模报道，推动了榜样教育社交化转型。其中，通过短视频社交媒体进行劳模报道，是近些年新兴的榜样传播形式。"短视频兼具文字、声音、静态图片、动态特效等多模态话语，并将直播的即时、互动、分享的社交属性嵌入，实现多重媒介语言的整合，其以碎片化方式被生产传播，最终汇聚成庞大的去深度化视频语言文本库。"①新时代《人民日报》亦注重短视频生产及其在社交媒体的传播，如在抖音等短视频平台开通账号，以UP主的身份发布视频，充分利用了新兴社交媒体榜样传播优势。

　　《人民日报》官方账号在抖音平台积极进行劳模报道。如，2021年6月7日报道的张桂梅再送女高学生参加高考的视频，获得129万点赞（截至2021年12月29日）；2021年6月29日报道张桂梅获颁"七一勋章"的短视频，获得715.3万点赞、17.8万评论、6.8万转发（截至2021年12月29日），都取得了较好的传播效果。这些社交媒体平台的传播，受众亦参与其中，如内容"分享"机制有助于营造社群传播氛围，扩大传播辐射范围，满足用户分享诉求。显然，在融媒时代，"读者"不再是消极"受众"，而是参与到"生产内容"，以及"对新闻的评论和传播（分享）"②环节之中。《人民日报》劳模报道以短视频形式嵌入社交媒体，借助"分享""评论""点赞"等互动机制传播，有助于受众在人际沟通中进一步传播报道内容，延伸榜样传播链。

　　三是强化技术赋能，以新兴传播技术拓展劳模报道。新时代《人民日报》注重打通纸媒和新媒体的关系，整合相关资源，融合表现形式，注重优势互补。融媒体工作室"不仅基于《人民日报》版面原有内容进行拓展延伸，生产文字、音视频（脱口秀）、H5、图解、VR新闻等各类融媒体作品。不少工作室优秀作品倒灌回版面，提升了报纸选题的丰富性和内容的可读性"③。虽然新时代融媒化发展的《人民日报》已经运用了H5（超文本标记语言第五版）、AR（增强现实）、VR（虚拟现实）、3D动画、MR（混合现实）、全景视频等技术，但由于这些技术在新闻报道中启用不久，鲜见用于劳模报道之中，劳模报道的

---

① 李淼：《数字"新视界"：移动短视频的社交化生产与融媒传播》，《中国编辑》2019年第3期。

② 万小广：《媒体融合新论》，新华出版社，2015，第81页。

③ 李天行、周婷、贾远方：《人民日报中央厨房"融媒体工作室"再探媒体融合新模式》，《中国记者》2017年第1期。

新技术运用尚需进一步拓展。以 VR 技术为例，该技术可以为受众提供沉浸式感官体验，使用户通过观看虚拟现实视频，"切身体验获取信息，从虚拟现实中自主得出结论"[①]。如果运用此种技术打造一批劳模纪念馆、还原劳模生产真实场景，可以增强用户与新闻事件之间的互动性，提升受教育者参与的兴趣和热情。

要言之，劳模报道借助媒体融合赋能是大势所趋，也是榜样传播发展的必然趋势。融媒传播构筑全方位、多载体的传播格局，可以实现内容互补、同频共振、形成合力。虽然目前融媒传播并不完善，但未来可期。"全媒体"是多种媒体在形态、结构等诸多方面的深度融合状态。"全媒体是媒体融合发展的成熟阶段，媒体融合向纵深发展的最终目标就是全媒体，当媒体融合达到'你就是我，我就是你'的深度状态时，就意味着已建成全媒体。"[②]习近平总书记强调，要"推动媒体深度融合"[③]，"加快构建融为一体、合而为一的全媒体传播格局"。[④]

## 四　实训基地传播：榜样传播之生产中拓展

上文基于传播载体视角，分析了新时代《人民日报》从纸媒、网媒到融媒的演进推动了榜样传播；此外，从劳模报道文本中可见，实训基地传播也是新时代发挥劳模榜样教育作用的重要途径，依托"劳模创新工作室"等实训平台，帮助劳模在劳动岗位上发挥"传帮带"作用，是榜样传播途径生活化、实用化的新拓展。

创建"劳模创新工作室""技能大师工作室""高技能人才培训基地"等实训基地，是新时代发挥劳模"传帮带"作用的重要举措。从新时代《人民日报》劳模报道中可见，劳模创新工作室是适应创新型国家建设实际需要推出的榜样教育平台，已成为通过劳模示范开展榜样教育的重要途径，不仅发挥了劳模在生产、研发中的先进性，还培养了大批复合型人才，使劳模"传帮带"作用得到最大限度的发挥。从榜样教育视角来看，劳模创新工作室充分发挥劳模

① 付晓光：《互联网思维下的媒体融合》，中国传媒大学出版社，2017，第166页。
② 董扣艳：《全媒体时代思想政治教育过程论》，浙江大学出版社，2022，第13页。
③ 《习近平谈治国理政》第三卷，外文出版社，2020，第317页。
④ 《习近平谈治国理政》第三卷，外文出版社，2020，第318页。

精通业务、道德高尚的激励作用、带动作用，劳模身先士卒、率先垂范，为广大职工树立了榜样。

一方面，劳模创新工作室发挥了劳模在生产、研发中的榜样引领作用。劳模创新工作室提升了劳模调配人员、设备的能力，促进了劳模更好地组建团队，帮助劳模引领科研攻关、技术革新，促进生产发展。

> "小亦有为，人人可为"，这是成立3年的"铁老师"创新工作室的理念，围绕安全生产……重点工作，他们大力开展"五小"……创新实践活动。①

> "李斌数控工作室"……在技术创新、技术攻关和管理创新的推动下，李斌带领他的团队攻克了一个又一个技术难关，创新了一个又一个管理模式。②

依托劳模创新工作室，李铁夫带领团队开展技术革新，获得多项国家专利和创新成果；李斌领衔的团队在生产中攻克了技术难关，创新了管理模式。这些报道皆在表明：劳模创新工作室是一流的创新型团队，增强了劳模的集聚效应、辐射效应，有助于充分发挥劳模的示范引领作用，有助于引领职工学习劳模、争当劳模，推动生产发展，提升榜样引领实效。

另一方面，劳模创新工作室有助于劳模在生产中传承技能。依托劳模创新工作室，劳模积极地示范引领，甘当"传帮带"的先锋，促进了高素质人才培养。

> "胡耀华工作室"，也成了锻造团队、提升整体技术水平的载体，一个劳模"耀亮"一片。③

> 李斌数控工作室因为优秀的成绩，也获得诸多荣誉，李斌由一个人创

---

① 刘成友：《把高学历变成高技能（创新故事）》，《人民日报》2014年11月17日，第18版。

② 谢卫群：《"创新，工人也有大作为"（劳动者之歌）》，《人民日报》2015年5月6日，第9版。

③ 江南：《港口码头上的"工人专家"（劳动者之歌）——记宁波港股份有限公司镇港埠分公司胡耀华》，《人民日报》2013年4月27日，第7版。

新、一个人当模范，变成了一群人创新、一群人成模范。①

> 陈维工作室建立"劳模带徒""导师带徒"等人才培养模式，涌现出……多个先进典型，一批从工作室走出去的年轻人成了不同岗位上的业务骨干……②

上述报道凸显了劳模创新工作室有助于发挥劳模在传承技能、培养高素质人才中的榜样作用。依托劳模创新工作室，胡耀华、李斌开展技能培训，使一个劳模"耀亮"一片，使"一群人成模范"；陈维依托工作室，以"劳模带徒""导师带徒"等人才培养模式，培养了一大批业务骨干。显然，劳模创新工作室成了企业培养高素质人才的重要平台，引领企业职工在岗位中成长成才，开拓创新。

由《人民日报》劳模报道可知，劳模创新工作室等实训平台已成为新时代榜样传播的新途径。这不仅能使劳模成为组建研发团队的核心力量，提升团队创新能力；还发挥了劳模"传帮带"作用，使劳模的生产经验、劳动技术、精神风貌得以传承，培养了大批高素质人才。劳模创新工作室已成为发挥劳模榜样作用的有效平台。可见，在生产实践中发挥劳模的榜样作用，进一步丰富了榜样传播途径，为发挥劳模影响力提供了支撑平台。

要言之，新时代已经初步构建了立体化的榜样传播途径，不仅《人民日报》运用了新的传播技术推动榜样传播，而且实训平台榜样传播正在嵌入生活。

综而论之，新时代《人民日报》劳模报道具有重要的榜样教育意蕴。新时代《人民日报》劳模报道中，不仅选择了多样性的榜样进行报道，而且彰显了榜样形象的个性化设定，其榜样塑造呈现出多元化趋向；与时俱进的马克思主义劳动观是新时代《人民日报》劳模报道承载的榜样教育核心内容；从新时代《人民日报》劳模报道可见，新时代榜样传播正在从平面化转向立体化，传播场域不断拓展。新时代《人民日报》劳模报道取得的有效经验、面临的现实挑战，将在后文详细阐释，在此不赘。

---

① 谢卫群：《"创新，工人也有大作为"（劳动者之歌）》，《人民日报》2015年5月6日，第9版。
② 沈文敏、潘洁沣：《平凡岗位 不凡业绩》，《人民日报》2020年10月29日，第6版。

# 第四章

# 榜样教育视域下新时代《人民日报》劳模报道的经验

在榜样塑造方面，新时代《人民日报》劳模报道中榜样选择的多样性特质、榜样形象的个性化设定，有助于顺应分众化社会多元样态，满足受众对榜样的差异化需求，为不同受众提供更为多元的榜样；报道中对个性化劳模的塑造，有助于破除社会公众对劳模长期存在的各种刻板印象，增强劳模的亲和力；在报道中，对多层次平凡英雄的塑造，还原了劳模"普通人"的一面，处理好"平凡"与"伟大"的辩证关系，有助于走出榜样教育中长期存在的塑造"高大全"榜样的误区。在榜样教育内容维度，新时代《人民日报》劳模报道的时代化的榜样教育内容设置彰显了现实合理性：凸显了"劳动最美丽"的本真属性，并展现为劳模精神、工匠精神、劳动精神，使榜样教育内容体系更臻完善。在榜样传播途径向度，新时代《人民日报》立体化榜样传播有助于提升榜样教育效能：通过建设全方位传播矩阵使劳模报道传播辐射面大为拓宽；通过智能化传播技术赋能，增强了劳模报道相关资讯的精准分发能力，使对不同教育对象提供差异化、个性化榜样教育成为可能；通过劳模创新工作室等实训平台，将榜样教育嵌入生产实践，做到理论与实践相结合，弥补了纯理论教育远离生产一线之缺限。

## 第一节　多元化榜样塑造增强榜样形象吸引力

如前所述，新时代《人民日报》劳模报道中的榜样塑造臻于多元化，即榜样选择呈现多样性、榜样形象凸显个性化。如此调适，使榜样塑造契合了榜样教育发展的现实需要，有助于增强榜样形象的吸引力，从而提升榜样教育之实效。

### 一　多样性劳模顺应分众化社会多元样态

分众化社会意味着整齐划一的社会日渐被分割为个别化、差异化、碎片化的小群体，并被显扬个性、充满差异的个体离散性社会所取代。社会分层和价值多元是此种差异化社会的表征。改革开放后，我国社会开启了分众化转向的进程；在新时代，社会的分众化趋势更为明显，已经成为宣传工作必须面对的问题。在新时代，党的新闻舆论工作"要适应分众化、差异化传播趋势"①。通过劳模报道开展榜样教育，也要满足受众对榜样的差异化需求。

在我国，分众化社会兴起于改革开放之后。在市场经济大潮涤荡下，我国社会阶层和价值观念都开始转向多元化。改革开放前的中国，社会阶层结构相对单一，主要由农民阶级、工人阶级和知识分子阶层构成。改革开放后，社会阶层逐渐从相对单一的结构向日益多元的结构转变："我国社会成员构成结构发生了新的分化和重组，整个社会成员构成结构呈现多元化、多样化、复杂化的发展趋势。"②也就是说，社会阶层日益分化，阶层构成呈现分众化特征。分

---

① 《习近平谈治国理政》第二卷，外文出版社，2017，第333页。
② 金玉：《马克思主义阶级概念：理解与阐释》，人民出版社，2019，第375页。

众化社会带来了价值观念的多元化转型。王岩指出，"多元化"和"异质性"是社会转型时期价值变化的重要特征，"社会同质性的消解"会使不同的社会成员对同一问题表现出不同的价值评判标准和价值目标追求，对于同一社会现象，也会表现出不尽相同的心态或行为。①

党的十八大以来，我国经济成分愈加丰富多样，价值观念愈加多元纷呈，社会的分众化趋势更为明显。习近平总书记针对"社会阶层更加多样"②的分众化社会新形势，明确指出需要"广泛汇聚团结奋斗的正能量"③，需要"做好新的社会阶层人士工作"④。具体到劳动领域，一切非公有制经济人士和其他新的社会阶层人士，都"要发扬劳动创造精神和创业精神，回馈社会，造福人民，做合格的中国特色社会主义事业的建设者"⑤。相应地，在新时代，面对新的传播格局，为了实现对舆论的有效引导，必须有效回应分众化社会的表达诉求，"有针对性地进行注意力引流和社会心态导航"⑥。显然，新时代《人民日报》劳模报道也必须适应分众化社会的传播特点，把握榜样塑造的差异化趋势，塑造多样化的榜样。

分众化社会要求榜样塑造顺应社会发展的新样态。分众化社会是否还需要榜样呢？"榜样无用论"认为，人们的思想观念在分众化社会日益多元和去中心化，价值权威被悄然拆解得四分五裂。的确，这种担忧不无道理。但这并不意味着分众化社会榜样无用、无须榜样。恰恰相反，在分众化社会，榜样塑造需要去适应不同人群，从塑造全民榜样转向创设多元化榜样。在新时代，"我们还需要更多能引领社会主流价值的公众人物和正能量代表"⑦。毋庸讳言，由于社会不断地开放转型，社会的分众化日益明显，改革开放前趋于同一的社会日臻转向丰富多彩、多元小众的社会，此时，受众的兴趣取向、利益诉求都会产生较大差异。新时代《人民日报》劳模报道塑造多元化榜样，无疑顺应了分众化社会对多元榜样的需求，有助于满足不同群体对榜样的差异化需求，也揭示了榜样塑造分众化转向的必然性。

①　王岩：《整合·超越：市场经济视域中的集体主义》，中国人民大学出版社，2003，第130~131页。
②　中共中央文献研究室编《习近平关于社会主义政治建设论述摘编》，中央文献出版社，2017，第128页。
③　《习近平谈治国理政》第三卷，外文出版社，2020，第297页。
④　《习近平谈治国理政》第三卷，外文出版社，2020，第31页。
⑤　《习近平谈治国理政》，外文出版社，2014，第42页。
⑥　张涛甫：《新时代新宣传的典型范本》，《现代传播（中国传媒大学学报）》2018年第6期。
⑦　丹红：《用好公众人物的示范效应》，《人民日报》2014年9月5日，第5版。

一方面，这种转向顺应了榜样教育差异化发展的现实诉求，有助于不断地满足受众对个性化榜样的需求。不同社会群体有不同的价值观念和文化需求，对榜样的择取会因其对榜样特定价值期待的不同而呈现出差异性，分众化社会无疑放大了这种差异性。"我们的阐述自然要取决于阐述的对象。"[1]针对不同的受众，劳模报道必然要体现出分众传播的思路和特点。由此，塑造出更加具有多样性、满足差异性需要的榜样就显得尤为迫切。面对价值多元化、文化多样化、兴趣个性化的文化语境，不同的旨趣群体需要不同的榜样领路。分众化社会愈加发展，社会公众的思想就愈加多样化，个人的主体意识亦不断增强，如此，则更需要推出既符合主流社会发展要求，又满足人民群众内在期待的多元榜样。在分众化社会背景下，社会系统的复杂性决定了无法树立集众善于一身的榜样，因为这种完美的榜样一旦下落到现实生活中，就难免会显现出其局限性。所以，榜样塑造必然要"各美其美"，让更多的榜样充分显扬其闪光之处；同时，全社会要树立不同层次的榜样，各行各业要有针对性地树立体现行业特质的榜样，使多样性榜样"群星灿烂"。这有助于让差异化受众找到能学习的榜样，切实提高榜样教育实效性。

另一方面，这种转向是差异化教育的一种表现，有助于榜样教育的精细化转向。"榜样的感染力，来自追随群体的价值认同。"[2]显然，劳模报道只有被受众所接受，才能发挥其功用。瑙曼（Manfred Naumann）认为，"只要作品不被行动的主体接受、获取，它始终只能是未完成的可能的存在。所以，接受是最本质的"[3]。在分众化社会，不分大众、僵化教条地开展教育，其效果必然是有限的。因此，榜样教育也要有针对性地从"大水漫灌"转变为"精准滴灌"，劳模报道需要根据不同对象、人群的现实诉求进行精确定位。在分众化社会，榜样教育的受教育者，从广泛的、整体性的大众分化为各种具有特殊兴趣、利益的小群体。这实际上喻示了教育对象的分众化趋势，即教育对象从"大众"向若干"小群体"的裂变和分化。这迫切要求在传播实践中提升榜样教育的针对性，注重受众细分工作。换言之，榜样教育不仅要"因材施教"，还需要针对受众差异化的趋势，塑造出多样性的榜样形象，以满足不同受众的需求。

---

[1] 《马克思恩格斯文集》第一卷，人民出版社，2009，第253页。

[2] 高国希：《德性论视域中的榜样教育——以雷锋精神为范本》，《伦理学研究》2018年第4期。

[3] 〔民主德国〕瑙曼著、宁瑛编译：《接受美学问题》，载中国艺术研究院外国文艺研究所、《世界艺术与美学》编辑委员会编《世界艺术与美学》第九辑，文化艺术出版社，1988，第81页。

社会的发展越是多元化，个体的主体意识就越增强，就越要针对不同年龄阶段、社会阅历、知识水平的受众进行分层次、差异化的榜样教育，进一步推动榜样教育的分众化转向。"多元化的典型选取标准将典型报道延伸到了更为细致的领域。"① 显然，新时代《人民日报》劳模报道中多元化的榜样塑造是差异化教育的一种表现，榜样更为细分、具体，有助于榜样教育落细、落实。

综上，新时代《人民日报》劳模报道中榜样塑造的多元化顺应了分众化社会多元样态，迎合了社会公众对榜样的差异化需求，促进了榜样教育的精细化发展。

## 二　个性化劳模打破刻板印象开显亲和力

"刻板印象"倾向于赋予认知对象一些显著的、特殊的属性，但往往是简单化、片面化、公式化的认知和成见。千篇一律的劳模报道会使人们对劳模产生刻板印象，导致劳模难以获得教育客体的喜欢、认可和悦纳，削弱劳模的亲和力。新时代《人民日报》劳模报道中塑造的个性化榜样形象，有助于打破大众对榜样形象的刻板印象，开显榜样的亲和力。

媒体用一种简单化的方式进行报道，使报道对象类型化、程式化，这无疑是大众对榜样形象产生刻板印象并降低榜样亲和力的重要原因。丹尼斯·库恩（Dennis Coon）认为，刻板印象即根据过于简单化的成见看人："完全地按一维方式思维，绝对地按照对—错、好—坏、可接受—不可接受、诚实—不诚实来划分事物。这样做会使我们无法理解许多生活问题的复杂性。"② 劳模报道中榜样形象塑造的简单化容易造成"脸谱化"榜样形象。在榜样教育过程中，教育对象并非被动接受教育，而是会形成自己的价值判断，教育只有与教育对象个人需要相吻合，才能获其亲近、认同、悦纳；反之，则易被教育对象疏离和抗拒。"脸谱化"的榜样形象枯燥乏味，很难让受教育者找到契合点、共通点，难以生成亲近感、趋同感。

例如，"有病不治""带病上岗"是对劳模的一种常见刻板印象。如此报

---

① 朱清河、刘娜：《全球化语境下典型报道的趋势》，《当代传播》2008年第4期。

② 〔美〕丹尼斯·库恩：《心理学导论：思想与行为的认识之路》第九版，郑钢等译，中国轻工业出版社，2004，第415页。

道，往往剥离劳模的人性化需求，将劳模塑造成不食人间烟火的形象，仿佛他们只有大公无私而完全不顾个人生活与家庭亲情，在讴扬劳模大公无私的崇高形象时，又剥离了劳模个人生活中的合理需求，遮蔽了劳模应该具备的人性化形象。在很长时期内，这种描述几乎成为凸显劳模伟岸形象的一种样板。

> 女劳模路金妹："严重的关节炎病发作了，剧烈的疼痛使她走路非常吃力。……一天也不休息，脏活重活总是抢着干。"①

> 劳模董传银："长期加班加点，忘我工作，透支身体，劳模们积劳成疾。……董传银患有胆囊炎，犯了病就吃几片止痛片顶一顶，很少去医院看病。"②

> 劳模孙金凯："即使妻儿有病，老孙也没有请过一天假……其妻……因病连饭也吃不上……但一想到工作又牵肠挂肚，最终还是没有请一天假。"③

上述报道其实是将劳模形象"脸谱化"了，在塑造劳模形象时都使用了同一种程式：劳模有病不治，坚持带病工作。毫无疑问，这些故事是真实的、感人的，其承载的负责到底的责任意识、不惧困难的奋斗精神永不过时。但此种劳模报道的反复浸灌，也容易使受众对劳模产生刻板印象，降低榜样的亲和力，削弱榜样教育实效。

一方面，如果大量的报道都循此程式，故事重复，即使塑造出了"高大上"的榜样形象，也难免让受众对其产生误解：似乎劳模都是按照一种模板"制造"出来的。"被扣上'假大空'的帽子，亲和力也就谈不上。"④如此，榜样形象就会缺乏感染力、吸引力、渗透力，受众就会对这种劳模缺乏亲近感、趋同感和接受度。显然，"劳动模范事迹的宣传搞得玄乎"是不合理的："什么几个、十几、二十几个春节不回家，多少个星期天不休息，妻子、儿女、父母亲病危也不回去……因此，在人们心目中造成一种误解，似乎劳模'只有大公的胸怀，不考虑个人的私事；只有工作热情，没有个人欲念；只有政治头脑，

---

① 新华社记者：《老模范的新贡献——"三八"前夕访上海几位女劳模》，《人民日报》1977年3月9日，第3版。

② 《关心劳模　尊重劳模　学习劳模》，《人民日报》2000年8月10日，第4版。

③ 耿亚力：《好民警"孙劳模"（寻找身边的肖玉泉）》，《人民日报》2003年5月14日，第14版。

④ 张正光：《提升思想政治教育亲和力的有效路径》，《思想理论教育导刊》2017年第5期。

没有一般人的情感'；等等。"①劳模牺牲健康而工作是有条件、有限度的，"全部人类历史的第一个前提无疑是有生命的个人的存在"②。自我牺牲是道德选择中偶然的特殊情形，"提倡自我牺牲与避免盲目的自我牺牲具有同等的重要意义"③。不能将自我牺牲作为一条抽象的、普遍的道德律令，在所有情形下都普遍要求盲目牺牲。如果缺乏对现实的、感性的人的关怀，就会降低榜样的亲和力。随着体面劳动观念深入人心，这种缺乏亲和力的劳模形象与社会发展愈发不协调，无法达成榜样教育目标。

另一方面，此种报道易使受众对劳模形成刻板印象，这种偏见会导向对劳模的道德苛责，似乎劳模就应有病不治、带病工作。如，劳模王尚书是煤矿工人，受过腰伤，并且腿病又犯了，疼得很厉害，领导让他在地面打水扫地，少下了四天矿井，就有人质疑"在井上享清福还算个啥劳模？"④这无疑会给劳模造成很大的精神压力，不仅会挫伤劳模积极性，还会进一步造成受众与劳模之间的隔阂，使受众不愿意成为劳模。"宣传好的典型时，一定要讲清楚他们是在什么条件下，怎样根据自己的情况搞起来的……更不能要求别的地方不顾自己的条件生搬硬套。"⑤显然，上述刻板印象解构了劳模的多元形象，造成了受众与劳模之间的隔阂，易使受众对劳模敬而远之。如果思想上先进、人格上完美成为劳模标准形象，而劳模的人性化、差异化的一面被抹杀，似乎所有的劳模都是一种形象，劳模群体绝对完美、高度趋同，那么，"久而久之，人们对劳模的印象固定化、格式化、刻板化了，谁也不想当、不愿当、不争当劳模，'先进'似乎成了贬义词，先进人物成为被讽刺、挖苦的对象"⑥。缺乏亲和力的榜样难以使人产生情感共鸣。

习近平总书记强调，要"提升思想政治教育亲和力和针对性"⑦。显然，劳模报道也要转变传播观念，重新开显榜样的亲和力，"用榜样真实丰满的多面

① 谭曼辉、朱新华：《从"一个青年劳模的苦恼"说开去　勇于同歪风邪气作斗争》，《人民日报》1981年7月8日，第4版。

② 《马克思恩格斯文集》第一卷，人民出版社，2009，第519页。

③ 李雨村：《关于"自我牺牲"的道德价值辨证》，《天津师范大学学报》（社会科学版）2001年第3期。

④ 马世年、姚回春：《各级党组织敢于支持劳模善于做群众思想工作　晋华宫矿出现学先进新风气》，《人民日报》1982年6月30日，第2版。

⑤ 《邓小平文选》第二卷，人民出版社，1994，第316~317页。

⑥ 刘汉俊：《人物报道：如何利用与削减受众"刻板印象"》，《新闻与写作》2006年第12期。

⑦ 《习近平谈治国理政》第二卷，外文出版社，2017，第378页。

化形象来提高榜样的亲和力，增强教育对象的认可度与接受性"①。新时代《人民日报》劳模报道中个性化劳模的摹写增强了劳模的亲和力，实际上是改变受众对劳模的刻板印象的有效方式，有助于缩短劳模与受众之间的心理距离，塑造受众易于接受、乐于接受的劳模形象。

例如，袁隆平和钟南山是著名的全国劳动模范，《人民日报》对他们的报道凸显了其个性化一面，显著增强了榜样的亲和力。2019年12月11日，"人民日报抖音号"发布视频，"爆料"袁隆平院士在路边小店理发16年，他不仅相当重视发型，还自己设计发型，在获得共和国勋章赴京领奖前理发，对着镜头诙谐地说出"我又年轻了！""好帅！"②该视频呈现了著名科学家生活中的小事，塑造了老科学家心态年轻、幽默风趣、和蔼可亲的形象，网友评论表示"致敬！""太可爱了！""爱啦爱啦！""中国人的榜样"，表达了"粉丝"对这位全国劳动模范的喜爱、敬重，该视频获得73.9万点赞，并被大量转发。2020年8月27日，"人民日报抖音号"发布9年前袁隆平院士和钟南山院士同台领奖时的视频，钟院士称"隆平大哥"身体非常好，并希望他以后不要再抽烟。③该视频展现了两位院士的亲和形象，虽然"爆料"了袁院士也有抽烟的不健康生活习惯，但同时又通过钟院士表达了吸烟有害、要注重身体的健康观念与生活关怀。这样具有亲和力的劳模形象真实、亲切，粉丝称他们为"衣食无忧组合"，并引发了对"身体健康"的讨论。该视频获赞1207万次、评论32万条，无疑是一次成功的传播实践。可见，具有亲和力的劳模形象可破除人们对劳模的刻板印象，更容易获得受众的关注与认可。

总之，新时代《人民日报》对个性化劳模的形塑，有助于打破受众对劳模的刻板印象，彰显榜样的亲和力。虽然劳模的外在形式和具体事迹表现不一，各具特色，但其背后为了人民幸福、国家强盛、民族复兴努力劳动、积极奉献的精神是一致的。在新时代，只有塑造更加个性突出、更加生动活泼的榜样形象，展现榜样更为绚丽的人生画卷，才能增强榜样的亲和力，使受众易于接受、乐于学习，唯有如此，榜样才能真正"立得住、叫得响、传得远"。

---

① 陈赵阳：《增进社会主义核心价值体系认同的榜样教育路径》，《思想教育研究》2011年第7期。
② 《袁隆平路边小店理发16年，剪完会说"我又年轻了"。全部的赞都送给您，帅气、健康！》，人民日报抖音号，2019年12月11日，https://v.douyin.com/RF7aPJH/。
③ 《珍贵视频！9年前袁隆平院士和钟南山院士的同台》，人民日报抖音号，2020年8月27日，https://v.douyin.com/RFvKCNb/。

### 三　多层次平凡英雄纾解受众对劳模的疏离感

如前所述，新时代《人民日报》选择了多层次劳模进行报道，并塑造了劳模"普通人"的榜样形象，此种"平凡英雄"的榜样塑造，还原了劳模的"平凡"形象，劳模既是立足岗位作出贡献的英雄，又是现实生活中的普通人。这有助于改变既往劳模报道中榜样塑造凸显劳模英雄性，却忽略其普通人一面的局限，有益于纾解受众对劳模的疏离感，增强劳模吸引力。

在西方，"英雄"往往被塑造为与人民群众无关的"超人"，普通劳动者很难成为榜样。中国共产党贯彻马克思主义群众史观，塑造了劳动英雄、劳动模范，使普通劳动者也能成为英雄。但在既往宣传中，存在放大劳模"英雄"一面，而剥离和遮蔽其"平凡"一面的问题。如，雷锋是在平凡岗位上作出不平凡事迹的工作模范、先进工作者，但对雷锋的报道一度"圣化"，忽视其"普通人"一面，将之塑造成无私奉献、没有个人生活的精神偶像，使人对雷锋产生疏离感。实际上，"我们今天重新提起雷锋，就应该以一个真实的雷锋示人。比方说他喜穿皮夹克，他也要谈恋爱，就不但无损于他的形象，反见出他的可爱来"[1]。

可见，如若仅仅呈现劳模"英雄"形象，而忽视劳模"平凡"形象，就会使受众对劳模产生疏离感。对榜样疏离意味着对榜样产生"不认同、不亲近甚至冷漠疏远等消极情感"[2]，其成因是多方面的，但榜样塑造效果不佳导致受众对榜样认同度不高无疑是不可忽视的因素。"冷冰冰的不近人情的劳动模范形象让人可望不可即、可敬不可亲，有时还会有反感心理。"[3]如劳模被塑造成缺少人情味的形象，为了工作几十年不休息、亲属重病不探望等，无法倡导全民效仿。诚然，舍生忘死、公而忘私的劳模，其伟大人格、突出成就值得我们学习，理应成为劳模报道的一部分，但倘若报道中仅强调劳模的"英雄"事迹，而忽略其"平凡"一面，就会使受众无法洞悉他们作出如此崇高的选择的背后原因，看不到这些英雄其实就是身边的平凡人，如此便质疑自己成为劳模的可能性、必要性，不愿意成为劳模，并且对劳模产生疏离感。"如果英雄缺少生

---

① 吴若增：《雷锋的意义（金台随感）》，《人民日报》2004年6月19日，第8版。

② 李蕊：《试论"榜样疏离"困境的产生与解决》，《求实》2012年第8期。

③ 朱清和：《典型报道研究》，科学出版社，2016，第194页。

活气息，被塑造成高不可攀和难以超越的形象，那么就会造成人们对英雄的疏离和漠不关心。"①

这就意味着，榜样既要"有高度"，也要"接地气""有温度"，扎根平凡生活和工作岗位，于平凡中见伟大，于寻常中见大义。不可否认，凸显劳模"英雄"的一面，的确是突出劳模光辉形象的需要，但如果报道中对劳模"平凡"的普通人一面有所缺省，实际上就疏远了劳模与受众的关系，使榜样教育效果大打折扣。实际上，对劳模"平凡"一面的强调，绝非抹杀劳模突出贡献，而是要合理呈现。"在树立道德榜样时，既不能'高高在上'，使公众产生敬而远之的疏离感，也不可'低就'，使公众对政府的道德标准和社会的道德前景产生疑虑。"②因此，解决问题的关键在于使劳模报道回归劳模"平凡英雄"形象的塑造，既体现其英雄性也展现其平凡性；既塑造有突出成就的高层次劳模，也倡扬普通劳动者作出的一般性成就。

因此，厘清"平凡"与"英雄"的辩证关系至关重要。《人民日报》曾多次刊文指出雷锋是平凡中见伟大的榜样："雷锋精神启示我们，任何人立足平凡的岗位，点滴的小事都可以实现自己的人生价值。"③党的十八大以来，习近平总书记提出了"平凡英雄"概念，为认识劳模平凡与伟大的辩证关系提供了思想指南。他指出，"'七一勋章'获得者都来自人民、植根人民，是立足本职、默默奉献的平凡英雄"④。他还赞扬了英雄模范们"都在平凡的工作岗位上忘我工作、无私奉献"⑤，认为他们用行动再次证明了"伟大出自平凡，平凡造就伟大"⑥。

"平凡英雄"表达了中国共产党所树立的英雄之特质，即"平凡"与"英雄"的辩证统一。就劳模的"英雄性"之维而论，"英雄"指向富有勇略，在群众中有很高的威信和声望，在诸多领域表现出色、出类拔萃、有很大贡献

① 田旭明：《英雄是民族最闪亮的坐标——新时代培育和弘扬英雄文化的若干思考》，《马克思主义研究》2019年第8期。

② 冯庆旭：《论道德榜样》，《齐鲁学刊》2016年第3期。

③ 彭心韫：《传承雷锋精神成就"中国梦"》，《人民日报》2013年6月1日，第6版。

④ 习近平：《在"七一勋章"颁授仪式上的讲话》，人民出版社，2021，第4页。

⑤ 习近平：《习近平总书记在出席庆祝中华人民共和国成立70周年系列活动时的讲话》，人民出版社，2019，第2页。

⑥ 习近平：《习近平总书记在出席庆祝中华人民共和国成立70周年系列活动时的讲话》，人民出版社，2019，第3页。

的人。一方面，"平凡英雄"的人格表征具有英雄性。新时代"平凡英雄"的人格表征既体现在能力、气质方面的英雄性，亦彰显在道德品质维度的英雄性。中国共产党所说的英雄，具有智、仁、勇相统一的人格特征，而不仅是以"勇"兼"智"，"勇"即"智勇"，确保了英雄之"勇"的有效性，还将"仁"和"勇"相结合，以"仁勇"确保了"智勇"的正当性和崇高性，"仁勇"即为了党和人民的事业、为了国家和民族的利益而勇于拼搏、甘于奉献。[①]另一方面，"平凡英雄"的突出事迹具有英雄性。劳模之所以被称为英雄，不是源于其天赋或运气，而是在为党和人民的利益不断奋斗的具体事业中铸就的，普通人只要在平凡岗位上勇立潮头、兢兢业业，为国为民作出突出贡献，也能作出英雄的、不凡的业绩。

就劳模的"平凡性"之维而言，新时代的劳模具有"伟大来自平凡"的特质。一是从英雄的主体构成来看，广为人知的英雄都是在人民群众中涌现的杰出代表。劳模都是来自基层、服务基层的"身边的平凡人"，在平凡的岗位上干出了不凡业绩。二是英雄事迹的职事化，"平凡英雄"的事业是在平凡的工作岗位上造就的，把每一项平凡工作做好就是不平凡。"学习英雄事迹，弘扬英雄精神，就是要把非凡英雄精神体现在平凡工作岗位上。"[②]三是所有现实生活中的英雄人物都应该是平凡的。"典型人物不是不食人间烟火的神仙，而是在生理需要和情感需求上和我们一样的芸芸众生，从这个意义上讲，所有的典型都是平凡人物。"[③]

总之，榜样教育需要纾解受众对"榜样深深的距离感和不愿学也学不来的疏离感"[④]。新时代《人民日报》劳模报道选择多层次的榜样，塑造榜样的普通人形象，形塑了"平凡英雄"的榜样形象。英雄性彰显了劳模的精神气质和突出贡献，确保了劳模的先进性和引领性；平凡性彰显了劳模是人民群众在日常岗位上涌现的，消弭了劳模与受众的距离，不仅确证了应然层面的劳模"应学性"，还确证了实然层面的劳模"可学性"。

综上所述，新时代《人民日报》劳模报道中，榜样塑造的多元化有其现实

---

① 储成君、陈继红：《中国共产党对传统英雄观的继承与超越》，《学海》2020年第3期。

② 新华社：《习近平在会见四川航空"中国民航英雄机组"全体成员时强调 学习英雄事迹 弘扬英雄精神 将非凡英雄精神体现在平凡工作岗位上》，《思想政治工作研究》2018年第11期。

③ 聂茂、张静：《典型人物报道论》，湖南人民出版社，2008，第41页。

④ 李蕊：《当前榜样认同的"疏离"困境及提升策略》，《中州学刊》2014年第1期。

合理性：通过塑造多样性、个性化、层次化的多元榜样形象，契合了新时代对多元化劳模的需要，有助于破除受众对劳模的刻板印象、纾解对劳模的疏离感，这实际上回答了新时代榜样教育"应当如何"的现实问题。

## 第二节　时代化榜样教育内容彰显现实合理性

新时代《人民日报》劳模报道中的榜样教育内容彰显了现实合理性。遵循时代化的劳动观，其劳模报道凸显了"劳动最美丽"的本真属性，表达了新时代对本真性劳动的臻美性追求；劳模报道还在既往凸显"劳模精神"的基础上，新增了"工匠精神""劳动精神"两种精神形态，三种精神既彼此关联又各有侧重，使榜样教育的内容体系更为完善。

### 一　"劳动最美丽"表达本真性劳动的臻美性追求

习近平总书记强调，要弘扬"劳动最光荣、劳动最崇高、劳动最伟大、劳动最美丽"[①]的劳动观。新时代《人民日报》劳模报道中对"劳动美""劳动最美丽"的叙事日益增多，"美"成为衡量劳动价值、评判劳动者德行的重要维度，这彰显了劳动应然的本真属性，表达了人们对劳动光荣理念的赞同、对各行各业优秀劳动者的敬重，也高度凝缩了新时代"劳动创造美好生活""以人民为中心"等劳动观的核心要义。

*《人民日报》评论：没有什么，比劳动之美更能打动人，那是创造之美，是奉献之美，是坚持之美……用双手和汗水构筑起你、我、他的美好生活！[②]*

*劳模对"劳模风采劳动最美，美在何处？"的回答：闻效仪认为……*

---

① 习近平：《在庆祝"五一"国际劳动节暨表彰全国劳动模范和先进工作者大会上的讲话》，人民出版社，2015，第5页。

② 臧春蕾、黄福特、郭婧妍：《以劳动托起中国梦（对话价值观·（全国劳模畅叙成长历程）（29））》2015年4月30日，第7版。

坚持"辛勤劳动、诚实劳动、创造性劳动",相信越是美好的未来,越需要付出艰辛努力。……把劳动的过程看作自我升华的过程、精益求精锻造艺术品的过程。……沙夕兰的理解就是四个词,即"爱岗敬业""敢于担当""勇于创新""甘于奉献"。……鲁朝忠心中最美的画面——劳动让食物更甜、让笑容更满足。……做好了,做到问心无愧了,就能从中得到快乐,得到应有的尊重。①

《人民日报》刊发2015年全国劳动模范和先进工作者倡议书:弘扬劳模精神、劳动精神和我国工人阶级的伟大品格,牢固树立劳动最光荣、劳动最崇高、劳动最伟大、劳动最美丽的观念,唱响"中国梦·劳动美"主旋律,立足本职、胸怀全局,自觉做到辛勤劳动、诚实劳动、科学劳动,把人生理想、家庭幸福融入国家富强、民族复兴的伟业之中,把个人梦与中国梦紧密联系在一起,通过劳动创造更加美好的生活。②

上述报道将"劳动"与"美"结合起来阐释,"美"与主体改造客观世界的劳动实践相联系,从主客体相统一的角度揭示了劳动"美"的本真意蕴,彰显了新时代劳动观的合理性。具言之,体现在以下四个方面。

其一,从理论上说,劳动美主要体现在人类劳动应该遵循"美的规律"。③劳动"按照美的规律来构造"是人类劳动的本真意蕴,"美的规律"是人类劳动的类特性和应然属性,即劳动应该是人类自由的、创造性的体现,本身就体现为一种美,所以,劳动者应该在劳动中彰显其本质力量并享有劳动之美。显然,新时代《人民日报》劳模报道强调劳动创造美好生活,直达劳动之美的本真意蕴,鼓励创造性劳动,彰显了对劳动美的应然属性的价值追求。如上所述,闻效仪认为劳动是"创造性劳动",要"把劳动的过程看作自我升华的过程",就表达了此种意涵。《人民日报》劳模报道中的劳动之美包括"创造之美",彰显了人也"按照美的规律来构造"的价值诉求,体现了社会主义劳动的道德性。

---

① 臧春蕾、黄福特、郭婧妍:《以劳动托起中国梦(对话价值观·(全国劳模畅叙成长历程)(29))》,《人民日报》2015年4月30日,第7版。

② 《在实现中国梦伟大征程上阔步前进》,《人民日报》2015年4月29日,第2版。

③ 储成君:《理解劳动之美的四个维度》,《湖北社会科学》2020年第12期。

其二，从实践角度看，劳动生产了美。[①]如上文所述，闻效仪认为，劳动过程是"精益求精锻造艺术品的过程"，即是"劳动生产了美"这种观念的显现。从美的发生学角度来理解，主体改造客观世界的劳动实践是生产美的重要途径，劳动无疑是美的重要来源。资本主义条件下的工人虽然通过"劳动生产了美"，但自身却"变成畸形"。[②]为此，充分实现劳动之美需要克服异化劳动对人的束缚，扬弃简单物质生活需要满足而走向更高阶段的审美需要，即摆脱人的依赖关系和物的依赖关系，实现个体自由创造性的充分发挥。劳动解放寻求彻底摆脱异化劳动对人的控制、束缚，使劳动摆脱谋生手段限制而成为人的第一需要，使生产劳动不再是一种负担，而是"变成一种快乐"的美好体验。正因如此，实现劳动解放是马克思主义政党的不懈追求。显然，新时代《人民日报》劳模报道对"劳动创造美好生活"劳动意义观的凸显，体现了超越资本主义"以资本增殖为中心"，寻求劳动解放，实现"以人民为中心"，从而满足人民美好生活需要的劳动观。

其三，劳动彰显劳动者人格之美。[③]"美"与"善"具有互通性，美能作为道德之善的表达方式，我们可以用"美"来表达劳动者在劳动中彰显的道德人格。在中国共产党领导中国革命、建设和改革的过程中，劳动者地位空前提高，劳动最美丽成为主导观念，热爱劳动真正成为美德。劳动者依靠"辛勤劳动、诚实劳动、创造性劳动"[④]取得了举世瞩目的伟大成就，劳动者的美德得以充分展现。其中，劳动模范更是闪光群体："劳动模范是劳动群众的杰出代表，是最美的劳动者。"[⑤]新时代《人民日报》劳模报道彰显了劳模的道德人格之美。在如上报道中，沙夕兰认为，劳模代表了"爱岗敬业""敢于担当""勇于创新""甘于奉献"的劳动道德，《人民日报》评论认为劳动之美包括"奉献之美""坚持之美"等，均体现了新时代秉持"以人民为中心"的劳动道德观。显然，当前我们"必须牢固树立劳动最光荣、劳动最崇高、劳动最伟大、劳动最美丽的观念，让全体人民进一步焕发劳动热情、释放创造潜能，通过劳动创

---

① 储成君：《理解劳动之美的四个维度》，《湖北社会科学》2020年第12期。

② 《马克思恩格斯文集》第一卷，人民出版社，2009，第158~159页。

③ 储成君：《理解劳动之美的四个维度》，《湖北社会科学》2020年第12期。

④ 《习近平谈治国理政》，外文出版社，2014，第44页。

⑤ 习近平：《在知识分子、劳动模范、青年代表座谈会上的讲话》，人民出版社，2016，第8页。

造更加美好的生活"①。

其四,劳动价值目标指向美好生活。②如《人民日报》评论所指出的:要"用双手和汗水构筑起你、我、他的美好生活";要用实际行动诠释"中国梦·劳动美"的价值追求。实际上,"美"与"好"是互通概念③,泛指令人满意、能带来愉悦体验的事物。美好生活"指向人们对于生活肯定的、愉悦的、质的感受"④。《人民日报》劳模报道凸显了"劳动创造美好生活"的劳动观,彰显了满足人民美好生活需要是中国特色社会主义的崇高追求,贯彻了一切以人民为中心的发展理念。一方面,劳动是实现美好生活的必由之路,人类历史就是劳动发展史,没有劳动及其交往活动,人类就无法实现人猿揖别,就无法从动物界脱颖而出;没有劳动生产物质文化和精神文化,人类社会亦无法存续发展,美好生活的实现必然离不开人们的辛勤劳动。另一方面,满足人民对美好生活的向往既是马克思主义的崇高追求,亦是中国共产党人始终不渝的奋斗目标。

综上所述,新时代《人民日报》劳模报道呈现的劳动观,彰显了"美"是劳动的本真属性,此种臻美性追求有其现实合理性。在社会主义初级阶段,生产力发展水平不够发达,实现人的自由全面发展尚需砥砺奋斗。为此,我们既要坚定共产主义远大理想,也要立足于中国特色社会主义实践,努力使劳动"按照美的规律来构造"成为现实,让"劳动最美丽"的观念蔚然成风,促进人民实现愈益美好的生活。

## 二 "劳模精神"传承榜样劳动者的超越性吁求

劳模作为承载新时代劳动观的榜样,同时承载着"劳模精神""工匠精神""劳动精神"三种精神。其中,"劳模精神"是最早提出的概念,孕育于革命战争年代。新时代《人民日报》劳模报道继续发扬劳模精神。相较于普罗大众,劳模是完备承载劳模精神的主体,代表了对成为榜样的杰出劳动者的超

---

① 《习近平谈治国理政》,外文出版社,2014,第46页。

② 储成君:《理解劳动之美的四个维度》,《湖北社会科学》2020年第12期。

③ 《说文解字注》云:"五味之美皆曰甘。引伸之,凡好皆谓之美。"[(汉)许慎撰,(清)段玉裁注:《说文解字注》上,许惟贤整理,凤凰出版社,2007,第261页。]

④ 沈湘平、刘志洪:《正确理解和引导人民的美好生活需要》,《马克思主义研究》2018年第8期。

越性呼求。同时，新时代又提出了"工匠精神""劳动精神"来承载劳动观，克服了既往注重拔高化、超越性教育内容而忽视普遍性、大众化教育内容的缺陷。

推本溯源，不同历史阶段的劳模精神都被注入时代元素，其内涵持续发展演进，带有时代烙印，是不同时期承载马克思主义劳动观的一种精神形态。①2005年4月，胡锦涛在全国劳动模范和先进工作者表彰大会的讲话中，首次对劳模精神作了24字的集中概括，即"爱岗敬业、争创一流，艰苦奋斗、勇于创新、淡泊名利、甘于奉献"②。至此，劳模精神完整内涵的表述被固定下来并延续至今。新时代继承了劳模精神24字提法。进入新时代，大量劳动者在平凡岗位上取得卓越成就。新时代《人民日报》通过劳模报道弘扬劳模精神，彰显了劳模精神的深层意蕴。

> 劳模徐虎的相关报道：在物质生活丰富的今天，讲求敬业、奉献的劳模精神是否会远去？徐虎说，正是因为劳动创造，中国才有了今天的成就。"新时代更要大力倡导劳模精神，让劳动光荣、劳动伟大、劳动者最有尊严、劳动者最美成为社会共同的价值追求。"③

> 劳模宋鱼水观点："劳模精神是时代精神的载体和符号，在任何情况下都应是时代精神的主旋律。"……"新时代的劳模如果有新内涵的话，那就是职业素养要高，职业追求更加强烈，努力成为本职业本领域里的真正内行。"④

上述报道中的徐虎、宋鱼水是新时代劳模的代表，他们以朴素的话语表明，不仅劳模讲求"敬业""奉献"的精神不会过时，而且劳模精神应该成为时代精神的"载体""符号""主旋律"，并且新时代对劳模的职业素养、职业

---

① 详参储成君、田欢欢《榜样教育视域下新时代劳模报道的精神向度》，《中国劳动关系学院学报》2022年第6期。

② 胡锦涛：《在二〇〇五年全国劳动模范和先进工作者表彰大会上的讲话》，《人民日报》2005年5月1日，第1版。

③ 吴振东、潘旭、张耀智：《劳模徐虎利用空闲义务为居民服务 "晚上七八点钟的太阳"仍在发光发热（民族脊梁）》，《人民日报》2016年6月21日，第6版。

④ 赵兵：《辨法析理 胜败皆服》，《人民日报》2017年4月29日，第4版。

追求提出了更高要求。如《人民日报》时评指出："劳动的内涵在更新，劳模的标准在'进阶'，'爱岗敬业、争创一流，艰苦奋斗、勇于创新，淡泊名利、甘于奉献'的劳模精神始终是不变的秘籍。"[①]具体而论，劳模精神包括三个层面内涵："爱岗敬业、争创一流"聚焦职业品格角度，劳模具有高度的主人翁意识，体现了对岗位的热爱情感、负责态度、进取精神，表达了对党和国家事业的责任感、使命感；"艰苦奋斗、勇于创新"指向优良作风角度，艰苦奋斗的"老黄牛"精神是老一代劳模的显著标志，新时代攻坚克难、拼搏奋斗仍然需要埋头苦干、艰苦奋斗，勇于创新则体现了新时代劳模的创新意识、创新能力，是敢为人先、发奋图强、进行创造性劳动的榜样；"淡泊名利、甘于奉献"立足人格境界角度，彰显了劳模作为榜样，其人格境界远超普通群众，具有淡泊名利的义利观和甘于奉献的利他精神。

"劳模精神"传承了对榜样劳动者的超越性吁求。劳模精神是由劳模群体所创造和承载的，劳模不仅在劳动中表现卓越，堪称劳动标兵，还承载了更高层次的精神追求。劳模始终是从数以亿计的劳动群众中脱颖而出的，虽然人人都具有成为劳模的潜力，劳模精神也可以成为所有劳动者的价值追求，但最终完全具备这种精神人格，并成为全国劳模的仅是劳动者中的极少数精英，是优中选优、引领发展的极少数杰出榜样。这种设置是合理的，榜样教育离不开超越性教育内容，因为教育的超越性引导"使人既能把握现存，利用现存，又能引导现存去达到追寻更加美好生活的目的"[②]。榜样相对于普通人而言，是"应是"的象征，是指向未来的理想性发展方向。因此，榜样承载的教育内容必然要有一定高度，唯有如此，榜样才值得受教育者学习，受教育者才会追随榜样、完善自身。在此意义上，榜样教育是以引导受教育者追求卓越、实现自我超越为鹄的。因此，榜样教育的内容虽然不能对受教育者提出不切实际的期望和要求，但必然具有超越性的一面，使受教育者经过一番努力才能够得着。实际上，人本身就是一种超越性存在，总是要追求超越自我、突破现实、追求卓越、实现理想，榜样即率先实现此种超越性的先锋，其承载的教育内容，代表了普通人的超越性吁求。在学习榜样、实现自我超越，乃至超越榜样、迈向新高的过程中，榜样不过是个体寻求自我超越的参考系，个体要在学习榜样、寻

---

① 智春丽：《弘扬劳模精神（人民时评）》，《人民日报》2019年4月30日，第9版。
② 鲁洁：《江苏社科名家文库·鲁洁卷》，江苏人民出版社，2015，第85页。

求超越的过程中实现对自己"未完成性"的克服与超越，从而不断地朝着自己心中理想境界而努力，实现"实然—应然／新实然—新应然"的发展，从而迈向新高、创造辉煌。当然，教育内容的超越性不等于无限拔高、高不可攀，而是通过努力可以达成的高度。在榜样教育内容设置上，必须处理好现实性与超越性的关系。榜样教育既要超越受教育者的当前实际，把握教育内容的系统性、先进性，又要考虑受教育者实际觉悟和道德状况，让受教育者能够通过努力向榜样看齐，从而增强榜样教育内容的针对性、可行性。在以往的榜样教育过程中，仅宣传拔高化的劳模精神，期望所有人都达成此种超越性教育内容标识的高度，在一定程度上存在凸显超越性榜样教育内容，却忽视受教育者能普遍达成的现实性之缺陷。[1]

新时代《人民日报》劳模报道，一方面继续以劳模精神承载劳动观；另一方面又加入了"工匠精神""劳动精神"两种精神形态。《人民日报》对劳模所承载的成为"精业"劳动者的要求、成为合格劳动者的要求的报道，无疑增强了榜样教育内容的系统性、层次性，使榜样教育内容的现实性与超越性有机统一起来，超越既往榜样教育中拔高化教育内容难以观照大众现实诉求的缺罅。

## 三 "工匠精神"整合精业劳动者的专业性诉求

"工匠精神"体现了劳动者"精业"的价值信仰。[2]党的十八大召开后，工匠精神作为一种劳动观被提升到国家战略层面大力提倡。精益求精作为工匠精神最重要的构成要素，无论是重视创造、提升服务品质，还是成果层面的精益求精，最终都是以"精业"为价值指向的，即本职工作能力突出、业务纯熟，忠于职守，精益求精、精雕细琢，追求尽善尽美，不断创新。

新时代《人民日报》对以大国工匠为代表的劳模的报道，彰显了对精业劳动者的专业性诉求。"工匠精神"是新时代劳动观的重要体现。新时代强调"工匠精神"，彰显了我国从"制造大国"到"制造强国"转型的要求，体现了"以劳动托起中国梦"的劳动政治观，彰显了从"人力资源大国"向"人力资

---

① 详参储成君、田欢欢《榜样教育视域下新时代劳模报道的精神向度》，《中国劳动关系学院学报》2022年第6期。

② 详参储成君、田欢欢《榜样教育视域下新时代劳模报道的精神向度》，《中国劳动关系学院学报》2022年第6期。

源强国"转向的期待，体现了培养复合型人才的劳动能力观。"工匠精神"体现了以"精业"为核心的劳动观，这不仅意味着技术技能、产品质量、服务质量已经达到了较高水准，而且还要继续提升品质。换言之，工匠精神主要解决如何"更好"劳动的问题，即如何使劳动"更专注、更专业、更高效、更科学、更富有创造性"①。

显然，新时代《人民日报》报道的以大国工匠为代表的劳模，其劳动观体现了新时代以"精业"为核心的工匠精神，"精业"是其显著特征。

> 四川省劳动模范曾正超：曾正超的成功……缘于对工作的执着，对所生产的产品精雕细琢、精益求精，追求完美和极致……②

> 全国劳动模范高凤林：拥有"工匠精神"的劳动者，能够在制造中不断改进工艺、在改造中努力突破极限……更为决定性的因素是具有坚忍不拔的品质、追求卓越的恒心、钻研创新的执着。③

> 第43届世界技能大赛美发项目金牌获得者聂凤："'工匠精神'的核心就在于精益求精，追求极致、完美，在此基础上突破自己、有所创新。"④

上述报道体现了工匠型劳模"精业"的品质和能力。这些工匠不仅是技术精湛的劳模，而且在职业价值取向上严谨钻研、突破极限，对制造过程和产品一丝不苟、精雕细琢，对服务孜孜以求、追求极致。要言之，工匠型劳模技术精湛、出类拔萃，是专注本职工作、追求细节完美的劳动者，以"精业"为核心追求，执着于提升标准、提高技艺，对自己的工作精益求精，对所在行业敬畏负责，对产品质量、服务质量追求极致。时下，我国正处在国家经济发展战略转型关键时期，唤醒"工匠精神"有其现实合理性、紧迫性。⑤为了实现中

---

① 彭维锋：《新时代劳模精神、劳动精神、工匠精神的理论内涵与实践导向》，《江西社会科学》2021年第5期。

② 邓春：《让人们崇尚技能英雄》，《人民日报》2016年5月31日，第20版。

③ 贺勇、沈文敏、叶琦等：《敬业报国　匠心圆梦（对话价值观（37）·（时代呼唤"工匠精神"））》，《人民日报》2015年8月4日，第6版。

④ 王斌来、曹怡晴：《一个技校生的完美"逆袭"》，《人民日报》2017年7月18日，第19版。

⑤ 详参储成君、田欢欢《榜样教育视域下新时代劳模报道的精神向度》，《中国劳动关系学院学报》2022年第6期。

国经济的高质量发展，从速度取胜的"中国制造"转向质量为本的"中国创造""中国智造"，亟须转变重科学轻技术的劳动能力观，在劳动观教育中厚植工匠文化。

培育工匠精神离不开榜样引领。新时代《人民日报》报道的工匠型劳模，无疑是工匠精神的人格符号，是培育工匠精神的生动教材。相较于劳模精神和劳动精神，"工匠精神"整合了对精业劳动者的专业性诉求，其主体是身处平凡岗位，但不甘于平庸、追求极致的"工匠"，是"每一位不甘于平庸的劳动者在平凡的工作中不断对自己提出更高要求"，是"激发和激励每一位劳动者不断自我挑战和自我超越的内力"。[①] 所以，工匠精神与个体成长成才息息相关，为个体成长成才提供精神动力，有助于个体实现自我价值。提倡工匠精神有助于提升榜样教育内容的针对性、时代性。显然，这与当前人才培养改革具有高度适切性："当前问题是解决'精英型'一线技术人员培养问题，要通过将工匠精神应用于人才培养供给侧改革填补制造强国建设要求。"[②] 工匠精神是面向所有劳动者的提倡性精神，激励每一位劳动者不断成为更好的自己："如果安于已有的技能，人们会忘记更高的标准；只有激起精益求精的欲望，工人才能够有所进步。"[③] 只有不甘于平庸，才能在平凡的岗位中作出不凡成绩，才能为成为劳动之榜样奠定基础。

要言之，新时代《人民日报》劳模报道凸显大国工匠重要地位，大力倡导工匠精神，彰显了不甘平庸的劳动者追求精业的精神风貌，这是成为劳模的精神动力。

四　"劳动精神"呈现合格劳动者的普遍性要求

新时代《人民日报》劳模报道中呈现的劳动观，整合了对不同劳动者的不同要求。相较于既往劳模报道中，侧重于宣传较高层次的、超越性的劳模精神，而对普通人必备的劳动观着墨不多的拔高化问题，新时代劳模报道新增了"劳动精神"，其所彰显的劳动观，呈现了对合格劳动者的普遍性要求，从而确保了榜样教育内容的大众性。人人可学、人人能学的劳动观，提升了榜样教育实效性。

---

① 乔东:《劳模精神、劳动精神和工匠精神探析》,《中国劳动关系学院学报》2019年第5期。
② 伊焕斌:《工匠精神与人才培养的供给侧结构性改革研究》,人民出版社,2018,第114页。
③ 〔美〕理查德·桑内特:《匠人》,李继宏译,上海译文出版社,2015,第46页。

　　"劳动精神"是党的十八大之后提出的新概念，体现了马克思主义劳动观理论光辉和新时代劳动观的一般要求①，是关于劳动的理念认知、行为实践的集中体现，"凝结了坚守尊重劳动、崇尚劳动和热爱劳动的价值取向，涵育科学劳动、辛勤劳动和诚实劳动的社会风尚以及锻造体面劳动、创造性劳动和幸福劳动的实践品格"②。新时代《人民日报》劳模报道多次强调要大力弘扬劳动精神。

　　　　劳模鲁朝忠观点：我认为，评选劳动模范，是要将一种"劳动最光荣"的观念传播开来，让社会平等地看待每一个行业，尊重每一位劳动者。③

　　　　劳模王钦峰的相关报道：作为一名全国劳动模范，他保持本色，坚持劳动，热爱劳动；作为一名技术工人，他始终把创新放在心上，不断推动技术更新换代，让企业在同业中遥遥领先。他用自己的实际行动书写着创新型劳动者的人生。④

　　上述劳模报道彰显了新时代劳动精神的内涵。鲁朝忠的观点集中体现了新时代提倡劳动光荣、劳动者人人平等、尊重劳动者的时代风尚；王钦峰的先进事迹，凝结了劳动者崇尚劳动、热爱劳动，主动进行科学劳动、创造性劳动的价值取向。从本质上说，"劳动精神"不仅以新时代劳动观为价值基准，也是其具体呈现，反映了劳动者对劳动的理念认知。新时代以《人民日报》为代表的主流媒体的劳模报道，集中反映了坚守劳动光荣、尊重劳动者、劳动创造财富、劳动创造幸福美好生活等价值取向，倡导以正确态度对待劳动，善于劳动，弘扬"以人民为中心"的劳动道德观，将国家发展视为全体人民共享劳动成果的过程，倡导关心爱护劳动者，破除发展中阻抑劳动幸福的顽瘴痼疾，鼓励劳动者秉持勤奋、敬业、合作的精神；在劳动能力观上，坚信劳动靠智慧，

---

① 详参储成君、田欢欢《榜样教育视域下新时代劳模报道的精神向度》，《中国劳动关系学院学报》2022年第6期。

② 汤素娥、柳礼泉：《习近平论弘扬劳动精神的三重意涵》，《思想教育研究》2021年第1期。

③ 臧春蕾、黄福特、郭婧妍：《以劳动托起中国梦（对话价值观·（全国劳模畅叙成长历程）（29））》，《人民日报》2015年4月30日，第7版。

④ 潘俊强：《把创新刻在骨子里（劳动者之歌）》，《人民日报》2015年4月21日，第9版。

要科学劳动、创造性劳动；等等。为了使新时代劳动精神深入大众内心、化为大众共识、转为大众行动，通过劳模这种榜样进行示范引领，无疑是在全社会开展劳动精神教育的有效途径。

劳动精神是每一位合格劳动者都要秉持的劳动观。相较于"劳模精神"是劳动者中精英群体所代表的拔高性劳动观，普通劳动者达不到此种高度亦不意味着是不合格的，"劳动精神"则兼顾了劳动者中精英群体和普通大众的不同期待，不仅劳动者中的精英群体已达到此种要求，普通劳动者也要秉持这种劳动观。换言之，"劳动精神"是合格劳动者的标志，体现了合格劳动者的基本价值遵循，所有合格劳动者都要弘扬劳动精神、具有劳动精神。在此意义上，劳动精神是劳模承载的劳动观中最低层次的要求。劳动精神是新时代劳动观中最基础的部分，反映了劳动创造美好生活的劳动目的，体现了劳动观中最容易被大众认可和践行的部分，与普通劳动者幸福生活息息相关。"惰农自安，不昏作劳，不服田亩，越其罔有黍稷。"（《尚书·盘庚上》）只有劳动才能实现美好梦想，每一位劳动者都应该有劳动精神，尊重劳动、崇尚劳动、热爱劳动、辛勤劳动、诚实劳动，具备劳动基本素养。

设置面向所有受教育者的教育内容，是增强榜样教育内容大众性、提升榜样教育实效性的必要举措。榜样教育的受教育者品德发展水平有高有低、参差不齐，接受能力和接受水平亦存在较大差异，因此必须承认教育对象的差异性，不能要求所有受教育者整齐划一地接受崇高性、拔高性劳动观。所以必须按照教育客体品德发展水平确定不同教育内容，从而"真正确保思想政治教育做到有的放矢、对症下药，既鼓励先进，又照顾多数，也才能有效实现思想政治教育的先进性与广泛性相结合"[1]。换言之，榜样教育若欲面向所有受教育者，就必须将教育内容的先进性和广泛性结合起来，依托普通劳动者的大众生活，关注普通劳动者的情感诉求，从而提升人民群众接纳教育内容的精神动力和自觉践履的强烈欲望。

如上所述，新时代《人民日报》劳模报道中的劳动精神是面向所有劳动者的劳动观，是人们不仅应该掌握，而且也能掌握的教育内容，有助于提升榜样教育实效性。反之，如果榜样教育内容过于追求崇高性内容、突出榜样形象完美性，而忽视大众能够践履、必须践履的一般性要求，则教育内容难免缺乏针

---

[1] 郑敬斌、王立仁：《论思想政治教育内容体系的系统构建》，《东北师大学报》（哲学社会科学版）2012年第2期。

对性、层次性、现实性。例如，在过去的劳模宣传中，倾向于强调劳模精神中"大公无私""无私奉献"等拔高性内容，而忽视了"劳动创造美好生活""热爱劳动""劳动致富"等合格劳动者都应具有的一般性、普遍性劳动精神，致使榜样教育效果不佳。新时代《人民日报》劳模报道既弘扬"无私奉献"的劳模精神，又认可"劳动创造美好生活"的一般性劳动精神，从而使道德境界较高的无私奉献者和一般道德境界的普通劳动者，都能找到教育内容的契合点。"人类的美好理想，都不可能唾手可得，都离不开筚路蓝缕、手胼足胝的艰苦奋斗。"[①] 劳动精神以尊重劳动、尊重劳动者为核心价值，大力弘扬面向普通劳动者的劳动精神，有助于激发其学习劳模的积极性；澄清既往认为劳模承载的劳模精神高不可攀，只有少数人能够达到的误解；拓宽榜样教育的群众基础，使受教育者认识到劳模不仅承载了超越性的劳模精神，也承载了合格劳动者必备的劳动精神，无疑增强了榜样教育内容科学性，更易获得广泛共鸣。

要言之，"劳动精神"作为新概念，彰显了新时代劳动观对合格劳动者的普遍性要求，纾解了既往劳模报道注重拔高性内容的宣传，却对一般性、大众性的教育内容呈现不足的问题，有助于增强榜样教育内容的大众性、科学性。

综上所述，新时代《人民日报》劳模报道中劳动观的具体呈现有现实合理性。以"劳动最美丽"的表达，呈现了本真性劳动的臻美属性，指引通过劳动创造美好生活，反映了马克思主义劳动观的价值内核与最新要求。传承"劳模精神"，呈现了榜样劳动者承载的超越性劳动观，标识了榜样教育内容的高度。新增的"工匠精神""劳动精神"，前者对"精业"劳动者的专业性素养进行了规定，唯有精益求精，才能成为榜样；后者呈现了对合格劳动者的普遍性要求，弥补了既往劳模报道仅强调拔高化的劳模精神，而忽视设置针对一般人的教育内容的缺限。通过三种精神的层次化设计，增强了榜样教育内容层次性，丰富了榜样教育内容体系。

## 第三节　立体化传播途径提升榜样教育实效性

新时代构建了立体化榜样传播途径。这整合了传统媒体与新兴媒体的传播

---

① 《习近平谈治国理政》，外文出版社，2014，第52页。

优势，形成了大众传媒与生产实践的传播合力，有助于增强榜样教育效能。

## 一 全方位传播矩阵扩大榜样教育的辐射面

"传播矩阵"指从单一平台转向融合若干传播平台，形成同时发力、优势互补、达成合力的传播格局。构建全方位传播矩阵，多平台、多渠道扩大劳模报道的辐射面，是增强榜样教育覆盖率、传播力、影响力的必要举措。

榜样传播只有形成一定的辐射面，才能"由点及面"，扩大影响。因此，榜样传播要尽可能地使用丰富多样的传播渠道，实现对人群最广泛的覆盖，使劳模报道在最大范围内传播。"媒介的最大任务不是固执于自己的小众，而应该最大限度地实现信息价值和趣味品位对所有可能切合人群的有效覆盖。"[1]在传统社会，榜样教育主要依托生活中的身教示范和周边人的口口相传，其辐射范围十分有限；随着大众传媒诞生，榜样辐射面不断扩大，全国性媒体报道的劳模，其先进事迹能快速传遍千家万户。面对网络时代分众化传播趋势，传播必须最大限度覆盖适切人群，扩大辐射面。"以往依靠某一个（类）媒介的强势覆盖而'号令天下'的时代已经一去不复返了。"[2]技术发展为依托互联网整合各类传播媒介提供了条件，从而可以"形成'多种手段、一个主旋律'的一体化传播态势，发挥网络传播媒体的合力优势，以扩大思想政治教育网络传播的覆盖面和影响力"[3]。显然，榜样教育要善用网媒传播阵地，善于利用网络扩大榜样传播的覆盖面。

发挥不同媒体传播优势，就需要构建传播矩阵，整合各类传播媒介，协同发挥传播合力。"只有充分发挥多元传播主体的联动效应，才能在形成强大传播合力中最大限度地实现主流意识形态话语信息的全面覆盖、全程覆盖和全员覆盖。"[4]为了提升传播能力，迫切要求加强传播主体合作、提升媒体的"整合力"。"整合力"是未来传媒发展的核心竞争力[5]，而构建传播矩阵就是加强传播媒介资源整合力的重要途径。党的十八大以来，推动媒体融合、构建传播矩阵

---

[1] 喻国明：《传媒的"语法革命"：解读Web 2.0时代传媒运营新规则》，南方日报出版社，2007，第5页。

[2] 喻国明：《传媒新视界：中国传媒发展前沿探索》，新华出版社，2011，第27页。

[3] 元林：《思想政治教育体系中的网络传播研究》，光明日报出版社，2011，第143页。

[4] 王岩：《新时代我国主流意识形态话语权的建构路径》，《马克思主义研究》2018年第7期。

[5] 喻国明：《传媒新视界：中国传媒发展前沿探索》，新华出版社，2011，第22~24页。

备受关注。2019年1月25日，习近平在主持中共十九届中央政治局第十二次集体学习时要求继续"坚定不移推动媒体深度融合"①。2020年9月，中共中央办公厅、国务院办公厅印发了《关于加快推进媒体深度融合发展的意见》，明确要支持媒体深度融合发展，进一步强调要做好主流媒体传播矩阵建设工作。②榜样教育理应利用融媒体推动榜样传播。

如前所述，《人民日报》走在新时代建设传播矩阵的前列，构筑了涵盖纸媒、网媒、融媒的传播矩阵，有助于发挥多种传媒合力，扩大榜样传播辐射面。"人民日报是媒体融合发展的积极探索者、践行者，也是受益者。……加快融合步伐，建立融合传播矩阵，打造融合产品，取得了积极成效。"③一方面，传统纸媒和网媒、融媒等新兴媒体形成合力，使不同媒体资源有效整合，传播优势层层叠加。各种传播媒体各具优势，只有整合传统媒体与新媒体功能，发挥多重媒体的集群效应，共同发力，各显优势，才能引起传播共振，提升传播成效。《人民日报》劳模报道通过媒体联动，相互配合，取长补短，形成了传播合力，扩大了榜样教育辐射面。另一方面，《人民日报》在社交媒体中进行劳模报道，使官方媒体、自媒体、网友形成传播合力，有助于形成多方协同的传播优势。因此，从主流媒体单向传播转向群体传播，有助于激发用户传播力，延伸传播链，扩大传播面。

要言之，推动媒体融合、构建传播矩阵，是新时代应对新的传播形势的应然需要。新时代《人民日报》劳模报道构建了全方位传播矩阵，扩大了榜样传播的辐射面、覆盖面，增强了榜样传播能力，此举有助于提升榜样教育实效。

## 二　智能化传播技术强化榜样教育的针对性

新时代《人民日报》劳模报道中，通过智能化内容聚合与资讯推送的技术赋能，提升了榜样传播的针对性，从"人找信息"转向"信息找人"，减少了读者筛选信息的心智消耗，强化了榜样教育的针对性，有助于促进有针对性地开展精准化传播，实施个性化施教。

---

① 《习近平谈治国理政》第三卷，外文出版社，2020，第317页。

② 《中共中央办公厅、国务院办公厅印发〈关于加快推进媒体深度融合发展的意见〉》，《科技与出版》2020年第10期。

③ 李宝善：《加快构建全媒体传播格局》，《人民日报》2019年10月22日，第9版。

智能化传播技术有益于深入了解学生特质，助力因材施教。孔子提出的"因材施教"理念，至今仍熠熠生辉。孔子根据弟子个性差异，有的放矢地进行针对性教育："求也退，故进之；由也兼人，故退之。"（《论语·先进》）孟子也说，"君子之所以教者五"。（《孟子·尽心上》）朱熹释为："圣贤施教，各因其材。"①也就是说，要根据教育对象的实际情况，尊重学生差异，开展个性化教学。因材施教的"本质就是教育者根据每个受教育者之'材'，而有针对性地对受教育者'施教'"②。显然，了解学生之"材"的个性差异，是有针对性地进行因材施教的实践前提。只有准确、全面了解学生特质，才能在教育时发挥学生所长，克服学生所短，有针对性地开展教育。习近平总书记强调，思政课教学要坚持统一性和多样性相统一，"具体落实要因地制宜、因时制宜、因材施教"③。教育要符合学生身心发展规律和教育规律，因人而异，因材施教，只有这样才能收到良好育人效果。在传统"教师讲，学生听"的"教师中心化"教学模式中，一位教师面对多位学生，很难完全掌握不同个体的具体情况。随着人工智能技术飞速发展，智能化教学系统为个性化教学提供了强大技术支撑。在开展榜样教育时，人工智能可以通过分析合法采集的用户使用数据，对其思想动态和实际情况进行全样本、全过程、跟踪式"画像"，揭示、分析和预测其思想动态和行为规律，从而提升榜样教育的个性化、精准性。

劳模报道必然要增强教育的针对性。通过劳模报道开展榜样教育，受众的内在心理机制，是影响教育效果的关键一环，如果忽视了受众心理诉求，就很难取得预期效果。但相较而言，传统纸媒劳模报道往往针对性不足。一方面，版面有限，劳模报道的信息容量受限。"单一的需求可以或易于被信源所把握，但复杂和多重的需求则几乎难以把握。"④面对亿级用户，众口难调是不可避免的。分众化社会进一步加剧了受众差异性，在有限版面中，报道"眉毛胡子一把抓"，难免顾此失彼。另一方面，传统报纸刊载的内容千篇一律，以报道者为中心进行"由点到面"的传播，所有读者阅读同样的固定不变的内容，传统报纸无法明确把握用户的兴趣、爱好、需求，更无法在报道内容上提供个性化服务，其劳模报道精度较低，读者难以第一时间找到自己所需的信息。

---

① （宋）朱熹：《四书章句集注》，中华书局，1983，第362页。
② 何菊玲：《因材施教原则的教育正义之意蕴》，《华东师范大学学报》（教育科学版）2018年第2期。
③ 习近平：《思政课是落实立德树人根本任务的关键课程》，人民出版社，2020，第21页。
④ 杜骏飞：《弥漫的传播》，中国社会科学出版社，2002，第51页。

在新时代，《人民日报》智能化传播技术的运用，增强了榜样教育的针对性，使榜样教育成为因材施教的个性化教育。一方面，通过智能聚合平台，汇聚了海量劳模报道，为个性化推送积累了资讯基础。所谓"聚合"，就是将互联网上的海量信息进行智能化挑选、分析、归类，最后为用户提供更为丰富的资讯。随着人工智能、机器学习、数据挖掘、语义网络、人机交互等技术的突飞猛进，智能化传播和智能化教育成为可能。前文已述，新时代《人民日报》在建设信息聚合平台方面取得新进展，这无疑为读者提供最需要的新闻奠定了海量数据基础。另一方面，人民号聚合平台，以及人民日报社在自媒体开通官方账号，在传播中都运用了智能推送技术。通过大数据和算法分析，可以借助"用户画像"来理解用户特点，从而可以匹配用户个性化需求，针对不同教育对象，推荐最吻合其兴趣和需要的劳模，达到因材施教的效果，这无疑增强了榜样教育的针对性。因此，榜样教育需要根据教育对象个性化需求，立足学生实际情况，有的放矢地开展，使不同个体都能找到适合自己的榜样。就此而言，榜样教育需要了解受教育者的不同情况，增强教育目标设定、教育内容设置、教育途径选择与受教育者内在需要的匹配度、吻合度，从而"增强榜样教育的针对性，有的放矢地做好榜样教育工作"[1]。显然，不同教育对象存在显著个体差异，其年龄阶段、职业属性、文化层次、觉悟水平、兴趣爱好各具特点，只有有针对性地选择和推送适宜的榜样，贯彻因材施教理念，使榜样教育与受教育者自身的发展状况协调一致，才能增强受教育者对榜样的认同感，激发其学习动力。

当前，教育智能化是重要发展趋势，榜样教育也应融入潮流。人工智能时代的智能化教育将会使学习更加个性化："根据每个学生的智力程度和思维习惯及学习方式进行教学，实现真正的个性化学习和因材施教。"[2]人工智能时代，教育转向"自适应学习"（Adaptive Learning）乃大势所趋，不可逆转，其核心要义是根据学生不同情况匹配学生需要学习的重点内容。系统根据积累的学生的个性化数据，经过机器训练，可以最大限度地做到因材施教。具体来说，从教育者角度来看，即"按需推送资源""按需教学"。从受教育者角度来看，就

---

[1]　张茹粉：《榜样教育的理性诉求》，《河南师范大学学报》（哲学社会科学版）2008年第2期。

[2]　重庆工商大学高等教育研究所编著《大数据：人工智能背景下的教育教学改革探索》，西南财经大学出版社，2018，第216页。

是"按学习能力推送资源""适应性教学"。①学生与智能系统进行智能交互,有助于增强教学的针对性:"学生在学习过程中的任何任意环节,怎么学、学什么材料,都会有一个像好老师一样的智能学习机器人来对学生进行有针对性的一对一教导。"②新时代《人民日报》运用的智能化软件,可以通过智能算法对用户使用数据进行分析,可以选择最适应其需要的内容予以个性化推送,满足用户差异化、多样性内容需求,有助于克服传统纸媒教育针对性不强导致的实效性不足的问题。

要言之,尊重差异、因材施教是一种重要理念,智能化技术为真正实现因材施教提供了技术前提。新时代《人民日报》智能化传播技术赋能,使榜样传播精准化,提升了榜样教育的针对性,使榜样教育成为个性化教育。

### 三 劳模创新工作室促进榜样教育嵌入生产实践

新时代要"在生产实践中体现思想政治工作"③。如前所述,从新时代《人民日报》劳模报道中可见,劳模创新工作室等实训平台已成为新时代榜样传播的重要途径。将榜样教育嵌入生产实践,在建设创新团队、传承先进经验、推动人才培养等方面作用显著,有助于增强榜样教育在生产实践中的实用性。这可以纾解单纯的劳模报道将榜样抽象为报道中的文本符号,而远离生活世界的问题。

榜样教育离不开生产实践。从教育起源来说,在原始社会,教育、榜样教育与生产劳动是模糊结合在一起的。"虑牺氏之世,天下多兽,故教民以猎。"(《尸子卷下》)"后稷教民稼穑。树艺五谷,五谷熟而民人育。"(《孟子·滕文公上》)"神农因天之时,分地之利,制耒耜,教民农作。"④马克思恩格斯提出了"教育同生产劳动相结合"的重要命题。通过劳模进行榜样教育,也是一种劳动教育,当然不能脱离生产实践。中国共产党一直重视继承、发展马克思恩格斯教劳结合的思想。早在1934年,毛泽东就将"使教育与劳动联系起来"

---

① 李韧:《自适应学习:人工智能时代的教育革命》,清华大学出版社,2019,第21页。
② 李韧:《自适应学习:人工智能时代的教育革命》,清华大学出版社,2019,第22页。
③ 王学俭:《新时代思想政治教育基本问题研究》,人民出版社,2021,第296页。
④ (清)陈立:《白虎通疏证》,吴则虞点校,中华书局,1994,第51页。

作为苏维埃文化教育的总方针。①2021年修订的《中华人民共和国教育法》，再次写入教育"必须与生产劳动和社会实践相结合"。

在新时代，立足生产劳动和社会实践进行教育是榜样教育的题中应有之义。前文已述，新时代将榜样教育嵌入生产实践，是培养高素质人才、促进生产发展的迫切需要。马克思说，在再生产的行为本身中，个体也发生着改变："生产者也改变着，他炼出新的品质，通过生产而发展和改造着自身。"②榜样教育不能仅局限于狭义上的学校教育，而是要借助社会力量，激活企业中劳模的教育潜力，鼓励企业搭建教育平台。因此，企业理应成为高素质人才培养的主体。"百工居肆以成其事"（《论语·子张》），显然，依托劳模创新工作室，强化岗位培训、推动劳模带徒、组织科研攻关，可以发挥劳模的榜样作用，这凸显了榜样教育的制度化、实践性、实用性，也体现了培养人才的专业性、职业性、针对性。

　　胡耀华工作室：在企业生产一线搞技术创新，从日常工作中碰到的实际问题着手，解决问题、服务生产，以求"实在、实用、实效"。③

　　武钢梅峰创新工作室："我们工作室的所有成员每隔一两周轮班给年轻工人们上课，讲的都是和一线操作关系最紧密、最实用的技术。"④

　　张文新创新工作室：每年的创新项目都是根据工程需要进行立项，他们的创新成果总能紧密联系实际，应用性很强。⑤

上述报道呈现了创建劳模创新工作室，旨在解决生产一线具体问题，使榜样教育嵌入生产实践。这些劳模创新工作室立足生产一线，依托劳模榜样引领作用，充分利用企业在人才培养方面的独特优势，将科学研究、团队建设、人

---

① 参见中共中央文献研究室、中央档案馆编《建党以来重要文献选编（1921~1949）》第十一册，中央文献出版社，2011，第127页。

② 《马克思恩格斯文集》第八卷，人民出版社，2009，第145页。

③ 江南：《港口码头上的"工人专家"（劳动者之歌）》，《人民日报》2013年4月27日，第7版。

④ 田豆豆：《企业，如何"炼"就好工匠（民生视线·工匠精神何处来（下））》，《人民日报》2016年4月22日，第17版。

⑤ 周玉娴、李燕楠：《国网工匠（逐梦）》，《人民日报》2017年10月11日，第24版。

才培养、生产实践统一起来，以点带面，示范引领，集智创新，协同攻关，传承技能，培育精神，成为榜样教育的"新平台"、劳模攻坚克难的"攻关站"、推动企业创新的"孵化器"、职工成长成才的"练兵场"、企业创优创效的"发动机"。从报道中可见，在新时代，依托劳模创新工作室开展榜样教育，实际上是将教育嵌入生产实践，有助于在生产一线发挥劳模的榜样作用，不仅提升了榜样教育的实用性，也促进了劳动教育的发展。有助于纾解单纯的劳模报道的理论教育远离生产实践的局限，使新时代榜样传播和榜样教育更为完善。

要言之，从传播载体本身而言，新时代《人民日报》劳模报道依托全方位传播矩阵、智能化传播技术，促进了榜样传播；从《人民日报》劳模报道中对榜样传播途径的呈现来看，新时代还通过劳模创新工作室促进榜样教育嵌入生产实践，在劳模报道偏重理论宣传之外，促进了榜样教育与生产劳动、社会实践的结合。

综上所述，新时代《人民日报》劳模报道为榜样教育提供了一些有效经验：多元化榜样塑造有助于增强榜样形象吸引力，时代化榜样教育内容有益于彰显现实合理性，立体化传播途径有利于提升榜样教育实效性，这都是榜样教育要坚持的。

# 第五章

# 榜样教育视域下新时代《人民日报》劳模报道的现实挑战

新时代《人民日报》通过劳模报道进行榜样教育，在榜样教育内容呈现方式、榜样传播途径层面尚存一些现实挑战。从榜样教育内容的呈现方式来说，事迹性宣传易使教育内容淹没在先进事迹的简单推介中，说教式叙事易造成受众心理逆反，如何兼顾二者，尚存进一步优化的空间；从新型榜样传播途径存在的潜在风险来说，一些新问题也给榜样传播带来挑战：自媒体会冲击官媒劳模报道的话语权威；碎片化传播会解构劳模报道承载的深层次教育内容；裂变式传播过程中各种"噪声"干扰，潜藏劳模报道内容失真的风险；而一些商业化平台运用工具性算法忽视主导价值观，易遮蔽榜样教育的价值理性。如何在榜样教育内容呈现方式，以及榜样传播环节扬长避短、提升成效，是当前榜样教育面临的紧迫课题。

## 第一节　榜样教育内容呈现方式尚存可优化空间

如前所述，新时代《人民日报》劳模报道承载了时代化的榜样教育内容，为促进受教育者将这些教育内容从被动接受转化成自觉接纳，如何呈现榜样教育内容就显得尤为重要。事迹性宣传与说教式叙事的失衡是劳模报道尚需优化之处。如何根据受教育者个体特点和接受规律，将教育内容转化为易于被接纳的教育内容，调动受教育者积极性、主动性，实现自觉理解和主动内化榜样教育内容，是提升榜样教育内容接受度的关键所系、难点所在。

### 一　事迹性宣传缺乏对深层价值的挖掘

榜样事迹是印证榜样具有先进性的事实依据，榜样教育需要讲述动人故事以打动受众，帮助受众全面深刻地理解榜样的精神品质。但劳模报道又不能止步于对事迹的简单推介，如若缺乏对故事标识的深层价值的挖掘与呈现，则会遮蔽榜样教育的深层内容，使劳模报道变成劳模成果和事迹的简单推介。

事迹性宣传易导致榜样教育内容模糊化、浅显化。虽然事迹性宣传可以增强榜样教育生动性、人情味、吸引力，提升榜样故事的可读性，但如果对榜样承载的观念和精神缺乏高度凝练和深度解读，就会致使榜样教育内容内涵模糊、流于表面。在一些报道中，存在聚焦宣传劳模本人先进事迹，使报道变成劳模成果的"展览会"的问题。虽然呈现了劳模诸多成就，如有几百件发明、有多少项专利等，但外显业绩仅能说服受教育者深信劳模的确先进，美中不足的是，如此一来可能遮蔽要呈现的教育内容，使受教育者认为劳模仰之弥高、可望而不可即，即使能对劳模肃然起敬，也会失去模仿兴趣，那么就与榜样教育任务背道而驰了。

除此之外，一些榜样具体事迹本身就不具模仿性。除了因榜样事迹"高、大、全"难以模仿外，榜样具体事迹还充满了个体性、偶发性，这也会导致其难以模仿。随着社会分工日益复杂，不同劳动者的岗位要求、生活境遇大不相同、千差万别，无法再简单模仿榜样事迹；有些先进典型的行为和事迹"对先进典型人物所在行业之外的大多数社会成员来说是'模仿'不到的"[①]。例如，为了凸显大国工匠技术精湛，常会报道某些劳模能打造何种精度的精密器件，但这种精细化操作是不是所有人都可以模仿、应该模仿的？显然，在精密制造行业外，不可能要求所有生产者都达到这种生产精度。

> 劳模高凤林指出了症结所在："一些媒体在报道我时通常强调可以焊接0.08毫米厚度的细管。实际上，对于一名好工匠而言，高超的技艺只是其表象，更为决定性的因素是具有坚忍不拔的品质、追求卓越的恒心、钻研创新的执着。"[②]

换言之，劳模报道关键在于透晰劳模事迹承载的深层价值内涵，而不能止步于宣传其具体事迹。如高凤林焊接0.08毫米厚度细管，这种高精度操作有其具体行业规范，不可能让所有人都去简单模仿这一具体事迹，而是要学习其"精业"精神。

可见，事迹分析和价值挖掘是榜样教育的必要环节。劳模报道不仅要宣传劳模具体的、琐碎的、鲜活的榜样事迹，还要通过对其进行总结、提炼、解读、深化，透过现象，揭示出劳模所蕴含的深层价值。实际上，榜样教育的目的并非让受教育者熟知榜样事迹，而是鼓励受教育者凭此领会其精神内核，以此来推动自身发展。在此意义上，"榜样的行为、事迹本身往往并不十分重要，榜样永恒的魅力来自其体现的高贵品质和崇高精神"[③]。同样，宣传劳模事迹并非劳模报道之目的，而是要通过报道激发受教育者学习、领悟榜样事迹承载的思想观念、精神品质、高尚情怀等深层价值。"典型报道的价值创造就在于挖掘、传播、弘扬、倡导先进典型人物感人事迹中蕴含的高尚品格和时代精神……给人们积极向上的精神力量。"[④]虽然劳模的职业不同、经历殊异、事迹多元，但其背后都有深层价值支撑，他们的先进事迹都是对主导劳动观的诠释和确证。因此，劳模报道除了要讲述生动故事，也要透过事迹表象而深入其

---

① 侯增文：《榜样的力量——社会核心价值观视阈中的典型报道研究》，中华书局，2013，第166页。

② 贺勇、沈文敏、叶琦等：《敬业报国　匠心圆梦（对话价值观（37）·（时代呼唤"工匠精神"））》，《人民日报》2015年8月4日，第6版。

③ 王俏华：《榜样教育概论》，北京大学出版社，2014，第32页。

④ 侯增文：《榜样的力量——社会核心价值观视阈中的典型报道研究》，中华书局，2013，第168页。

里，诠释其背后深层动因与价值意蕴。反之，单纯的榜样事迹推介，并不能让受教育者深入理解榜样教育内容，甚至会对劳模的一些行为之价值产生不解，如一些人就认为报道中劳模"带病加班"的事迹不可学，显然，如果不清楚说明其具体情境和深层动因，明确并非鼓励受教育者不顾健康带病加班，就会使之"会错意"，关注焦点发生偏移，而无法厘清学习劳模应该真正"学什么"，更遑论结合实际转化为现实行动，"听时撒几把热泪，而回到现实生活中却不能在行动中真正去践行"[①]，在十分感动后，榜样教育效果往往无法达到预期。所以，"不仅要突出榜样的生动事迹，还要挖掘榜样所传递的道德规范和价值观念"[②]。

要言之，如果劳模报道聚焦简单的事迹性宣传，则会制约受教育者对深层价值的领悟。劳模报道应透过劳模千差万别、丰富多彩的具体事迹，揭示深藏背后的价值内涵，使受教育者不仅能获得感性层面的心灵触动，还能激发理性层面的沉思，榜样教育内容呈现既要动之以情，又要晓之以理，既要有感染力，也要有说服力，从而发挥劳模报道"情理合一"的涵育效果，使受教育者全面、深入把握劳模事迹背后承载的教育内容，明白学劳模"学什么"的根本问题。

## 二 说教式叙事易造成受众的逆反心理

通过榜样人格魅力化育受教育者，是榜样教育超越空洞理论说教的显著优势。活生生的榜样有着丰满的人物形象、脍炙人口的故事、富有说服力的经历经验，有助于触发受教育者情感体验，纾解说教式教育之弊端。但当以《人民日报》劳模报道这种特殊方式开展榜样教育时，则是依托文本呈现教育内容。榜样"肉身缺场"易使榜样教育远离生活化的"身边人"，而成为文本中的抽象符号，其在呈现榜样教育内容时易形成说教式叙事，即生硬地、机械地空讲道理，流于对榜样事迹的简单描述和说教式、口号式倡导，易使榜样教育变成空洞枯燥的说教，使受众产生逆反心理，进而对榜样承载的教育内容、榜样教育开展方式产生怀疑、反感、不认同等抵触心理，出现"越说越不听"的负面效应。

---

① 李蕊:《当前榜样认同的"疏离"困境及提升策略》,《中州学刊》2014年第1期。
② 杨婷:《榜样教育研究》,中国社会科学出版社,2015,第73页。

劳模报道中的说教式叙事，往往表现为说教式语调、政治性语言，而故事的感人性、道理的透彻性、情感的丰富性不足。一些叙事中的"说教"意图呈现为告知受众"你应该"怎样做，而不是让受众读完之后自发地、由衷地产生"我应该"怎样做的内心体验，其教育实效难免不尽如人意。显然，说教式叙事兀立于道德制高点，谕示人们完全遵循某种道德立场或道德标准，以一种被动的方式要求他者如何做，而忽视了受众进行价值选择的自主权。虽然提倡的榜样教育内容与主导价值观一致，但若未能从理性角度真正说服受众，或者从感性角度真正使受众倾服，则易使受众产生"被要求"的抵触感。当然，新时代《人民日报》劳模报道在内容呈现上，正在卸掉说教面具，叙事中生活气息逐步增强，说教式叙事越来越少，但仍要进一步优化，而说教式叙事也是其他媒体进行榜样教育时需要力图避免的。例如，若报道中记者频繁出场就存在"说教"之虞。劳模报道需要以事实说话，但是报道中记者频繁出场"说法"，则会给读者以言说者正在说教的体验，很难引起读者的兴趣。一些报道中的"记者手记""记者感言"表达了记者本人的主观体验，记者手记如"做一个简单的好人，让道德的基因生根发芽，开花结果""肯奋斗，总会有收获"等。此外，"记者看到""记者了解到""给记者的印象""记者忘不了""记者感叹"等主观表达，会让读者认为这是记者自己的倾向，而非客观报道的新闻事实，当新闻事实并不难以理解时，就会给人站在教育者立场对读者进行道德说教的印象。

新闻学、叙事学相关研究表明：报道者/叙事者不应该"露骨地说教"，否则会对新闻的客观性造成伤害，使受众对报道文本产生不信任感。从理论上看，早在1957年，我国典型报道奠基人之一、知名记者穆青，就谈到典型报道中记者在任何场合下都出现、"硬指给读者看"的"说教"问题。他认为，"记者不应该在任何场合下都出现。……新闻的特点，就是让读者不知不觉地接受事实。如果'记者访问了''记者看到了'这些话用得不恰当，读者就会发现有一个人在这中间硬要指点给他看，讲给他听而感到讨厌"[1]。美国新闻学家詹姆斯·阿伦森（James Aronson）亦有相似观点，他指出"写稿人要尽可能避免自己出来说话"[2]。在叙事学研究中，一般也认为"即使是在有明显道德或

---

① 穆青：《新闻散论》，新华出版社，1996，第78页。
② 〔美〕詹姆斯·阿伦森：《新闻采访和写作》，新华通讯社对外新闻编辑部，1980，第89页。

哲理目的的故事中，也永远不应露骨地说教"①。从实证研究来看，据一项关于典型报道的研究，高达"54.66%的人认为要'淡化说教语气'"②，说明受众对说教普遍有抵触情绪。

可见，劳模报道需要用事实说话、用理性说服、用情感化育，而非进行显性说教。说教式叙事使受众主体意识不彰，容易使之产生阻抗说教的逆反心理。"如果仅仅认为典型报道是一种教育的手段、政治的'图解'、说教的翻版，那么，就很可能使典型报道脱离了新闻信息的基础功能，脱离了吸引受众的前提条件，陷入窘境就难以避免。"③逆反心理意味着：受众在自己与传播者之间构筑了抵御说教的心理防线，使传播的内容变得扭曲，导致传播影响力不足，乃至产生消极影响。其成因是复杂的，如教育内容真实性不足或超出受众接受能力，都会导致受众对教育内容产生厌腻、怀疑。其中，泛泛的、空洞的、生硬的说教式叙事让受众觉得教育内容枯燥无味，这是其逆反心理的重要诱因。如果报道中说教式叙事遮蔽了故事本身的生动性、说服力，将价值观灌输给受众，则会给人造成人物形象干瘪、缺少感人情节的印象，引发受教育者认知层面的反感、怀疑和抵触："受众排斥耳提面命说教式、宣传口号式的典型报道，如果新闻文本的外在形态不被接受，那么新闻文本的内涵隐义也就不能为受众所探知。"④

需要澄清的是，虽然劳模报道要力图改变说教式叙事，但并不意味着榜样教育不需要"灌输"，而是要增强灌输的艺术性，避免将灌输变成单纯地、简单地"说教"。列宁在批判一些人"崇尚工人阶级自发性"时，对灌输理论作了经典阐发：单纯工人运动不会自发产生"社会民主主义的意识"，所以必须"从外面灌输进去"⑤，从而唤醒无产阶级的自为性。但由于"灌输"常常被误解和误用为设置教条化教学内容，采取强制式的"填鸭式"教学，将学生视为"知识容器"，使用盲目服从的教育方法，灌输概念被污名化。因此，必须澄清灌输真义，领会灌输实质，采取合适方式进行灌输。从列宁论述可见，"灌输"本真含义是指无产阶级意识是从"外面灌输给工人"的，相对应的概念是"自

① 〔英〕马克·柯里：《后现代叙事理论》，宁一中译，北京大学出版社，2003，第25页。

② 聂茂、张静：《典型人物报道论》，湖南人民出版社，2008，第98页。

③ 侯增文：《榜样的力量——社会核心价值观视阈中的典型报道研究》，中华书局，2013，第155页。

④ 杨卓：《论当前新闻传播中典型报道的改进与创新》，《东北师大学报》2005年第3期。

⑤ 《列宁全集》第六卷，人民出版社，2013，第29页。

发产生"，而不能将之理解为"生灌硬输""填鸭式教育"。从学科定位来说，"思想政治教育的本质是灌输"①。正因为主导意识形态不会"自发产生"，所以必须从外部植入，要理直气壮地开展思想政治教育工作，加强榜样教育；反之，假若"崇尚'自发论'就等于否定教育，取消德育"②。

从教育方法层面而论，灌输并非否定循循善诱、寓教于乐。讲授法、谈话法、讨论法、榜样教育法皆可成为灌输手段。灌输也要注重发挥教育客体的主体性、能动性、创造性，反对空洞说教，丰富灌输方法。因此，一方面，新时代榜样教育仍要采用灌输方法。虽然时代主题发生了变化，灌输内容不再是无产阶级革命意识，但当前维护意识形态安全任务艰巨，灌输仍然具有无可替代的价值。另一方面，新时代要优化灌输方式。外在灌输与有效引导是互通的，外在教育与自我教育并不矛盾。实际上，恩格斯早已强调，科学理论要靠理论魅力吸引人、说服人，而非强制灌输，"越少从外面把这种理论硬灌输给美国人，而越多由他们通过自己亲身的经验（在德国人的帮助下）去检验它，它就越会深入他们的心坎"③。列宁也反对强制灌输，强调不能"简单生硬地把政治灌输给尚未准备好接受政治的正在成长的年青一代"④。因此，"灌输"与"空洞说教"不是一回事。榜样教育不仅要坚持马克思主义灌输论，更要做到用合适方式进行灌输。

因此，劳模报道将"灌输"理解为"说教"是一种常见错误。"将受众置于被动接受的地位，是旧体制下典型报道宣传存在的弊端。……典型报道变成了纯粹的'灌输''说教''政治图解'，难免使典型报道走向它的反面。"⑤也就是说，"要实现科学的灌输，保持传授理论内容的科学性，是一个基本的前提条件"⑥。鉴于此，包括劳模报道在内的各种典型报道，其教育内容都应该蕴含在"用事实说话"的报道文本中，用事实吸引人、用真情打动人、用真理说服人，提倡启发引导、科学灌输，而非以抽象的、空洞的说教来"传经布道"。

要言之，说教式叙事容易使受众产生逆反心理，影响榜样教育内容的呈现

① 刘书林：《论思想政治教育的本质——坚守"灌输论"的缘由》，《思想理论教育导刊》2012年第10期。
② 孙喜亭：《德育要拒斥任何意义上的"传递"、"灌输"吗？》，《中国教育学刊》2000年第5期。
③ 《马克思恩格斯文集》第十卷，人民出版社，2009，第562页。
④ 《列宁全集》第三十五卷，人民出版社，2017，第422页。
⑤ 侯增文：《榜样的力量——社会核心价值观视阈中的典型报道研究》，中华书局，2013，第302页。
⑥ 孙来斌：《列宁的灌输理论及其当代价值》，社会科学文献出版社，2017，第296页。

和传播；但反对空洞说教不是抛弃理论灌输，而是要优化灌输方式，在教育内容传输上注重外在灌输与启发疏导相结合、显性灌输与隐性化育相衔接，以免激起受众的抵触情绪。如此，劳模报道就既能发挥传统理论教育说理透彻、以理服人的优势，又能融入通过形象生动的榜样文化熏陶的优势，克服生活中榜样自发影响却缺乏自觉理论引领的缺陷，从而更好地提升榜样教育实效。

综而论之，新时代《人民日报》劳模报道中榜样教育内容呈现方式尚存可优化空间，需要进一步汲取经验、解决难题。

## 第二节　新型榜样传播途径面临多重风险

新时代崭新的立体化榜样传播格局亦面临严峻挑战：随着自媒体迅猛发展，去中心化传播成为潮流，这在一定程度上冲击了官媒劳模报道的话语权威；日臻碎片化的传播态势，容易解构劳模报道承载的深层教育内容；社群传播中的裂变式传播链条，潜藏了劳模报道在传播过程中失真的风险；在一些商业化平台中，工具性算法存在被滥用的风险，可能导致遮蔽价值理性，使榜样教育要传输的价值观念被算法忽视或隐没于娱乐化资讯中。

### 一　自媒体冲击官媒劳模报道话语权威

"自媒体"是大众发布信息的平台，每个人都是一个微型媒体，构成"所有人面向所有人"的多对多传播。新时代以智能手机为主的移动通信设备普遍使用，各种自媒体平台发展强劲，自媒体逐渐从媒体边缘位置走向传播中心，为公众发表看法提供了便捷工具。微博、微信、抖音、快手等自媒体发展迅猛，诸多自媒体已融入公众生活方方面面，人们无法避免地受其影响。在自媒体时代，"人人都有摄像头，个个都有麦克风"[①]。自媒体使大众得以高度参与到新闻生产与传播之中，用户同时扮演了阅读者、评论者、创作者、传播者等多重角色。

自媒体有去中心化特征，分众化个体肆意传播各种驳杂看法，容易解构官

---

① 喻国明等：《新媒体环境下的危机传播及舆论引导研究》，经济科学出版社，2017，第231页。

媒劳模报道的话语权威。既往传统媒体的传播主体为高度组织化的新闻机构，能牢牢掌握传播主导权。但自媒体时代的传播者是多元的、去中心的，每个用户都能成为传播者："普通个体被自媒体赋权而实现了话语地位的提升，并具有了与传统权威一争高下的话语权。"[①]但自媒体平台是各种社会思潮的汇聚之地，异质意识形态相互激荡，蚕食鲸吞着传统媒体话语权，容易解构官媒的话语权威。

自媒体"把关人"缺位，使传播的信息良莠不齐、真假难辨。传统媒体和官方媒体信息发布需要经过层层把关，因此其劳模报道的权威性、可信度高。但在自媒体中，除了《人民日报》等官媒仍对发布内容严格把关之外，很多个人账号传播的内容质量堪忧。自媒体降低了信息传播门槛，缺少"把关人"有效监督或"把关人"把关能力参差不齐，一些商业平台为了追求"点击率""轰动效应"，也往往把关不严，这导致自媒体信息传播质量无法保证，就难免充斥海量无价值信息，造成信息污染，各种喧嚣动摇了信息权威性；并且自媒体平台拥有海量传播者，每时每刻都在产生大量的信息，铺天盖地的垃圾信息、虚假信息、有害信息，常常让人无所适从、罔知所措。在其信息洪流中，官媒劳模报道的声音很容易被各种"噪声"迅速淹没："失去控制和无组织的信息在信息社会里不再成为资源，相反它成为信息工作者的敌人。"[②]

自媒体去中心化传播易消解和置换官媒劳模报道传达的主导价值观。官媒在话题设置等方面都会承载主导价值观。但反观自媒体传播生态，标新立异"博眼球"的观点比比皆是，迥异价值观念轮番登场兜售。"去'中心化'和'草根化'传播属性决定了在自媒体传播中往往对抗大众传播或者主流媒体。"[③]在自媒体传播中，大众会"再造"与"重构"新的话语："通过解码、戏访、拼贴、挪用等诸种策略，依照自己的旨趣来重构话语和符码，生产出与初始文本意义相断裂的二级文本，建构出别具一格的意义空间。"[④]然而，此种文本"意义空间"的建构，往往将官媒传播的初始文本与价值观念抛掷一边，并进行了重新解读，主导价值观往往在传播中被遗忘、置换，故而其价值立场

① 许哲：《自媒体话语权研究》，知识产权出版社，2018，第59页。
② 〔美〕约翰·奈斯比特：《大趋势——改变我们生活的十个新方向》（简明本），姚琮译，科学普及出版社，1985，第23页。
③ 陈宪奎、陈泽龙：《从大众传播到自媒体：当代美国社会传播简论》，中国社会科学出版社，2019，第67页。
④ 闫方洁：《自媒体时代意识形态工作研究》，人民出版社，2018，第210页。

往往站在官媒对立面，自下而上地消解官媒传播的主导价值观。由于自媒体信息生产门槛极低，信息来源颇为庞杂，往往各种谣言层出不穷，各种信息真假难辨，不同社会思潮和价值立场纷繁交织，不良信息亦混入其中，一些敌对势力甚至利用自媒体进行恶意渗透，散播谣言，诋毁英雄，扰乱视听，给守护意识形态安全带来很大挑战。自媒体日益成为意识形态斗争的重要阵地。

在多元繁杂的海量信息中，公众辨别真假、甄别原委难度极大，即使官媒发布了辟谣文章，也往往不能引起关注，谣言继续流播不息。此外，沉浸在自媒体中的社会公众，更为关注娱乐消遣信息，而非劳模报道。据一项针对短视频内容偏好的调查，最受用户关注的是才艺达人，最受欢迎的内容是搞笑模仿类。① 显然，用户易在自媒体娱乐信息中流连忘返，而辛勤劳动默默奉献的劳模在舆论场中却不受关注。在海量数据混乱杂陈的情况下，主导意识形态容易变得"迷茫"甚至"失语"。②

要言之，虽然自媒体带来信息传播变革，拓展了公众发表看法渠道，但其去中心化、去权威化的传播，以及低门槛、低质量信息泛滥的特性，也造成官媒劳模报道权威性面临被消解的窘境：官媒劳模报道易被海量低质量信息洪流淹没，权威信息笼罩于各种谣言之中，榜样教育面临的新挑战不容小觑。

## 二 碎片化传播解构劳模报道深层内容

"碎片化"即完整的东西破裂成诸多零散的过程和趋势，是统一性的断裂瓦解、化整为零、分崩离析。"社会走向碎片化是现代社会的结构性特征。"③ 近年来，网媒、融媒呈现风靡之势，"碎片化传播"是其重要特征。这意味着传播主体去中心化、传播内容琐碎化、传播受众分众化、受众阅读肤浅化。在碎片化传播态势下，《人民日报》劳模报道的深层内容易被解构。

传播主体的分散化解构劳模报道的深层内容。在网络时代，依托传媒机构"中心化"传播的传统格局迅速坍塌，乘势兴起的多元化传播平台让人眼花缭乱。媒介即是讯息。这些新的碎片化的传播媒介的出现，也意味着可由不同

---

① 刘志明主编《新媒体影响力指数报告：2019-2020》，中国社会科学出版社，2019，第203页。

② 付安玲、张耀灿：《大数据助力网络意识形态治理及提升路径》，《马克思主义研究》2016年第5期。

③ 叶方兴：《社会碎片化的伦理回应——当代德性伦理复兴的社会根源探析》，《湖北大学学报》（哲学社会科学版）2015年第5期。

媒体提供碎片化信息，用户可以在不同平台、不同终端之间随意切换。虽然分散化平台上的海量讯息取之不竭，却易使人丧失对某一问题的持续、深入的专注。信息过多"使人（尤其是年轻人）在空洞和零散的知识面前六神无主，迷失在无形的信息泛滥之中"①。此种泛滥、空洞、零散的信息，"带给我们的是支离破碎的时间和被割裂的注意力"②。例如，一些传播平台和内容生产者关注的是如何吸引受众，在娱乐化狂欢之下，承载深层价值的劳模不易被关注和被深度报道。大众媒介话语议题的呈现"不再集中于人自身的某种终极的理想追求，而是呈现为个性的、当下的、娱乐的和批评的状态"③。劳模作为理想人格，显然代表了对公众、对劳动者的理想要求，但当分众化的公众乐于沉浸在个性化、娱乐化信息中时，部分商业化平台提供的迎合受众的内容，往往具有强烈娱乐消遣倾向，在众多平台激烈竞争时，在经济利益强势驱动下，劳模这种理想人格却往往不被关注。无论是劳模本身，还是其承载的劳动观，都不是这些平台的宣传重点。在碎片化的传播平台中，分布着分众化的传播者。在自媒体中，任何人都可以随时随地参与到内容生产之中，打破了传统传播模式由中心化的媒体进行内容生产的格局，庞大用户群体既是信息消费者，亦是信息生产者，具备多重身份的用户进一步加剧了传播主体的碎片化，传播者与受众间的界限亦逐渐模糊。多主体的传播导致传播的个性化、零散化、浅薄化。碎片化传播"彰显的是受众自己的个人特性，任何观念都以是否满足了'我'的需要及喜好为衡量标准"④。持不同价值观的受众，在网络中分层、交锋、博弈。当然，网络中的个体也会集聚到一起，形成各种"圈子"，但这种小圈子仍是碎片化的。

传播主体的分散化必然带来传播内容的碎片化。海量用户作为信息生产者和集散地，可以随时随地分享信息，但往往是未经深思熟虑的碎片化感想。普通网络用户"不大注重逻辑性和全面性，随感而发，内容碎片化"⑤。碎片化信息赢得传播速度，却无法保证质量。"我们不断地出发，不断自我离弃。消逝

①　〔美〕西奥多·罗斯扎克：《信息崇拜——计算机神话与真正的思维艺术》，苗华健、陈体仁译，中国对外翻译出版公司，1994，第80页。

②　〔美〕尼尔·波兹曼：《娱乐至死》，章艳译，中信出版社，2015，第86页。

③　杨效宏：《媒介话语：现代传播中的个体呈现》，四川大学出版社，2007，第123页。

④　朱海松：《微博的碎片化传播：网络传播的蝴蝶效应与路径依赖》，广东经济出版社，2013，第15页。

⑤　栾轶玫：《新媒体新论》，人民出版社，2012，第58页。

于速度的空虚之中。"[①]因此，碎片化资讯得到广泛关注，而抽象、深入的劳动观却容易被忽视。"虚拟空间中唯一流淌着的，就只有一种符号：彼此消费着的数字化碎片。"[②]例如，为了迎合受众，"微时代"劳模报道要求内容通俗易懂、文本简洁干练、视频时长短。如此，劳模报道呈现的往往是不成系统的琐碎细节，而应传输的完整性的劳动观被肢解。"微媒体"之"微"，常常引致主题随意、内容离散、解读片面等问题。如微博、抖音等新媒体，对榜样诠释是碎片化的，限于文本长度和视频时长，其劳模报道往往要经过裁减压缩。此种信息容量很难呈现劳模丰满人物形象和多维精神内涵，也缺乏情节起伏、细节刻画，关于劳模的完整报道不得不被分割为零散碎片。"我们看见的不仅是零散不全的新闻，而且是没有背景、没有结果、没有价值、没有任何严肃性的新闻，也就是说，新闻成了纯粹的娱乐。"[③]在自媒体中，关于劳模的报道正显现出"零散不全""纯粹娱乐"的特征，劳模报道充满调侃与戏谑，缺乏"严肃性"，在"娱乐至死"的消遣中，深层劳动观教育的内容往往被置换掉。

此外，受众碎片化的阅读更进一步增加了深入理解劳模报道内容的难度。在网络时代，读者往往"利用碎片化时间进行信息交流和共享"[④]。虽然读者可以随时随地获取信息、享受即时性传播得天独厚优势，但匆忙的浅层阅读也弱化了读者对整全信息的深入理解。人类已进入"瞬息即变"的信息爆炸时代，人们被"支离破碎形象"包围与刺激，"不完整的、无形的'瞬息即变'的形象在袭击我们"。[⑤]人们每天被信息汪洋所淹没，快节奏的生活模式让人放弃深入思考："速度的暴力连思考和反省能力都消除了。"[⑥]兼之浮躁心态，读者习惯于跳跃式浏览信息，随意切换阅读内容，其所阅内容之间缺乏关联性、连贯性、逻辑性。这种浅层浏览，虽然可以将大量信息快速收入眼底，但缺乏系统阅读与深入思考，易致阅读碎片化、肤浅化。如此，表面上阅读/观看了关于劳模的报道，但只是在海量信息中对其匆匆一瞥。另外，用户解读信息总是带有个性，在自媒体中各抒己见，又不免片面解读、断章取义，而劳模承载的深层劳动观，

---

① 〔法〕保罗·维利里奥：《消失的美学》，杨凯麟译，河南大学出版社，2018，第27~28页。
② 段永朝：《互联网——碎片化生存》，中信出版社，2009，第259页。
③ 〔美〕尼尔·波兹曼：《娱乐至死》，章艳译，中信出版社，2015，第120页。
④ 朱海松：《微博的碎片化传播：网络传播的蝴蝶效应与路径依赖》，广东经济出版社，2013，第93页。
⑤ 〔美〕阿尔温·托夫勒：《第三次浪潮》，朱志焱、潘琪、张焱译，生活·读书·新知三联书店，1984，第240~241页。
⑥ 〔法〕保罗·维利里奥：《消失的美学》，杨凯麟译，河南大学出版社，2018，第29页。

容易被误读、曲解、漠视。

　　碎片化信息影响人的理智，人们阅读海量碎片化信息，并不意味着道德境界的提升和精神世界的充盈。迈克尔·海姆（Michael Heim）提出了信息时代"收益递减律"，即"所获得的信息越多，可能有的意义便越少"①。人们很少会记得一段时间前的旧闻，"速度本身就是一种权力"②，在迅速传播的信息面前，即时性的信息往往昙花一现，流动的信息不断更新，当下信息的新鲜感是转瞬即逝的，以风驰电掣之势给人以满足，但又倏忽之间被另一则碎片化的信息所覆盖，在速度面前，"一切等级的和固定的东西都烟消云散了"③。

　　要言之，虽然碎片化传播可以使受众随时随地地获取新知，零散时间得到充分利用，但劳模报道的深层内容也易被解构。受众猎奇心理"作祟"，倾向于观看趣味性、博眼球内容，劳模报道在迎合读者与深度报道之间存在难以兼顾的问题，而且受众对快速更迭的信息的匆匆浏览，往往导致阅读肤浅化。这似乎成为信息时代的一种悖论：人们虽然通过碎片化传播获取了海量信息，但获取知识、提升境界却愈发困难。传播碎片化趋向已不可逆转，思想政治教育既要主动介入、充分利用碎片化传播，又不能为碎片化传播所迷障，要发挥好传统媒体深度报道优势，通过全方位劳模报道使受众受到榜样文化浸润。

### 三　裂变式传播潜藏劳模报道失真风险

　　前文已述，新时代《人民日报》劳模报道通过嵌入社交媒体，延长了传播链，有助于扩大榜样教育覆盖面。"裂变式"传播虽然能如同原子核分裂一样迅速、广泛并蕴含巨大的能量，但亦潜藏使劳模报道内容失真的风险。微博、微信、抖音等新媒体的一条信息被发布后，经由粉丝评论、转发、分享，信息会快速蔓延、影响广泛，不能仅重视其"短时间内爆发出巨大能量"，而对传播中内容失真的风险关注不足。此种传播虽能产生极强辐射效应，使信息快速流动和广泛蔓延，但也为流言、谎言、谣言传播提供了便捷通道。

　　社交型媒体借助用户间"关注"与"被关注"关系分享和传播信息，"转

---

① 〔美〕迈克尔·海姆：《从界面到网络空间　虚拟实在的形而上学》，金吾伦、刘钢译，上海科技教育出版社，2000，第9页、第6~7页。
② 〔法〕保罗·维利里奥：《消失的美学》，杨凯麟译，河南大学出版社，2018，第26页。
③ 《马克思恩格斯文集》第二卷，人民出版社，2009，第34~35页。

发"（"分享""转帖""转载""引用"）和"评论"功能，使用户可以快捷地参与到信息传播过程中，在二次传播中，还可以加入自己的观点和看法，每一次转发和评论，用户不仅是信息生产者与消费者的统一体，同时也构成信息传播的环节。在此过程中，用户会根据自己的主观态度对上一层级传播的信息进行解码和再加工，然后再向下一层级传播，使信息传播如同核裂变式的"链式反应"。但由于在评论和转发过程中存在多次阐释和解读，容易导致传播的信息发生畸变。

每个人都成为榜样传播节点，酿生传播风险无限扩散的可能，信息"失真"似乎是不可避免的。一是新媒体存在谣言丛生、虚假信息泛滥的弊病，正成为社会风险不断放大的载体。二是每位用户知识水平、道德素养存在差异，参与传播时其心理状态也会影响传播理性，信息传播不可避免地受到传播者目的、需求、立场、态度、动机、判断、标准的影响。人们"不会机械、死板地认为别人说是什么就是什么，而总是会根据他们自己的经验和知识作出他们自己的选择和判断"[1]。这就导致：在传播过程中，有恶意造谣产生的有害信息；有对信息缺乏深入考究和判断产生的虚假信息；有因用户个人素养欠缺产生的粗俗评论，进而易导致官媒发布的劳模报道在传播中出现信息畸变，所传达的价值观可能被转发者层层置换，使信息在传递中脱离原貌并违背榜样教育育人初衷。

裂变式传播难以避免会遭受"噪声"的干扰，以至于传播的信息产生误差，影响受众对信息的接收和解码，而真实信息往往被掩蔽。在"微时代"，传播话语权正从主流媒体转移到普罗大众手中，在用户层层转发和评论的过程中，冗余信息泛滥恣肆、交叉重复、不受控制，增加了信息的不确定性，成为"噪声"无穷无尽的源头，导致信息"失真"。香农（C. Shannon）和韦弗（W. Weaver）指出，信息"会包含某些扭曲、错误，以及不相干的材料……由于噪声的影响，收到的信息表现出更多的不确定性"[2]。正因为"噪声"的存在，信息在传播过程中变异性强，容易失真。"用户的广泛参与和网络'微'行为极有可能使信息在交互传播过程中产生变异。"[3]

---

[1] 黄航：《思想政治教育过程中的信息失真及其防治》，《中州学刊》2011年第1期。

[2] C. Shannon & W. Weaver, *The Mathematical Theory of Communication*, Urbana: University of Illinois Press, 1949: 17.

[3] 柳军：《微内容网络舆情传播研究》，武汉大学出版社，2015，第79页。

　　裂变式传播给劳模报道带来"失真"风险，不仅体现在报道的客观事实容易失实，还可能诱发传播的主导价值观发生畸变。一方面，裂变式传播容易导致事实"失真"。在网络中，由于传统"把关人"角色弱化，信息在网络空间中快速弥散，一些关于劳模的负面信息实为谣言，还有一些是网友层层转发时以讹传讹造成的谬悠之说。另一方面，裂变式传播容易导致价值"失真"。在裂变式传播时，大量碎片化冗余信息掺杂其中，经由用户反反复复地层层加工，其中渗透了用户的价值观，而官媒最初劳模报道所传达的劳动观，易被置换和淹没。

　　要言之，由于裂变式传播具有速度快、影响大的特质，如果传播内容失真，则会给榜样教育带来不容小觑的挑战。"噪音在裂变式的传播环境下，以超乎以往任何一种媒介的传播速度一个一个层级间呈几何指数扩散开来，一旦形成影响，将极难在事后进行有效控制。"[①]同样，假如劳模报道在传播中失真，被以讹传讹、混淆视听，那么就会使教育结果与教育目标南辕北辙。如何有力防范传播过程中信息失真带来的潜在风险，是需要学界深入探究的现实课题。

## 四　工具性算法遮蔽榜样教育价值理性

　　如前所述，算法的运用可以提升榜样教育针对性。但算法仅是一种缺乏理性的工具，如果工具理性膨胀而摆脱价值理性的规约，则难免会显示出技术缺陷：算法的不合理运用会导致工具性算法遮蔽榜样教育的价值理性。

　　在工具理性下，人们更陶醉于选择有效手段以达成既定目标，而不看重行为本身的价值合理性。在工具合理性行动中着重考虑"手段对达成特定目的的能力或可能性，至于特定目的所针对的终极价值是否符合人们的心愿，则在所不论"[②]。工具理性是一把"双刃剑"，它并不注重目的设置与手段本身是否合乎德行要求。而"价值"则反映了客体之于主体的满足关系，"价值合理性"更为凸显行为本身的意义，会受到道德、信仰、戒律等价值观念规约，"总是一种根据行为者认为是向自己提出的'戒律'或'要求'而发生的行为"[③]。"行为

---

① 韩红星、赵恒煜：《基于裂变式传播的新媒体噪音初探——以微博为例》，《现代传播（中国传媒大学学报）》2012年第7期。

② 苏国勋：《理性化及其限制——韦伯思想引伦》，上海人民出版社，1988，第89页。

③ 〔德〕马克斯·韦伯：《经济与社会》上卷，〔德〕约翰内斯·温克尔曼整理，林荣远译，商务印书馆，1997，第57页。

服从于他对义务、尊严、美、宗教训示、孝顺，或者某一件'事'的重要性的信念……他坚信必须这样做，这就是纯粹的价值合乎理性的行为。"[1]

工具理性与价值理性应该互为支撑，而不可顾此失彼、陷于分裂。价值理性和工具理性属于完整的理性这一价值体系的不同方面，所以不能单纯地褒此贬彼。工具理性重视的是目的、手段的有用性和行为的最大功效，并不关注目的、手段恰当与否。工具理性彰显了主体对客观规律的认知和驾驭，指向对"是如何"的"真"的把握，"单从效率的角度讲，工具理性对生产力的发展和人类物质财富的积累起到了巨大的推动作用，满足了人的物质需求"[2]。而价值理性回答的是对价值问题的思考，导向对"应如何"的"善"的思考。价值理性"关心人的内在价值、感受、渴望和精神状态……是一种终极的意义和价值或对人的理想生活的追求，希望超越现实的不完美性而建构一种完美幸福的生活状态"[3]。因此，在处理二者关系时，"应强调对工具理性价值的激发、规范和引导……但同时也应该注意到，价值理性的内在尺度不能完全不顾工具理性自身的时代局限性，更不能以价值理性取代工具理性，否则，这种价值理性只会是幻想"[4]。要言之，两种理性应该辩证统一、互相补充、彼此制约、共同作用，既要强调手段的有用性，也要注重动机的合理性。

但榜样传播中算法及其智能推荐技术在张扬科技的工具理性时却加剧了价值理性式微。在智能推荐机制中，算法成为媒介，决定着在受众面前展示何种信息："可以把算法看作一种媒介，一种更高意义上的媒介。"[5]诚然，算法的合理运用，可以更为高效、精准地分发劳模报道的资讯，使用户在信息爆炸时代更为高效地接收和处理信息。但算法大行其道也会潜藏陷入算法陷阱的风险，算法背后是计算机程序，在进行程序设计时，人们不可避免地将各种设计理念嵌含其中。换言之，在算法背后，实际上是算法设计者的价值立场。

诚然，新时代《人民日报》及其旗下媒介产品，在算法中试图运用"党媒算法"优化算法设计，但在庞大自媒体网络中，将社会主义核心价值观嵌入算

---

① 〔德〕马克斯·韦伯：《经济与社会》上卷，〔德〕约翰内斯·温克尔曼整理，林荣远译，商务印书馆，1997，第57页。

② 杨国荣主编《文化观念与核心价值 研究系统之一》，中西书局，2015，第127页。

③ 杨国荣主编《文化观念与核心价值 研究系统之一》，中西书局，2015，第126页。

④ 杨国荣主编《文化观念与核心价值 研究系统之一》，中西书局，2015，第126页。

⑤ 喻国明、耿晓梦：《算法即媒介：算法范式对媒介逻辑的重构》，《编辑之友》2020年第7期。

法设计的平台仅是九牛一毛。一些商业化平台，算法被资本逻辑裹挟，以营利为第一要义，坚持"流量至上"，社会公益往往不受重视。在算法设计时，"投其所好"，优先满足用户兴趣需求，用户感兴趣的内容就会被着重推荐，反之，则会被过滤掉，使用户置身于算法编织的"信息茧房"中，用户一味地顺从算法推荐，成为马尔库塞所担忧的"单向度的人"。"算法推荐高度仿真的'拟态环境'、'泛娱乐化'的致瘾机制、'千人千面'的偏好原则、'沉浸式'的'信息茧房'在一定程度上带来了价值理性消融、价值权威消解、价值分化加剧、价值偏见滋生的共识困境。"①

因此，价值理性与工具理性的失衡，潜藏了榜样教育价值理性被遮蔽的风险。算法对兴趣的适配，仅凸显了算法符合工具理性，即确证了算法满足用户兴趣需要的最优解，但算法的有效性并不等于被算法过滤掉的用户不感兴趣的内容不重要。如果用户没有查看过相关资讯，算法就很少将之推荐给用户。从用户接受心理来说，娱乐性内容更吸引眼球，相较于娱乐圈层出不穷的"有意思"新闻，辛勤劳动的劳模很难被用户主动关注，当算法迎合用户兴趣时，也就导致劳模等榜样人物被排斥在用户"信息茧房"之外。"'有意思'的信息正在逐步吞噬'有意义'的信息，娱乐化、浅显化、庸俗化的文化氛围消解着社会主流价值的价值权威。"②从工具理性角度而言，若用户没有查看过有关的内容则不予推荐，的确符合信息分发效率最大化设计初衷，但如此，与劳动、劳模相关的内容也就被"过滤"掉了，劳动之榜样就不会进入用户视野，榜样承载的价值就被算法遮蔽。因此，算法通过直接控制数据与信息传送过程，已成为一种技术权力。"在控制数据与信息传递基础上，算法参与分配真实社会中的机会与权利。"③但技术进步并没有带来价值理性的安顿，算法机制彰显了工具理性，却容易在寻求目的达成时，忽视和遮蔽榜样教育的价值理性诉求。换言之，算法这一"冰冷的技术"无法保证能推荐有温度的榜样，在技术驱动下算法推荐的内容，不一定契合榜样教育所期待的价值理性。

可见，在榜样教育过程中，工具理性和价值理性缺一不可。但是，工具性的算法容易彰显工具理性，却对价值理性关注不足，从而导致在对劳模相关资讯的分发过程中，工具性算法遮蔽榜样教育的价值理性。算法推送是高效传播

---

① 张林：《算法推荐时代凝聚价值共识的现实难题与策略选择》，《思想理论教育》2021年第1期。

② 张林：《算法推荐时代凝聚价值共识的现实难题与策略选择》，《思想理论教育》2021年第1期。

③ 王天夫：《数字时代的社会变迁与社会研究》，《中国社会科学》2021年第12期。

的大势所趋，关键在于如何规避算法风险，如何将算法与主导价值观共融，如何从价值理性角度对技术弊端进行化解。这是榜样教育面临的新课题。

要言之，在新时代，自媒体传播、碎片化传播、裂变式传播、工具性推送给《人民日报》劳模报道带来一系列传播风险，如何扬长避短、趋利避害地优化榜样传播，成为提升榜样教育实效的关键，这将在第六章第二节阐述，在此不赘。

综而论之，虽然新时代《人民日报》劳模报道提供了诸多有助于提升榜样教育实效的成功经验，但社会分众化发展趋势、榜样教育内容呈现方式不完善、新型传播途径潜藏风险等问题，也给通过劳模报道开展榜样教育带来现实挑战。进一步完善榜样教育内容呈现方式、规避新兴传播技术带来的潜在风险，从而提升榜样教育实效，绝非一蹴而就的，而是要抓住发展中的主要矛盾，因时而动，渐进调整，持之以恒，久久为功。

第六章

# 新时代增强劳模报道的榜样教育功能之路径探索

前文已对新时代《人民日报》劳模报道榜样教育内容呈现、榜样传播途径等维度的有效经验、现实难题等进行了多维考察，并对影响人们接受劳模报道的榜样教育环体、榜样教育客体等制约因素进行了细致分析，行文至此，需进一步总结经验、优化方略。基于前文分析，本书认为，在新时代，虽然榜样教育面临全新境遇，但通过主流媒体的劳模报道（兼及典型报道）进行榜样教育，无疑仍是有效的思想政治教育方法。当前，可从三个维度增强榜样教育实效：就榜样教育内容供给而言，主流媒体承担了榜样教育主体的责任，首先要优化榜样教育叙事设计，即调整榜样教育目标、改进榜样形象塑造、完善榜样教育内容；就榜样传播途径而论，榜样只有获得广泛传播才能发挥巨大影响，因此要健全榜样教育传播体系，充分发挥传播矩阵中多种媒体传播合力，利用全媒体发展成果和智能技术升级契机，推动榜样传播向全媒体转型，同时要注重促进榜样教育嵌入生活世界，避免理论教育与实践教育脱节；就榜样教育保障机制来说，榜样教育离不开外在保障机制保驾护航，需要巩固榜样教育保障机制，切实维护榜样合法权益，筑牢劳动幸福的多重保障，改变"老实人吃亏"的偏见，促进教育客体产生劳动创造幸福、榜样应学可学的正向认知。

## 第一节　优化榜样教育叙事设计

基于对新时代《人民日报》劳模报道的分析不难发现，通过主流媒体典型报道开展榜样教育，仍是行之有效的思想政治教育方法。主流媒体作为典型报道的叙事主体，如何优化榜样教育叙事设计则尤为重要。新时代通过主流媒体的典型报道开展榜样教育，需要注重设置层次化的榜样教育目标，从而赋予榜样教育可承受之重；需要凸显榜样形象的多元特质，以满足受众对多元化榜样的个性化需求；在榜样教育内容设计上，需要强化核心价值观的统领功能，以应对价值观的芜杂样态，发挥社会主义核心价值观凝心聚力作用。

### 一　设置层次递进榜样教育目标

"任何事情的发生都不是没有自觉的意图，没有预期的目的的。"[1]榜样教育目标"是进行榜样教育活动的基本前提，只有明确了具体目标才能提高榜样教育的自觉性和针对性"[2]。因此，榜样教育目标合理与否关乎榜样教育成败。有两种常见错误倾向：或是设置无法企及的教育目标，或是悲观地认为受众无法达成榜样教育目标。二者皆不可取。主流媒体榜样叙事应避免对榜样和榜样教育功能做过高或过低估计，应赋予其可承受之重，注重设置层次递进的教育目标，提高和增强教育目标的"梯度"与"弹性"。

第一种错误倾向是设置普罗大众无法企及的榜样教育目标。"榜样的力量是无穷的"是一句广为人知的俗语，但人们对之常存误解，往往引致榜样和榜样教育"无穷论""万能论"，典型做法是将榜样神化，树立"高大全"的榜样

---

① 《马克思恩格斯文集》第四卷，人民出版社，2009，第302页。
② 杨婷：《榜样教育研究》，中国社会科学出版社，2015，第128页。

形象，并期待教育客体也达成此种拔高化榜样所标识的高度，从而导致榜样教育目标存在"假大空"、普通人难以企及的弊端。其实，"无穷"是"没有止境"之意，从时间持续性上说，强调了榜样的力量可以持续发挥影响；从深度和广度而论，强调了榜样影响广泛、作用巨大。显然，"无穷"并非指榜样万能或可无限拔高榜样教育目标。邓小平指出，在宣传好的典型时"不能把他们说得什么都好，什么问题都解决了"①。实际上，让劳模行行先进、处处示范，劳模本人对此也苦不堪言，全国植棉模范唐纯银曾说过，"我兼职多，开会多，外面跑得多，真是顾了这头顾不得那头！"②另外，榜样承载的部分超越性崇高道德，如大公无私等，应作为加以提倡的社会风尚，但若是要求每个人都达到此种人格境界，并以无限拔高的道德要求来评判人们行为的善恶，则易造成道德苛求，不仅给劳模和公众以沉重道德压力，也易使教育目标陷入"乌托邦"的美好设想。"人不能没有道德理想与道德崇高，否则，就会在流俗中逐渐麻木，并在不知不觉中变得无耻。然而，这种道德理想又须是现实主义的，即是能够植根于日常生活，并可在日常生活中持之以恒践行的，否则，就会遁入道德空想主义。"③显然，一旦榜样教育设置遥不可及、无限拔高的目标，就往往因其"大而空"而成为无法实现的空中楼阁。如果多数人难以达成该目标，则极易强化教育客体的道德挫折感，起到相反效果。

第二种错误倾向是轻视或放弃设置榜样教育目标。一些人奉行榜样和榜样教育"失效论"，认为当前榜样不再具有一呼百应的影响力，因而榜样已经"失效"。此论对达成榜样教育目标缺乏信心，会消解设置榜样教育目标的合理性。以劳模为例，当前不乏责难、贬低、矮化乃至否认劳模作用的观点，宣称当前社会中劳模已然失效。在一定程度上，榜样"失效论"是对长期存在的设置过高榜样教育目标的矫枉过正，由于既往劳模报道曾长期聚焦于呈现劳模牺牲自己、大公无私的形象，但给受众的观感是做好事却无回报、只会受苦的印象，设置此种教育目标，并期待所有人都达成此种道德境界，显然不切实际。"老实人就是吃亏""良心能值几个钱？"的观念会"使人们缺乏道德信心"④。

在现实生活中，人们思想境界、道德水平的层次性、差异性必然存在，大

---

① 《邓小平文选》第二卷，人民出版社，1994，第317页。

② 刘见初：《全国植棉模范唐纯银热切要求　减少劳模兼职和开会》，《人民日报》1982年4月17日，第4版。

③ 高兆明等：《荣辱论》，人民出版社，2010，第155~156页。

④ 李建华：《道德秩序》，湖南人民出版社，2008，第100页。

众媒体的典型报道受众广泛，单一教育目标无法满足因材施教的现实诉求。在凸显先进性要求的同时，如果忽视社会公众能够达成的普遍性要求，往往会事与愿违："那种一味强调先进性，忽视普遍性的要求往往会导致揠苗助长式的困境；那种脱离广泛性，过分追求纯洁性的号召往往会形成刻舟求剑式的恶果。"①榜样教育目标不能超出特定社会历史条件下人们思想觉悟实际水平。新时代《人民日报》劳模报道更加关注从实际出发，不再进行口号式共产主义道德宣传，更加专注其"劳动之榜样"作用，聚焦于劳动观教育，在目标设置时改变了一刀切做法，以免欲速则不达，既着眼多数、区分层次，又鼓励先进、循序渐进；既大力倡导学习劳模承载的共产主义道德，又注重劳模承载的面向大众的基本道德规范；既提倡学习和超越劳模，也鼓励不断提升自己，是值得坚持的有效经验。因此，应考虑榜样和榜样教育的"可承受之重"，既要避免贸然设置不切实际的拔高化教育目标，也不能对榜样教育丧失信心而怀疑设置榜样教育超越性目标的必要性。鉴于大众媒体受众的广泛性、差异性，榜样教育目标要超越性同普遍性、理想性与现实性相结合，注重教育目标的层次递进。②

要言之，我们要反对榜样和榜样教育"万能论""无用论"两种错误观点，既要避免贸然追求不切实际的拔高化教育目标，也不能对榜样教育丧失信心而怀疑设置榜样教育目标的必要性。鉴于大众媒体受众的广泛性、差异性，榜样教育目标要将先进性同广泛性、理想性与现实性相结合，注重设置目标的层次递进性。

## 二 塑造凸显多元特质榜样形象

趋同化的榜样形象容易造成审美疲劳。"在审美认识中，'重复'就成为最大的敌人。当年复一年、日复一日地面对着同一个对象时，即便这个对象再美，也会产生审美疲劳，丧失美感。"③新时代《人民日报》劳模报道凸显了榜样形象塑造的多元特质，有助于增强榜样教育实效性。当前，在宣传和报道典

---

① 曾建平：《道德榜样与道德人格》，《武陵学刊》2011年第2期。
② 详参储成君、田欢欢《榜样教育视域下新时代劳模报道的精神向度》，《中国劳动关系学院学报》2022年第6期。
③ 吴瑾菁：《道德认识论》，社会科学文献出版社，2011，第134页。

型人物时，应该注重塑造凸显多元特质的榜样形象，以提升榜样之于受众的适切性，纾解公众对榜样的疏离感。

塑造多元特质的榜样形象，是变革既往趋同化榜样形象的内在要求。前文已述，传统榜样形象呈现出平面性、单一性、模式化的趋同特征，形象刻板、内容空洞、形式老套，榜样形象往往是按照教育者价值预设"裁减"的标准化、理想化榜样形象。如，过去为了凸显"老黄牛"型劳模忠于职守、无私忘我、不怕牺牲、敬业奉献的精神，劳模往往被打造成有家不回、有病不看的"脸谱化"形象，并且这种形象预设直至今日仍然尚有遗存："媒体我行我素，其所推出的典型，依然千篇一律，年年岁岁花相似，积重难返，受众对其早已产生了群体性的厌倦和先天性的'审美疲劳'。"[①]这种状况如果未能得到根本改变，难免使受众在审美疲劳后产生逆反心理。随着人的生活样态更加呈现出"原子化"特征，个体需求更加复杂多元，人们价值取向往往颇具个性，这无疑给榜样形象塑造带来了新难题。在价值观日益多元化的今天，空泛的"脸谱化"形象令人难以亲近，再通过千篇一律的模式化故事，很难适应新时代榜样教育新要求。而新时代《人民日报》劳模报道在榜样形象塑造上，注重榜样形象的个性化呈现，则增强了榜样吸引力。由此可见，塑造榜样坚守岗位、敬业奉献的先进形象，并非有家不回、有病不看一种表现模式，在榜样形塑中，要挖掘每一位榜样人物在生产生活中的个性化事迹，具体呈现榜样人物为何能做出如此先进行为，多维透视其成长成才的心路历程，全景展示劳模在生活中如何协调好繁忙工作与照顾家庭的时间矛盾，等等。这些信息展现了榜样的鲜活形象，呈现出榜样人物生产生活中的生动细节，榜样形象有血有肉才能真切感人。

塑造多元特质的榜样形象是满足教育客体榜样需求多样化的现实需要。一方面，人的内在需要具有变动性、层次性。因此，单一榜样形象满足不了人们对榜样的多种需要。"这种需要具有很大的弹性和变动性。它的固定性是一种假象。"[②]榜样折射了人们的向往和追求，具有不同需要的人们呼唤不同榜样来充当引路人。"如果榜样的精神对受教育者具有功利意义或能唤起追求崇高的行为动机，就会真正对受教育者的生活、发展及人生价值的实现有较大助益，

---

①　聂茂、张静：《典型人物报道论》，湖南人民出版社，2008，第269页。

②　《马克思恩格斯文集》第七卷，人民出版社，2009，第209~210页。

受教育者也就会产生榜样学习的强烈需求。"①因此，榜样塑造必须考量教育客体的不同需求。而大众媒体的受众是广泛的，其需求更体现出复杂性、多样性，所以更要塑造凸显多元特质的榜样。如果榜样形象与教育客体现实需求存在较大脱节，使其找不到契合自己需要的榜样，则这种榜样无法获得认同。另一方面，随着分众化进程加快，人们职业归属、价值观念、利益诉求呈现差异化特征，榜样形象需因势而变。如，随着社会分工更加精细化，不同行业、不同岗位劳动者的职业道德和劳动精神具体要求往往各异。恩格斯指出，"每一个阶级，甚至每一个行业，都各有各的道德"②。涂尔干也认为，"我们可以说有多少种不同的职业，就有多少种道德形式"③。此种趋向在分众化社会更加明显。相应地，必然需要塑造体现不同行业特征和职业要求的多元榜样，如公务员廉洁奉公、法官秉公执法、个体户要诚信经营等；此外，时代发展持续出现新的行业/职业，如网约车驾驶员、网约配送员、直播带货主播、人工智能训练师、区块链应用操作员等，也需要彰显匹配其具体职业的道德榜样。

塑造多元特质的榜样形象是对社会多元价值的时代反映。在全球化开放性、信息化的助推下，多元文化交流碰撞，不同文化相互交错，人们思想观念发生变化。人们经历着从传统到现代、从封闭到开放的文化转型，我们生活在一个价值多元、文化多样、观念多变的时代。在此背景下，人们追求的价值目标多种多样，有些人向往商业财富，有些人追求身心健康，有些人寻求自我实现，等等，榜样塑造必然要观照新的文化样态。在多元文化激荡下，榜样塑造要坚守主导价值观的主导地位，并容纳新的价值观的合理成分，而不能走向价值虚无主义。在多元文化背景下，"要努力把人和文化生动丰富的'多维'和'多向'充分表达出来。如果无视多元的存在，武断地削减或随意取舍，都会造成教育内容的缺失"④。在"上帝死了""重估一切价值"口号滥觞时，主流媒体不仅要继续重视形塑现实生活中的榜样，从而为人们提供价值坐标，对抗后现代主义"反崇高"的价值虚无，纾解人们的价值迷失、精神迷茫、行动困惑，还应该形塑体现时代发展要求的多元化榜样。如，社会主义市场经济承认利益主体多元化，个体经营者、私营企业主、民营经济和外资企业的人员、农

---

① 戴锐：《榜样教育的有效性与科学化》，《教育研究》2002年第8期。
② 《马克思恩格斯文集》第四卷，人民出版社，2009，第294页。
③ 〔法〕涂尔干：《职业伦理与公民道德》，渠敬东译，王楠校，商务印书馆，2017，第5页。
④ 石芳：《多元文化背景下的核心价值观教育》，人民出版社，2014，第40页。

民工、自由职业者等新的利益主体不断涌现，只要他们能为国家发展、社会进步作出贡献，承载和体现积极向上的价值追求，也应该有代表性榜样。榜样塑造不得不对此加以关注，鼓励各行各业的"平凡英雄"发挥榜样示范作用。

要言之，榜样教育既要避免过去追求"高大全"英雄的拔高化做法，也要避免矫枉过正而使榜样人物平庸化。无论是可歌可泣的英雄壮举带来的强烈震撼，还是"平凡英雄"默默奉献掀起的情感波澜，都具有触动人心的作用。因此，榜样形象塑造要凸显多元特质，发挥各具特色的多种榜样的合力作用，不能以非此即彼的对立思维，使一种榜样类型取代另一种榜样类型：既要一如既往地宣传作出轰轰烈烈英雄事迹的伟大人物，也要立足千千万万的平凡岗位，聚焦于"身边好人""最美人物"，进一步丰富榜样构成谱系，引领日益多元的时代价值。

### 三　强化核心价值观的统领功能

在分众化、多元化社会，不仅官方评选出众多榜样，而且很多公众人物也成为被自发模仿的对象。榜样多元化与价值观多元化相伴而生，面对价值观领域的"诸神之争"，需强化核心价值观凝聚共识、凝魂聚气、强基固本的统领作用。

"核心价值观"是一个社会中占支配和主导地位的价值观，对国家发展至关重要。习近平总书记高度重视培育具有强大生命力、凝聚力、感召力的核心价值观，认为共同认可的核心价值观对于一个国家、民族而言，构成"最持久、最深层的力量"，不仅体现了"精神追求"，还是"评判是非曲直的价值标准"。①所以，核心价值观是"决定文化性质和方向的最深层次要素"，是一个国家"文化软实力的灵魂"，其"生命力、凝聚力、感召力"决定了一个国家的文化软实力，应该成为"文化软实力建设的重点"。②在习近平总书记看来，无论是社会系统正常运转、社会秩序有效维护，还是对于国家治理体系和治理能力现代化建设来说，都离不开"培育和弘扬核心价值观，有效整合社会意识"③。社会主义核心价值观是社会主义核心价值体系的根本内核与高度凝练，

---

① 《习近平谈治国理政》，外文出版社，2014，第168页。
② 《习近平谈治国理政》，外文出版社，2014，第163页。
③ 《习近平谈治国理政》，外文出版社，2014，第163页。

所容纳的是当前社会最核心的价值规范。培育和践行社会主义核心价值观，是整合社会价值、凝聚人民共识、巩固思想基础，从而增强意识形态领导权、更好构筑中国精神的重要举措，因此要把"培育和弘扬社会主义核心价值观作为凝魂聚气、强基固本的基础工程"[1]。反之，如果一个社会缺乏核心价值观的整合与引领，就会导致行无所归、迷失方向。

劳模正是践行社会主义核心价值观的典范。劳模承载的劳动观是社会主义核心价值观的具体化、人格化。在2015年和2020年全国劳动模范和先进工作者发表的倡议书中，都将"自觉践行社会主义核心价值观"作为公开倡议。新时代《人民日报》劳模报道彰显了劳模弘扬社会主义核心价值观的功能。

一方面，新时代《人民日报》劳模报道将劳模作为承载社会主义核心价值观的榜样。例如，2014年2月21日，"时代先锋·培育和践行核心价值观"栏目报道了劳模盖军衔从学徒工到最"牛"产业工人，通过"盖军衔劳模创新工作室"培训技工超过3000人的先进事迹[2]；2015年1月19日，《人民日报》邀请许振超等劳模"畅谈核心价值观"，他们认为，之所以要大力弘扬社会主义核心价值观，就是要明确对错、美丑、善恶标准，"如果没有这些体现核心价值观的品质支撑，也成不了劳动模范"。要用社会主义核心价值观"振奋人们的精气神，增强全民族的精神合力"[3]。可见，劳模被视为承载社会主义核心价值观的榜样。另一方面，新时代《人民日报》劳模报道呈现的劳动观与社会主义核心价值观高度契合，多种类型的劳模最终都统摄于社会主义核心价值观之内，彰显了劳模"培育和践行社会主义核心价值观的一面旗帜、一根标杆、一座灯塔"[4]的作用。新时代《人民日报》劳模报道呈现的劳动观，始终将社会主义核心价值观贯彻其中。就国家层面而言，劳模在建设社会主义现代化国家的征途中"以劳动托起中国梦"，为了实现国家"富强、民主、文明、和谐"努力奋斗；就社会层面而言，劳模报道承载了通过劳动实现人的自由全面发展、保障就业面前人人平等、维护劳动成果分配公平、以法治保障劳动者合法权

---

① 《习近平谈治国理政》，外文出版社，2014，第163页。

② 蒋升阳：《三上南极　护航科考（时代先锋·培育和践行核心价值观）》，《人民日报》2014年2月21日，第6版。

③ 宋学春、刘裕国、何勇：《平凡榜样　精神脊梁　对话价值观（19）·（先进模范篇）》，《人民日报》2015年1月19日，第6版。

④ 宋学春、刘裕国、何勇：《平凡榜样　精神脊梁　对话价值观（19）·（先进模范篇）》，《人民日报》2015年1月19日，第6版。

益、劳动者遵纪守法等观念，是"自由、平等、公正、法治"的体现；在个人层面，劳模是通过劳动报效国家的典范，是爱岗敬业的先锋，是诚实劳动的楷模，是友善同事的表率，即践行"爱国、敬业、诚信、友善"价值观的榜样。正因为以社会主义核心价值观整合劳模承载的劳动观，所以榜样虽多、形象各异，但皆汇聚于社会主义核心价值观的统摄之下，多维诠释了社会主义核心价值观的本质要求，增强了榜样教育内容凝聚力。

　　进而言之，在开展榜样教育过程中，不仅是劳模，各种榜样人物皆应成为践行社会主义核心价值观的标杆。"核心价值观是否真正得到社会认同的标志在于它是否融入整个社会生活，其关键就在于它是否为公众所信奉和践行。"① 无疑，榜样应该成为信奉和践行社会主义核心价值观之先锋，这是培育社会主义核心价值观的题中应有之义，也是优化当前榜样教育工作的必然要求。"要充分利用榜样效应与沟通作用，将社会主义核心价值观转化为人格化、形象化、具体化的具象形式。"② 习近平总书记多次论述了榜样之于社会主义核心价值观的引领作用。如，他在一次同全国劳模代表座谈时，就号召工人阶级自觉践行社会主义核心价值观，要"用先进思想、模范行动影响和带动全社会，不断为中国精神注入新能量，始终做弘扬中国精神的楷模"③。劳模作为工人阶级中的佼佼者，无疑是培育和践行社会主义核心价值观的典范。

　　在新时代，榜样教育之所以要进一步强化核心价值观的整合功能，是面对价值观日益分化现实挑战的应然举措。在多元文化激荡的背景下，文化领域呈现出"一主多元"的格局，面对多元文化的冲击挑战，必须以社会主义核心价值观牢牢把握"一主"的核心和主导地位。实际上，文化的"多元"与"一主"的功能是不同的，"多元文化能丰富社会生活，促使思想文化领域百花齐放；主流文化则引领各个阶层、多方因素一起推动社会以及思想文化的健康发展"④。也就是说，"一主"代表了核心价值取向和文化发展方向，如若缺乏主导性，就无法保证价值观的健康机理；"多元"则指向丰富性和多彩性，使文化充满活力，"多元"如果缺乏"一主"的整合、统摄、引导，就无法形成有序文化格局和健康文化生态。

① 　江畅：《核心价值观的合理性与道义性社会认同》，《中国社会科学》2018年第4期。

② 　吴翠丽：《社会主义核心价值观嵌入日常生活的内在机理与实现路径》，《南京社会科学》2015年第2期。

③ 　《习近平谈治国理政》，外文出版社，2014，第45页。

④ 　石书臣：《当代中国的文化格局及其发展导向》，《道德与文明》2012年第2期。

总之，社会主义核心价值观是"反映全国各族人民共同认同的价值观'最大公约数'"①，需以此指引全体人民同心同德、团结奋进。"如果一个民族、一个国家没有共同的核心价值观，莫衷一是，行无依归，那这个民族、这个国家就无法前进。"②榜样作为时代先锋，也必然是践行社会主义核心价值观的典范。因此，为了在多元文化激荡下凝聚共识，为了保证塑造多元榜样形象时有所依归，就迫切需要强化社会主义核心价值观的统领作用，选树和塑造践行社会主义核心价值观的榜样，反对背离社会主义核心价值观的所谓"偶像"，旗帜鲜明地用社会主义核心价值观整合和引导各种价值观念，确保榜样群体的先进性，守护榜样教育的阵地，从而为意识形态建设提供有力支撑和可靠保证。

## 第二节　健全榜样教育传播体系

新时代《人民日报》通过劳模报道开展榜样教育，亦是榜样传播的过程。媒体通过榜样叙事塑造的榜样形象，只有在社会中得到广泛传播，才能使教育客体广泛知晓榜样事迹，才能进而接受其示范引导。因此，健全榜样教育传播体系是促进榜样有效传播的关键环节。

### 一　构筑榜样传播的全媒体矩阵

随着媒介融合向纵深发展，"全媒体"已成为信息爆炸时代媒介发展的最新趋向。全媒体时代的到来，既给榜样传播带来风险与挑战，亦给革新榜样传播媒介提供了动力与契机。当前，依靠单一化媒体，很难满足榜样教育新需要。唯有促进榜样传播适应全媒体时代发展态势，积极构建多种媒体积极互动、多种传播主体联动响应的榜样传播全媒体矩阵，才能占据榜样传播制高点。

全媒体改变了信息生产与传播的方式，也为榜样传播提供了全新工具。"全媒体不断发展，出现了全程媒体、全息媒体、全员媒体、全效媒体，信息

---

① 《习近平谈治国理政》，外文出版社，2014，第168页。

② 《习近平谈治国理政》，外文出版社，2014，第168页。

无处不在、无所不及、无人不用。"①全媒体呈现出"四全"特质，意味着跨越了传播场域的时空距离，突破了不同媒介的物理屏障，打破了传播主体的固定身份，从而走向深度融合。这为实现不同媒体效能叠加奠定了基础，但也使守护意识形态安全既面临历史机遇亦面临严峻考验。因此，要"加快构建融为一体、合而为一的全媒体传播格局"②。榜样教育作为推进马克思主义劳动观传播的重要方法，在全媒体时代理应抓住机遇、顺势而为，充分利用其传播优势，增强榜样传播力、引导力、公信力，在芜杂信息中高扬榜样旗帜。

从主流媒体发展维度而言，要积极打造全媒体时代新型主流媒体。面对新的传播态势，"新的权力存在于信息的符码中"，但"信息流动的狂烈骚乱将会使符码处于不停的动荡之中"。③主流媒体如果不能赢得信息传播主动权，就无法胜任守护意识形态安全之重任。在全媒体时代，不同媒体间不再泾渭分明、各行其是，而是相互交织、汇聚融合，媒体"去中心化"态势明显，单一媒体很难"单打独斗"。而全媒体传播"完全实现了信息内容生产和传播的全面整合"④。因此，作为主流媒体，也必然要嵌入多元共生的媒介生态。一方面，寻求对内增强资源整合能力，优化内容生产机制，提升信息资源的联动采编、统筹调度能力；另一方面，要积极对外联合其他媒体，形成信息传播矩阵，整合各类媒体信息资源，利用不同平台传播优势。前者以"人民日报中央厨房"为代表，后者以"人民号"与"人民日报社"在其他平台开设的自媒体传播账号为核心。这种"内合外联"的模式，为新时代《人民日报》突破纸媒局限，大力提升劳模报道内容丰富度、扩大受众覆盖面、增强传播影响力提供了媒介基础。在新时代，无论是传统媒体还是新兴媒体，都必然要顺应全媒体时代带来的深刻变革，推动全媒体建设，积极打造新型主流媒体矩阵，进而利用全媒体传播优势，发挥榜样教育叠加效能。

从自媒体参与者角度而论，要提升平台和用户的媒介素养。在自媒体时代，"人人都有麦克风"，原子化自媒体参与者的媒介素养是关乎榜样传播质量的关键。因此，要增强其传播榜样正能量的主体性，提升其自律意识、把关能力。"网络一代""拇指一族"是网络传播的自发参与者，但一些人由于鉴别

---

① 中共中央党史和文献研究院编《习近平关于网络强国论述摘编》，中央文献出版社，2021，第59页。

② 《习近平谈治国理政》第三卷，外文出版社，2020，第318页。

③ 〔美〕曼纽尔·卡斯特：《认同的力量》第二版，曹荣湘译，社会科学文献出版社，2006，第416页。

④ 姚君喜、刘春娟：《"全媒体"概念辨析》，《当代传播》2010年第6期。

能力不强、法律意识淡薄、审美格调不高，在自媒体中不乏存在对崇高英雄人物大肆调侃、对低俗化"偶像"趋之若鹜的乱象。解决问题不仅要依托法律规约，而且离不开提升自媒体参与者的社会责任感，如此疏堵结合、标本兼治、久久为功，才能维护风清气正的网络空间，消退可能解构榜样崇高形象的舆论杂音，形成健康向上的榜样文化。

从思想政治教育人才培养维度言之，需组建适应全媒体思想政治教育工作的专业队伍。"'全媒体＋宣传思想工作'已成为我国宣传思想工作的发展趋势。"[1]在全媒体环境下，不仅要借助传统公告栏、标语等发挥教育作用，还需探索使用新媒体开展教育。当前，新科技发展不断创新教育媒介，如"全息媒体"不仅可以对传播内容进行图文、影音立体化呈现，而且随着 AI、VR、5G 等新兴技术日臻成熟，对榜样生活场景进行模拟成为可能，教育客体可以跨越时空界限、物理阻隔，通过仿真创造超真实的元宇宙，还原榜样生活的历史场景，从而使传播更为生动具象，令受教育者通过虚拟技术"身临其境"，获得与榜样共同在场的真切感受。为此，要增强一线思想政治教育工作者在全媒体时代的参与意识，帮助其掌握全媒体技术在教育教学中的运用技能，从而主动占领思想政治教育新阵地，利用多种媒体开展榜样教育。如此，思想政治教育工作难度随之提升，对新时代思想政治教育工作者的技术感知能力、技术运用能力提出了新的要求。显然，新技术的使用是有技术门槛的："全媒体时代对教育主体的综合素养以及教育内容的设置提出了更高的要求。"[2]显然，全媒体时代思想政治教育工作不能止步于简单讲故事、播 PPT、放视频。我国《教育信息化 2.0 行动计划》规划、启动了"人工智能＋教师队伍建设行动"[3]，无疑反映了提升教师信息素养的迫切要求。当前，特别是青少年学生走在运用新兴技术的前列，如果思想政治教育工作者无法及时提供教育客体喜闻乐见的传播方式，主动与教育客体缩小技术上的"代际鸿沟"，就会制约思想政治教育工作的全面开展。但目前"网络思想政治教育工作者的地位也还没有得到确认，岗位的随机性和可替代性较强"[4]，将具备全媒体思维的思想政治教育工作者从"专门化"提升到"专业化"任重道远。

---

① 李超民：《论全媒体环境下宣传思想工作的创新》，《思想理论教育》2019 年第 6 期。
② 杨智勇：《全媒体时代大学生思想政治教育的审视与优化》，《思想理论教育》2019 年第 12 期。
③ 教育部：《教育部关于印发〈教育信息化 2.0 行动计划〉的通知》，《中华人民共和国教育部公报》2018 年第 4 期。
④ 陈华栋：《全媒体生态下网络思想政治教育主要矛盾的变化与思考》，《思想理论教育》2019 年第 1 期。

要言之，随着传播技术深刻变革，全媒体成为榜样教育必然要面对的传播环境。对此，要因势利导、趋利避害，推动形成多种传播主体联动的全媒体矩阵，创新榜样文化传播渠道、开拓榜样教育全新阵地、打破榜样传播平台壁垒、跨越榜样影响时空界限，进而强化榜样传播效能、增强榜样教育实效。

## 二　推动智能技术赋能榜样传播

当前，以智能算法为代表的人工智能技术广泛应用，正给传媒和教育工作带来深刻变革。"如同原始人无法抑止语言交流，我们也无法遏制人工智能的发展。"[1]面对人工智能时代新境遇，榜样教育只能积极应对，借势发展，从而推动教育模式变革与生态重构。教育部《教育信息化2.0行动计划》明确要求，要将"信息技术和智能技术深度融入教育全过程"[2]。当前，人工智能产业需进行技术升级，将社会主义核心价值观嵌入算法，规避人工智能给榜样教育带来的潜在风险，积极探索打造备受年轻人喜爱的"虚拟偶像"，思想政治教育工作者应积极运用新兴技术赋能榜样教育，加快构建"榜样教育+人工智能"生态格局。

一是将榜样承载的社会主义核心价值观嵌入智能算法。习近平总书记指出，要"探索将人工智能运用在新闻采集、生产、分发、接收、反馈中，用主流价值导向驾驭'算法'"[3]。前文已述，新时代《人民日报》通过劳模报道开展榜样教育，其智能化"党媒算法"赋能榜样传播，是运用核心价值观驾驭算法的典范；但一些自媒体平台，因"流量焦虑"而功利化地追求"流量为王"，存在以工具理性遮蔽价值理性的短板，其"功利化的思维方式导致道德作用的消解"[4]。这昭示着，在新时代要进一步推动榜样教育发展，必然要在智能算法中普遍嵌入榜样承载的主导价值观。显然，以智能算法为代表的智能技术并非价值无涉。"技术本身既非善亦非恶，但它既能用于善也能用于恶。"[5]数据获取、算法设计皆有其应遵循的伦理规范。如果借由"技术中立"，认为技术与价值无涉，则易使科技与人文关怀脱钩、回避企业社会责任，最终导致技术失

①　〔英〕亨利·布莱顿、霍华德·塞林那：《视读人工智能》，张锦译，安徽文艺出版社，2007，第9页。

②　教育部：《教育部关于印发〈教育信息化2.0行动计划〉的通知》，《中华人民共和国教育部公报》2018年第4期。

③　《习近平谈治国理政》第三卷，外文出版社，2020，第318页。

④　杨慧民：《科技人员的道德想象力研究——技术责任伦理的实践路径探析》，人民出版社，2014，第142页。

⑤　〔德〕卡尔·雅斯贝斯：《历史的起源与目标》，魏楚雄、俞新天译，华夏出版社，1989，第132页。

范，进而带来负面影响。李斌指出，"技术的工具价值，只有在正确的人文理性和目标价值引导下，才能发挥最佳功效。否则，技术也可能为虎作伥，成为负能量的滋生场"[①]。换言之，算法也有价值观，技术应用不可信马由缰、价值真空，而是要担当社会正义、守护人类良善初心。所以，必然要"让智能机器具有复杂的功能性道德"，并"将人的主导作用纳入其中"，[②] 从而防止算法成为不良信息传播之"帮凶"。

当前，要以社会主义核心价值观规范算法设计与使用。人工智能发展愈是增强媒体传播能力，愈益要强化社会主义核心价值观的规约作用，将其内核与精髓融入算法，使智能媒体遵从伦理道德。如果智能算法缺乏社会主义核心价值观之规约，就难免给用户推荐不良信息；如果算法一味地迎合用户兴趣、无序追求流量至上，让"有意思"的信息取代"有意义"的信息，就会反复给用户注入质量低劣、价值浅薄的内容，使榜样教育传输正能量的内容被算法"冷落"，造成主导价值观"空场""缺场"。当前，以智能算法为代表的智能技术在传播中的运用，具有迎合用户兴趣的特性，一些平台为了点击率而推送违背公序良俗的"劲爆"信息吸引用户，一些用户在猎奇本性驱使下，会倾向于关注娱乐化信息，进一步给人工智能以"数据反馈"，导致很多庸俗、粗俗、误导信息充斥网页。一些 App、网页在谋利动机驱使下，滥用资讯推送的"算法分发"功能发布粗劣弹窗信息，即是缺乏社会主义核心价值观规约的体现。如，2021 年 10 月，某某毒霸软件因推送诋毁革命烈士邱少云内容，被北京市网信办约谈，这种推送缺乏正确价值导向，抹黑丑化崇高榜样，不仅有违公序良俗，还触碰法律底线。因此，要"将社会主义核心价值观内嵌至智能算法技术的内在逻辑和运行框架"[③]，避免人工智能驶入偏离主导价值观的歧途，从而使智能技术有涵养、有温度的参与传播进程。唯有如此，智能技术才能赋能榜样传播。

二是借势打造青少年群体喜闻乐见的虚拟偶像。在人工智能技术赋能下，相继涌现的虚拟偶像广受关注。相较于传统真人榜样，虚拟偶像有其显著优势，如永不坍塌的完美形象、颇具个性的人格符号、个人理想的拟像投射、"粉丝"喜闻乐见的偶像类型，这标识了其可以成为有效承载和传播主流价值

① 李斌：《守护技术创新的初心（人民论坛）》，《人民日报》2016 年 1 月 12 日，第 4 版。
② 段伟文：《人工智能的道德代码与伦理嵌入》，载李伦主编《人工智能与大数据伦理》，科学出版社，2018，第 120~121 页。
③ 王贤卿：《以道御术：思政教育对智能算法技术弊端的克服》，《毛泽东邓小平理论研究》2021 年第 2 期。

观的新型榜样。但是，虚拟偶像亦面临离身化脱离真实世界、娱乐化迷失价值理性、商品化引致消费异化等现实问题。以虚拟偶像促进榜样教育发展需多方发力：教育者要重视虚拟偶像开辟的榜样教育全新场域，消费者要提升通过虚拟偶像娱乐消遣的个人素养，运营者要打造保障虚拟偶像健康机理的行业生态，监管者要筑牢促进虚拟偶像有序发展的外部屏障。[①]

要言之，技术升级是当前思想政治教育面临的客观环境，我们不可能持技术悲观论踏上逃避之路，也不能因技术乐观论而缺乏理性审视。"任何教育制度都是维持或修改话语占有以及其所传递的知识和权力的政治方式。"[②]思想政治教育亦是"社会整合的软权力"[③]。同样，在榜样教育中，如果主流媒体和思想政治教育工作者"失语"，就丧失了榜样教育话语权，则会丢失人工智能时代榜样教育崭新阵地。因此，面对此种新境遇，既要以社会主义核心价值观规避榜样传播中的价值失序，也要充分利用人工智能榜样传播优势，完善智能技术，赋能榜样传播。

## 三　促进榜样传播嵌入生活世界

陶行知说："没有生活做中心的教育是死教育。"[④]虽然大众媒体能显著扩大榜样影响范围，但榜样传播不能止步于媒体的典型报道，而是要嵌入人们置身其中的日常的、经验的生活世界，如此榜样教育才能落地生根。如前所述，从《人民日报》劳模报道可知，新时代通过大力发展劳模创新工作室等实训基地，将榜样传播嵌入生产生活，促进了榜样教育生活化拓展。其启示在于：现实的榜样皆是在生产生活中诞生并服务于生产生活实际需要的先进人物，榜样教育不仅要优化主流媒体的典型报道，同时也要将榜样传播嵌入生活世界，从而避免榜样教育停留在理论宣传层面，却未能转化为引领人们追求美好生活的实际行动。

在哲学"回归生活世界"转向的推动下，"生活世界"被引入教育哲学，其初衷是试图诊断教育与生活相脱离的病症。同时，该转向亦可纠正榜样教

---

① 储成君：《榜样教育视域下虚拟偶像的理论审视》，《思想理论教育》2022年第8期。

② 〔法〕米歇尔·福柯：《话语的秩序》，肖涛译，载许宝强、袁伟选编《语言与翻译的政治》，中央编译出版社，2001，第17页。

③ 李辽宁：《当代中国思想政治教育意识形态功能研究》，武汉大学出版社，2006，第42页。

④ 《陶行知全集》第二卷，四川教育出版社，2005，第528页。

育偏离或遗忘生活世界的缺陷。"教育回归生活世界，应该是回归马克思意义上的生活世界。它立足于现实的具体生活，包含了人类劳动、生产和交往行为等感性实践活动。"① 显然，劳模就是在劳动、生产和交往的生活世界中成为榜样、作为榜样的。教育回归生活世界，并非忽视和否认理论教学，而是为了拒斥"为科学而科学，为知识而知识"的错误倾向，反对将学生看成"知识的容器"，从而更加注重"教学联系日常生活和非日常生活"②。在榜样教育工作中，往往也存在脱离现实生活世界的沉疴。一方面，榜样教育目标设置往往天然具有超前性，特别是榜样指向理想人格，易忽视生活世界中普罗大众能达成的高度，悬浮于生活世界之上、大多数人不能实现的理想目标使教育客体易产生"夫子之不可及也，犹天之不可阶而升也"（《论语·子张》）的畏难情绪，甚至躲避崇高。如此一来榜样教育就会苍白无力、收效甚微。③ 另一方面，榜样宣传时对"灌输"的误用，将学生视为"美德袋"，易将榜样教育变成生硬的"强输硬灌"，剥离生活世界真实图景，导致理论教育与实践教育脱节，难免言者谆谆，听者藐藐。

不难发现，主流媒体开展包括劳模报道在内的典型报道，总是需要借助语言和符号表征榜样先进事迹、承载榜样教育内容，这是理性化抽象的成果，是一种理论教育，但对于教育客体而言，这些教育符码始终与自己的生产生活有距离感。尽管这种观念层面的榜样宣讲对榜样教育具有不可替代的作用，但也要避免将之视为榜样教育的唯一方式，以免忽视在现实生活世界中促进榜样教育与生产生活相结合。若榜样教育仅仅停留于主流媒体的典型报道，不能拓展到人们生产劳动和社会交往的具体实践之中，则易导致教育客体难以在当下和未来生活世界中落地生根、化"知"为"行"。因此，榜样教育也要回归生活世界。

榜样传播与生活世界不可分割。首先，从榜样生成逻辑来说，现实生活中的榜样皆是从生产生活实践中涌现出来的先进人物，生活世界构成榜样生成场域。显然，劳模作为"劳动之榜样"，当然与生产实践密不可分，正如申纪兰所言，"劳模不劳动，还叫啥劳模"④。可见，榜样传播与生活世界有同构性，不可剥离榜样诞生的现实土壤谈榜样教育。此外，劳模承载的新劳动观之确立，

---

① 潘斌：《论教育回归生活世界》，《高等教育研究》2006年第5期。
② 郭元祥：《"回归生活世界"的教学意蕴》，《全球教育展望》2005年第9期。
③ 陈飞：《回归生活世界——思想政治教育研究的一个视角》，人民出版社，2014，第200页。
④ 段存意：《申纪兰的根（闪光的足迹·散文特写）》，《人民日报》2003年1月2日，第15版。

也是"针对当前人们的现实生活处境，特别是现实的劳动状况，并为改善这种处境和人们的生活发展而提出的"①。同样，其他的榜样也是在日常生产生活中坚守嘉言善行的典范，其"产生过程不能脱离改造客观物质世界的客观物质过程"②。即使是"虚拟偶像"，其承载和摹现的也是真实生活世界中的榜样言行。"马克思主义者必须考虑生动的实际生活，必须考虑现实的确切事实，而不应当抱住昨天的理论不放。"③对于榜样传播来说，主流媒体的典型报道，只是通过抽象的、理论化的符号进行榜样传播，但真实的榜样总是生活世界中具体的、复杂的、活生生的、发展变化的人，简单的报道无法还原一个完整的人。因之，榜样传播不能止步于抽象的材料宣传，同样还要立足榜样的生产生活进行"面对面"的传播。其次，榜样教育客体只能指向现实生活中的人。"即便是在远程教育或者虚拟实践状态下的教育对象，只要发生真实的知识传递，必定是生活于当下的、活生生的现实生活世界之中的人。"④榜样传播只有促成教育客体在具体的现实生活中通过认知、交往而受到陶冶、体验、感悟，才能将教育内容内化于心、外化于行，才能以突出的榜样教育实效确证榜样教育目标设置的现实合理性。最后，对生活化榜样的观察学习是榜样发生作用的主要途径。"大多数人类行为是通过对榜样的观察而获得的。"⑤如前所述，在现实生产中通过劳模创新工作室"带徒弟"、在现实生活中劳模现身说法，都是榜样传播嵌入生活世界的有效经验，有助于教育客体直接观察和模仿榜样，有助于纾解主流媒体理论性宣讲存在疏离生活世界的问题。

要言之，"榜样教育绝不能脱离具体的工作实践和日常生活抽象地演绎"⑥。通过主流媒体的典型报道和理论宣讲进行榜样传播，是榜样教育的有效方式，但同时要避免理论教育与实践教育脱节，教育客体与榜样在生活中直接交往、双向交流、直接觉察、深情体悟，亦不可或缺。因此，要注重促进榜样传播嵌入生活世界。

---

① 杨魁森、程彪、漆思等：《哲学与生活世界》，中国社会科学出版社，2014，第343页。

② 成云雷、彭怀祖：《论哲学视域内的榜样人格》，《思想教育研究》2010年第7期。

③ 《列宁全集》第二十九卷，人民出版社，2017，第139页。

④ 潘斌：《论教育回归生活世界》，《高等教育研究》2006年第5期。

⑤ 〔美〕班杜拉：《思想和行动的社会基础——社会认知论》上册，林颖、王小明、胡谊等译，华东师范大学出版社，2001，第63页。

⑥ 姜朝晖：《论榜样人格在社会主义核心价值体系建构中的功能和作用——以首届全国道德模范评选表彰活动为例》，《毛泽东邓小平理论研究》2008年第2期。

## 第三节 巩固榜样教育保障机制

增强榜样教育实效，不仅是榜样传播问题，还是一项综合性系统工程。如果缺乏外在保障机制的强力支撑、保驾护航，那么榜样教育的效果难免受限。本书认为当前可以从两个维度巩固榜样教育保障机制，即切实维护榜样的合法权益，筑牢劳动幸福的多重保障。

### 一 切实维护榜样的合法权益

"英雄流血又流泪""老实人吃亏""好人可怜""好人难当"等看法和观念，不仅会损害榜样合法权益，也会使人们产生"德福相悖"的认知，进而损害榜样吸引力。"制度好可以使坏人无法任意横行，制度不好可以使好人无法充分做好事，甚至会走向反面。"①因此，我们应进一步巩固维护榜样合法权益的机制，卫护"德福一致""好人有好报"的信念，祛除挫伤人们积极学习榜样的重重顾虑，消除制约人们积德行善的后顾之忧，构建适当道德回报激励机制，营造弃恶扬善社会氛围，在制度层面保障榜样教育正常运行。

榜样人物合法权益受损，就会使人产生"德福相悖"的心理认知。"德福相悖"即认为有德之人未必有福，为恶之人未必无福。黑格尔曾提及"道德与幸福不相和谐"的现象，因为人们在经验中感受到"有道德的人时常遭逢不幸，而不道德的人反而时常是幸运的"②。毋庸讳言，此种现象至今仍时有发生并持续产生负面影响。以劳模遭遇的"德福相悖"现象为例：或是一些公认的劳模未能得到合理回报；或是因积极行善而导致自己利益受损；或是成为榜样时一时风光无限，但时过境迁又遭受冷遇；或是劳动中长期吃苦耐劳、无私奉献致使疾病缠身、因伤致贫、生活窘迫；等等。这些现象虽是偶发，但呈现了"德福相悖"矛盾，也折射出对榜样人物的保障机制尚需完善。因此，要降低人们积极行善的潜在风险，解除人们做好事的后顾之忧，进一步营造"好人有

---

① 《邓小平文选》第二卷，人民出版社，1994，第333页。
② 〔德〕黑格尔：《精神现象学》下，贺麟、王玖兴译，商务印书馆，2017，第160页。

好报"的制度环境。

"德福相悖"现象易致道德冷漠，削弱人们践履崇高道德之信念，对榜样教育形成致命打击。如果社会中"人们普遍感受到的是老实人吃亏、奸诈狡谲之徒得益，那么，在大众层面上也难以指望人们做遵守社会道德规范要求的老实人"[1]。如此，"心有忧患，则不得其正"（《大学·右传之七章》），遵守道德规范尚有不足，更遑论学习榜样、追求崇高。前文已述，人们是否对道德心生信仰、对榜样志在追随，与人们心理认知息息相关。"德福相悖"现象，不仅易使社会公众对榜样产生消极认知，还会促使人们心安理得地拒斥崇高、撇弃良善、远离榜样。"当看到'英雄流血又流泪'事件发生时，我们会表现出一种集体性的道德挫败感。"[2]一旦如此，就会对人们的道德信心产生致命打击，使人们以怀疑和消极的态度对待崇高道德以及将之人格化的榜样，甚至导向道德冷漠。有学者对不愿意见义勇为的原因进行过实证研究，确证了其最主要的原因是"缺乏社会保障机制，缺乏安全感，怕遭到报复，并由此带来的对英雄流血又流泪的现象的寒心"[3]。不难发现，如果缺乏对"好人"的保障机制，就会导致人们崇德向善的信心不足，人际关系就会趋于自私冷漠。若是这种现象和心态不能被改变，就会给人"成为榜样十分困难""做榜样就要自我牺牲、没好下场""榜样可敬不可学"等负面认知，进而对学习榜样产生消极抵触心理。

可见，维护人们崇德向善信心、提振人们学习榜样信念，关键要打破"德福相悖"怪圈。但"好人"获得"好报"并无必然性。相反，在很多情境下，讲道德就意味着要或多或少的"吃亏"。但"老实人的'吃亏'不应当是无限度、无条件的"[4]，"德福在本质上应当而且必然是统一的。"[5]因此，只有通过人为良善制度设计，最大限度保障"善恶必有报"，才能为崇德向善提供制度担保，从而形成人人好善嫉恶的有利局面。唯有如此，榜样才能深入人心、导人向善。人们期望"皇天无亲，惟德是辅"（《尚书·蔡仲之命》），"祸福随善恶"（《韩非子·安危》），困难在于，善行获得相应报偿往往"并非道德行为

① 高兆明：《存在与自由：伦理学引论》，南京师范大学出版社，2004，第86页。

② 李建华、谢文凤：《论道德挫败对道德态度的影响》，《伦理学研究》2012年第4期。

③ 吴潜涛：《当代中国公民道德状况调查》，人民出版社，2010，第104页。

④ 李建华：《道德单元》，湖南人民出版社，2008，第161页。

⑤ 张传有：《对康德德福一致至善论的反思》，《道德与文明》2012年第3期。

的必然结果"①。如王充诘难道："夫人不能以行感天，天亦不随行而应人。"②因此，以"天""命""上帝""业报轮回"等作为道德担保，总是具有偶然性、虚幻性，无法保证"大德必得其位，必得其禄，必得其名，必得其寿"(《中庸》)。鉴于此，为了确保"德福一致"，其担保者只能从"天国"降落"人间"，依托于良善制度。要言之，正因为"德福相悖"现象客观存在，所以必然要通过制度建设保障"德福一致"，唯有建立健全功有所奖的激励机制，对人们因积极向善导致的利益受损作出必要补偿，才能在全社会形成"好人有好报"的氛围，才能提振人们弘扬正气、积极向善的信心。

党的十八大首次将"不让老实人吃亏，不让投机钻营者得利"③写入党的报告。党的十八大以来，我国建立健全保障榜样合法权益制度，取得了显著成效。一是制定维护榜样合法权益的法律法规取得成效。如通过首部《中华人民共和国英雄烈士保护法》，以法律强有力地捍卫英雄烈士合法权益。二是建设道德回报机制、开展关爱劳模活动取得进展。党和政府高度重视关心、爱护劳模，先后制定了一系列文件提高劳模退休金、安排劳模体检和疗养、解决劳模生活困难问题、积极做好对劳模的帮扶工作，如总工专门制定了《全国总工会劳模休养五年计划（2014—2018年）》《关于做好2021年劳模疗休养工作的通知》等文件；截至2017年，我国累计发放劳模专项补助资金达25.6亿元，使全国劳模总体收入水平有了很大提高，有效解决了部分劳模生活困难问题。④这些举措将对劳模的关爱关怀制度落细落实，是对劳模辛勤劳动、无私奉献的褒奖，不仅有助于激励劳模增强干劲、闯劲、钻劲，也有助于使公众看到努力拼搏、道德高尚的合理回报。

因此，榜样教育的有效开展，离不开从制度层面保障"德福一致"。在榜样教育过程中，既要克服长期以来存在的德性主义偏向，也要避免跌入功利主义泥潭。在很长时期内，我国榜样教育的主流话语是"将道德作为纯粹之目的"，在塑造和宣传榜样时"罕言利"，试图"正其谊不谋其利，明其道不计其

---

① 陈继红：《儒家孝道的功利化转向及其限度——孝子榜样叙事的观念史释读》，《南京社会科学》2016年第10期。

② 黄晖撰：《论衡校释》，中华书局，1990，第665页。

③ 《胡锦涛文选》第三卷，人民出版社，2016，第656页。

④ 李玉赋：《工会劳动和经济工作概论》，中国工人出版社，2018，第170页。

功"①，似乎榜样谈及个人正当利益就于义有损，一味追求塑造"大公无私""公而忘私"的"脸谱化"榜样形象，一些社会公众受这种刻板印象影响，误认为"榜样就应该舍弃个人利益"，使榜样"亏了我一个，幸福千万家"的崇高行为沦为"吃哑巴亏""被动吃亏"的不公正"惩罚"，造成了对榜样的道德苛求。一些学者担忧采用利益补偿的方式奖励行善主体会销蚀道德行为的高尚性，认为道德高尚程度以"主体的利益牺牲程度为依据"，道德"难以承载道德回报之重托"。②本书认为，如果学习榜样必须以牺牲自我利益的方式成就人类精神上的高贵，却无法获得合理回报，那么必然有损学习榜样的欲望和动机，榜样示范效应弱化，也就失去了其教育价值。不过，这种担忧也启示我们，应防止榜样教育滑入功利主义道德工具化路向，以免突破"报偿"的合理限度，刺激为了外在利益而行"伪善"，却抽掉了榜样内蕴的道德根基。

　　关键在于，榜样教育要找到"'德'—'得'相通"的契合点。陈继红基于对儒家经典文本的深入考察，发展了"'德'—'得'相通"论，认为儒家"德者，得也"的命题中存在道德本性谋划的目的性和功利性两种进路，消弭了仅定位于道德之"得"可能造成普遍的伪善和社会无序的问题，指出"在转型时期的中国，功利之'得'才是普罗大众首要的目的诉求，道德之'得'只有与之发生必然的联系，才能具有合理性与说服力"。③对于榜样教育而言，这种回答是极富洞见的。质疑者认为，道德回报成立的前提是必须在道德义务和道德权利之间建立因果关系并得到"对等性确认"，但这种前提并不存在，且"道德回报将利益返还给主体，有悖于主体的行为初衷"。④本书认为，道德回报显然没有必要如同功利主义道德计算那样精准计量道德回报之"量"，关键在于，社会要对榜样行为进行正向激励，而且要形成一种宏观上崇德向善的社会风气。"道德回报不像市场投资那样可以进行精确地计量，只能是大致等量或尽量甚至近似的回报，具有非对等性和长期性。"⑤显然，对全国劳动模范的物质奖励并不丰厚，但所形成的尊崇劳模、劳动光荣的示范价值和社会效益却是

①　（汉）班固：《汉书》，中华书局，1962，第2524页。

②　罗明星：《道德回报的伦理质疑》，《江汉论坛》2009年第10期。

③　陈继红：《道德本性谋划的儒家进路——以樊浩先生"'德'—'得'相通"论为中心的讨论》，《哲学分析》2016年第3期。

④　罗明星：《道德回报的伦理质疑》，《江汉论坛》2009年第10期。

⑤　张军：《道德回报——道德模范常态化的时代呼唤》，《湖南社会科学》2013年第4期。

深远的，并不会因这些奖励而影响劳模的崇高性，也不会违背劳模作出崇高行为之初衷。"一个人自觉自愿地奉献社会，服务他人，也许他并不企求对等的回报，但承受义务贡献的一方有义务同等地回报贡献义务的另一方。"① 社会如果不对道德行为给予肯定、鼓励、奖励，就会动摇"善有善报"的道德信念，亦会对道德建设产生消极影响。因此，对榜样的道德回报并非个体履行道德义务后就能获得对等性、即时性的相应回报，而是建立建设道德评价和赏罚机制，形成"善有善报"的价值导向。

要言之，榜样行善不图回报，不代表行善不应获得回报，更不能任由榜样利益受损。切实维护榜样合法权益，形成道德回报氛围，并不会玷污榜样之"德"的崇高光环。道德回报可以"进而转化为施善者的行为动力并产生更广泛的示范效应，积极影响并带动群体和社会向善"② 。反之，如果榜样利益长期受损，"好人没好报"，只会挫伤人们学习榜样的积极性，销蚀人们崇德向善的动力。榜样教育不能仅仅追求"将道德作为纯粹之目的"，为了"崇高性"而忽视"大众性"，从而谋求塑造"高大全"式纯善榜样；同时，应该注意把握维护合法权益之限度，避免将道德回报异化为谋利工具，滋生"伪善"行为，最终有悖于树立榜样的初衷。

## 二　筑牢劳动幸福的多重保障

"在劳动的本真意义上，幸福是理所当然的。"③ 但在实然景况中，劳动幸福感总会受各种因素限制。如前所述，劳动幸福感不足会降低人们对劳模及其承载的劳动观的情感认同，难免对报道的劳模及其承载的劳动观不屑一顾、阳奉阴违，甚至产生反感、否定、厌恶的消极情感，而不能做到心向往之。因此，筑牢劳动幸福的多重保障，多维提升劳动幸福感，是增强榜样教育实效的重要保障。

劳动创造幸福是马克思主义的基本观点，提升劳动幸福感亦是马克思主义的题中应有之义。幸福是人人向往的人生追求，每个人都追求幸福"是颠

---

① 葛晨虹：《建立道德奉献与道德回报机制》，《道德与文明》2001年第3期。
② 黄明理、曹天航：《论道德回报与道德回应》，《江海学刊》2013年第3期。
③ 何云峰：《论劳动幸福权》，《社会科学家》2018年第12期。

扑不破的原则，是整个历史发展的结果，是无须加以论证的"[①]。马克思发现资产阶级生产关系中劳动者不幸福的根源在于私有制使劳动异化，给劳动者带来"不幸"，而"不是感到幸福"[②]，在外在强制劳动下，"不劳动却是'自由和幸福'"[③]。因此，幸福不是宗教的彼岸世界，而是"人民的现实幸福"[④]。马克思认为，在现实生活中，幸福不是乌托邦式遥不可及的幻想，而是可以通过辛勤劳动来实现。人的劳动是创造幸福的源泉，人们要想满足生活需要必须投身于生产劳动之中："追求幸福的欲望只有极微小的一部分可以靠观念上的权利来满足，绝大部分却要靠物质的手段来实现。"[⑤]劳动是创造生活资料、实现幸福的必由之路，无论是满足生理需求的物质生活资料，还是满足文化需求的精神生活资料，都离不开劳动创造。而从本质上来说，人的本质的实现是劳动幸福的本质属性："人们通过劳动证成自身作为人的存在本质，实现劳动与人的类本质的同一，从而获得强烈的幸福感受。"[⑥]因此，劳动应该是自由自觉的活动，指向人类发展和完善，这种幸福感最具根本性。"劳动是一切幸福的源泉。"[⑦]百余年来，中国共产党始终将"为人民谋幸福"作为初心和使命。当前，提升劳动幸福感，需要大力优化劳动环境，全面提升劳动素养。

其一，大力优化劳动环境。当前劳动领域尚存一些劳动者权益受到损害的问题，影响了劳动幸福体验。例如，过度加班侵占了劳动者休息和休假权利。"'过劳'与'懒惰'一样都属于恶。"[⑧]以"996"工作制为代表的加班文化侵犯了劳动者的法定休息权，损害了其身心健康。此外，一些企业存在劳动报酬偏低、劳动条件恶劣等问题，亦使劳动者感受不到劳动中的愉悦与快乐。"美应该是一种生命的从容，美应该是生命中的一种悠闲，美应该是生命的一种豁达。如果处在焦虑、不安全的状况，美大概很难存在。"[⑨]从外在劳动环境而言，劳动领域还存在工具价值挤压目的价值现象，劳动者受资本驱使，劳动成为资

---

① 《马克思恩格斯全集》第四十二卷，人民出版社，1979，第373页。

② 《马克思恩格斯文集》第一卷，人民出版社，2009，第159页。

③ 《马克思恩格斯文集》第八卷，人民出版社，2009，第174页。

④ 《马克思恩格斯文集》第一卷，人民出版社，2009，第4页。

⑤ 《马克思恩格斯文集》第四卷，人民出版社，2009，第293页。

⑥ 何云峰：《从劳动作为人的类本质的视角看劳动幸福问题》，《江汉论坛》2017年第8期。

⑦ 习近平：《在全国劳动模范和先进工作者表彰大会上的讲话》，人民出版社，2020，第5页。

⑧ 李志祥、董淑芬：《劳动在何种限度内构成美德》，《理论学刊》2020年第2期。

⑨ 蒋勋：《品味四讲》，长江文艺出版社，2017，第24页。

本增殖的手段。马克思指出，仅在于增加财富的劳动是有害的、招致灾难的。[①]
当资本增殖逻辑挤压人的发展逻辑，则劳动者不能自由发挥创造力，亦不能实
现美好生活诉求。"只有当劳动本身成为目的，劳动不为某种外在的目的和功
利所胁迫、强制的时候，在劳动中人们才能自觉地收获劳动的美好和生活的幸
福。"[②]虽然劳动具有生产物质资料、创造精神财富的工具价值，但同时应显扬
其促进人的发展、创造人们美好生活的目的价值。为此，从优化外在劳动环境
维度，需切实依法保护劳动者合法权益，推动和谐劳动关系建设。一是切实保
障相关法律实施，我国宪法和各种有关劳动安全卫生保障的法律维护了劳动者
的权益。法律的生命力在于实施。我们不仅要不断完善相关法律法规，还要切
实做到有法必依、执法必严，为维护劳动者合法权益提供法律遵循和保障。二
是要推动和谐劳动关系建设，大力弘扬体面劳动理念。劳动关系是最基本的社
会关系，构建和谐劳动关系是促进社会和谐和保证劳动者实现美好生活的重要
向度。"要建立健全党和政府主导的维护群众权益机制，抓住劳动就业、技能
培训、收入分配、社会保障、安全卫生等问题，关注一线职工、农民工、困难
职工等群体，完善制度，排除阻碍劳动者参与发展、分享发展成果的障碍，努
力让劳动者实现体面劳动、全面发展。"[③]

其二，全面提升劳动素养。如前所述，从劳动者自身来说，劳动者的劳动
能力存在先天或后天差异，劳动能力不强者在劳动市场中处于不利竞争地位，
通过劳动实现美好生活的难度更大。为此，需要通过多种渠道进一步加强劳动
技能培训，建设"知识型、技能型、创新型劳动者大军"[④]，提升劳动者享获劳
动幸福的能力。党的十八大以来，我国在提升劳动者素养方面取得了新的成
就。首先，劳动教育融入教学体系和社会培训体系。如2020年3月出台《关于
全面加强新时代大中小学劳动教育的意见》，对加强大中小学劳动教育进行了
全面部署。其次，对有劳动能力的困难职工要通过"加强技能培训、提供创业
援助"等方式帮助其解困脱困；为丧失劳动能力的职工提供更好保障，"推动

① 参见《马克思恩格斯文集》第一卷，人民出版社，2009，第123页。

② 陈学明、毛勒堂：《美好生活的核心是劳动的幸福》，《上海师范大学学报》（哲学社会科学版）2018年
第6期。

③ 习近平：《在庆祝"五一"国际劳动节暨表彰全国劳动模范和先进工作者大会上的讲话》，人民出版社，
2015，第8页。

④ 《习近平谈治国理政》第三卷，外文出版社，2020，第24页。

纳入低保兜底"。①显然，劳动教育与技能培训，提升了劳动者通过劳动创造幸福的能力；为丧失劳动能力者进行兜底保障，是通过"合理的制度设计实现劳动幸福"，即"假设在没有其他任何人表现怜悯和同情的时候，弱者仍然能够在制度的合乎下有劳动幸福权"。②

　　要言之，提升劳动幸福感是确保人们对劳模及其承载的劳动观产生价值认同的必要前提，筑牢劳动幸福的多重保障是发挥劳模榜样作用的根本保障。"劳动幸福是每个人不可转让的初始权利"③，为劳动者谋幸福是马克思主义政党的应然诉求和价值理念。党的十八大以来，中国共产党高度重视提升劳动者的劳动幸福感。在全国劳动模范和先进工作者表彰大会上，习近平总书记指出，"光荣属于劳动者，幸福属于劳动者"④。再次重申了劳动创造幸福、劳动者享获幸福的理念，为新时代进一步提升劳动幸福感指明了方向，为增进劳模的认同感奠定了劳动幸福之基。

---

① 《中华全国总工会关于进一步做好困难职工解困脱困工作的实施意见》，载李玉赋《新的使命和担当Ⅲ——全国总工会改革试点制度文件与释义》，中国工人出版社，2017，第78~84页。

② 何云峰：《劳动幸福论》，上海师范大学期刊社，2018，第26~28页。

③ 何云峰：《马克思劳动幸福理论的当代诠释和时代价值——再论劳动人权马克思主义》，《上海师范大学学报》（哲学社会科学版）2018年第5期。

④ 习近平：《在全国劳动模范和先进工作者表彰大会上的讲话》，人民出版社，2020，第11页。

# 提升典型报道实效
# 增强榜样教育意蕴

中国共产党具有通过榜样凝心聚力的优良传统。在榜样教育诸多实施方案中，主流媒体典型报道具有显著扩大榜样影响力的独特优势。基于榜样教育视域，以新时代《人民日报》劳模报道为中心切入考察，可以审视当下通过典型报道进行榜样教育的理论与实践。本书认为，当前为了拒斥各种"反崇高"观念，亟须增强榜样教育铸魂功效；面对各种"榜样教育失效论""典型报道过时论"，应当笃信主流媒体典型报道仍是榜样教育展开的重要向度；当前，在实践中，应增强系统性思维，从多角度强化主流媒体典型报道的榜样教育功能。

## 一　拒斥"反崇高"观念亟须增强榜样教育铸魂功效

英雄的隐退、偶像的黄昏与崇高的消解、榜样的没落，似乎成为人们的经验之谈，"榜样无用论"众声喧嚣。英雄事迹、榜样标杆、责任意识、理想信念被"消解崇高""重估一切价值"的话语所威胁，在"反崇高、反理想、反英雄"口号下，精神家园荒芜，审丑击碎崇高，榜样教育遭受种种质疑，通过典型报道开展榜样教育的合理性根基正被不断蚕食。"英雄主义时代的隐退，高层精英文化的失落和理性主义权威的弱化，造成了人类精神家园的困惑。人化的世界与自然的隐退，使人似乎是生活在一个无所依托的无根的世界。价值标准的多元化和不确定性，使人感受到一种失去根据的焦虑。终极关怀的失落所造成的价值坐标的震荡，使人时时感受到一种'生命中不能承受之轻'。"①这句话用来形容今天榜样教育面临的窘况同样适切。以劳模为例，劳模"吃亏论""无用论""过时论"等论调，反映了质疑崇高、解构英雄的文化景观，类似颠覆价值、拒斥崇高的观念，无不折射出价值世界的彷徨无依与颠倒混乱。但这并不足以宣告榜样教育已经"寿终正寝"，恰恰相反，这正昭示着迫切需要号准榜样教育时代脉搏，总结成功经验、揭示现实困境、增强实际功效，更充分地发挥榜样教育强本固元、培根铸魂、启智润心的作用。

## 二　主流媒体典型报道仍是榜样教育展开的重要向度

20世纪80年代后期兴起的"典型报道消亡论"，主张典型报道是文明程度不发达社会条件下的产物，要求"淡化典型报道"。②此种声音至今不绝于耳。此论既不符合新时代《人民日报》劳模报道推陈出新、取得进展的现实图景，也不适宜意识形态建设亟须增进榜样教育实效、扩大榜样影响的迫切需要。基于前文分析可见，在新时代，主流媒体的典型报道仍是榜样教育重要且有效的现实途径，榜样教育仍需主流媒体典型报道来扩大榜样影响范围、引领社会前进方向。显然，《人民日报》作为颇具影响力的中共中央机关报和中国第一大报，其劳模报道具有主导性、人民性、权威性，且传播力强，是榜样教育的典型范本。新时代《人民日报》劳模报道在引导榜样教育方向性、夯实榜样教育大众性、展现榜样教育公信力、强化榜样教育影响力等方面具有不可忽视的作用。相较于现实生活中榜样与教育客体面对面直接交往辐射面窄之局限，主流

---

① 孙正聿：《探索真善美》，吉林人民出版社，2007，第149页。

② 陈力丹：《陈力丹自选集——新闻观：从传统到现代》，复旦大学出版社，2004，第157~177页。

媒体典型报道通过大众传播，可使榜样走入千家万户，显著扩大榜样影响面，增强榜样辐射力。

### 三 提升典型报道的榜样教育实效需要系统性思维

榜样教育是一项复杂的系统性工程。主流媒体通过典型报道进行榜样教育，其实效性受多重因素制约。因此，提升其实效性需要加强各要素协同创新。

塑造教育客体喜闻乐见的榜样，是发挥榜样教育实效的基本前提。榜样塑造必须满足教育客体日益多元的价值诉求，避免塑造"脸谱化"的"高大全""假大空"榜样形象。在分众化社会，社会分工不断细化、利益诉求趋向多元，价值观念亦呈现出复杂样态，单一榜样类型一呼百应的局面不复存在，"高大全"的榜样易被质疑为"假大空"。因此，要顺应分众化社会现实，塑造多种层次、多种类型的榜样，构成多元榜样交相辉映的榜样谱系，顺应榜样塑造个性化的演进趋势，力图打破传统榜样塑造"脸谱化"导致的刻板印象，打造"千人千面"的榜样形象，尊重教育客体差异化、个性化多元诉求，从而增强榜样亲和力、吸引力。

设置既体现主导价值观又观照教育客体现实境况的教育内容，是发挥榜样教育实效的价值根基。传统榜样教育片面地注重主导价值观的灌输，但忽视教育客体的接受能力与现实诉求，导致教育内容存在空泛化、拔高化问题。新时代榜样教育在教育内容设置上，既要避免主导价值观"强输硬灌"，也要防止削弱主导价值观引领能力，同时还要观照不同个体对教育内容的多元诉求。

构建有效的榜样传播体系是确保榜样教育实效的必要支撑。榜样只有在社会中广泛传播、深入人心，其承载的价值观才会蔚然成风。构建立体化榜样传播途径是榜样传播的现实需求。新时代传媒从纸媒、网媒向融媒发展乃大势所趋，故利用智能化传播技术赋能、借助全方位传播矩阵增能，从而强化榜样传播针对性、辐射力亦势在必行。但要着力应对新的传播格局导致主流媒体话语权威被解构、价值内核被置换的潜在风险。新时代既要充分利用媒体融合的发展趋势，构筑榜样传播的全媒体矩阵，也要认识到面对新的传播格局，榜样教育不能局限于思想政治教育本身，而是需要多部门、多行业密切合作、相互配合、发挥合力，国家层面需进一步强化对媒体传播内容的规范引导，人工智能产业需要完善智能传播技术的合理运用，将社会主义核心价值观嵌入智能化榜样传播的算法。

从榜样教育环体外在维度、榜样教育客体内在维度破除制约榜样教育实效的难题，是增强榜样教育实效的有力保障。主流媒体即使塑造了多元化榜样形象、承载了时代化教育内容、构建了立体化传播途径，但如果榜样教育环体不利因素制约了教育客体对榜样心生认同，则难以对之产生正确认知并服膺于心，也无法形成学习榜样的坚强意志。因此，提升榜样教育实效离不开健全的榜样教育保障机制，离不开国家、社会、个人层面共同筑牢劳动幸福的多重保障，并通过制度建设守护"好人好报"的道德信心；思想政治教育工作者要密切关注教育客体的知情意行的现实状况，并适时调整榜样教育内容供给、途径设置。

总之，"伟大时代呼唤伟大精神，崇高事业需要榜样引领"[①]。虽然新时代榜样教育面临诸多挑战，也存在不少问题，但并非"榜样的黄昏"。恰恰相反，在"消解崇高"、价值迷茫的挑战下，我们更需榜样引领社会风尚、凝聚价值共识、鼓舞奋斗精神。为此，榜样教育需要传承中国共产党注重典型报道的传统优势，进一步形成系统思维，汇聚多方合力，从榜样塑造、教育内容、传播途径、教育环体、教育客体等多向度优化榜样教育；发挥国家层面、媒体层面、用人单位层面、教育工作者层面的多重合力，全方位、多渠道、跨主体相互协作、优势互补，协同推动榜样教育，从而充分发挥榜样的作用，进发榜样的无穷力量。

---

① 《习近平谈治国理政》，外文出版社，2014，第159页。

# 主要参考文献

## 一 经典文献类

《邓小平文选》第二卷，人民出版社，1994。

《胡锦涛文选》第三卷，人民出版社，2016。

胡锦涛：《在2010年全国劳动模范和先进工作者表彰大会上的讲话》，人民出版社，2010。

胡锦涛：《在人民日报社考察工作时的讲话》，人民出版社，2008。

《江泽民文选》第一卷，人民出版社，2006。

《李大钊全集》第三卷，人民出版社，2006。

《列宁全集》第二十九卷，人民出版社，2017。

《列宁全集》第二十五卷，人民出版社，2017。

《列宁全集》第六卷，人民出版社，2013。

《列宁全集》第三十九卷，人民出版社，2017。

《列宁全集》第三十四卷，人民出版社，2017。

《列宁全集》第三十五卷，人民出版社，2017。

《列宁全集》第四十卷，人民出版社，2017。

《列宁全集》第四十一卷，人民出版社，2017。

《列宁全集》第五十五卷，人民出版社，2017。

《马克思恩格斯全集》第二十八卷，人民出版社，2018。

《马克思恩格斯全集》第一卷，人民出版社，1995。

《马克思恩格斯文集》第一至十卷，人民出版社，2009。

《毛泽东文集》第七卷，人民出版社，1999。

《毛泽东文集》第三卷，人民出版社，1996。

《毛泽东选集》第一至三卷，人民出版社，1991。

习近平：《思政课是落实立德树人根本任务的关键课程》，人民出版社，2020。

《习近平谈治国理政》第二卷，外文出版社，2017。

《习近平谈治国理政》第三卷，外文出版社，2020。

《习近平谈治国理政》，外文出版社，2014。

习近平：《在北京大学师生座谈会上的讲话》，人民出版社，2018。

习近平：《在庆祝"五一"国际劳动节暨表彰全国劳动模范和先进工作者大会上的讲话》，人民出版社，2015。

习近平：《在全国劳动模范和先进工作者表彰大会上的讲话》，人民出版社，2020。

习近平：《在知识分子、劳动模范、青年代表座谈会上的讲话》，人民出版社，2016。

习近平：《之江新语》，浙江人民出版社，2007。

中共中央文献研究室编《建国以来重要文献选编》第十一册，中央文献出版社，1995。

中共中央文献研究室编《十八大以来重要文献选编》上，中央文献出版社，2014。

中共中央党史和文献研究院编《十八大以来重要文献选编》下，中央文献出版社，2018。

中共中央文献研究室编《十八大以来重要文献选编》中，中央文献出版社，2016。

中共中央文献研究室编《十六大以来重要文献选编》下，中央文献出版社，2008。

中共中央文献研究室编《习近平关于全面深化改革论述摘编》，中央文出版社，2014。

中共中央文献研究室编《习近平关于社会主义生态文明建设论述摘编》，中央文献出版社，2017。

中共中央文献研究室编《习近平关于社会主义文化建设论述摘编》，中央文献出版社，2017。

中共中央文献研究室编《习近平关于社会主义政治建设论述摘编》，中央文献出版社，2017。

中共中央文献研究室编《习近平关于协调推进"四个全面"战略布局论述摘编》，中央文献出版社，2015。

《朱德选集》，人民出版社，1983。

## 二 著作类

C. Shannon & W. Weaver, *The Mathematical Theory of Communication*, Urbana: University of Illinois Press, 1949.

L. Zagzebski, *Exemplarist Moral Theory*, New York：Oxford University Press, 2017.

**Robert Audi**, *Moral Knowledge and Ethical Character*, New York: Oxford University Press, 1997.

安岗：《新闻论集》，天津人民出版社，1982。

〔奥〕西格蒙德·弗洛伊德：《弗洛伊德后期著作选》，林尘、张唤民、陈伟奇译，上海译文出版社，1986。

北京大学哲学系外国哲学史教研室编译《十八世纪法国哲学》，商务印书馆，1963。

王利器：《颜氏家训集解》（增补本），中华书局，1993。

卜建华：《青年亚文化的时代表征与引导对策研究》，南开大学出版社，2020。

曹亚雄：《马克思的劳动观的历史嬗变》，中国社会科学出版社，2008。

陈力丹：《陈力丹自选集——新闻观：从传统到现代》，复旦大学出版社，2004。

陈绍辉：《思想高地的引领——社会思潮背景下马克思主义意识形态建设

研究》，南京大学出版社，2017。

　　陈章龙：《论主导价值观》，江苏人民出版社，2006。

　　储培君：《德育论》，福建教育出版社，1997。

　　〔德〕弗里德里希·包尔生：《伦理学体系》，何怀宏、廖申白译，中国社会科学出版社，1988。

　　〔德〕黑格尔：《精神现象学》下，贺麟、王玖兴译，商务印书馆，2017。

　　〔德〕卡尔·雅斯贝斯：《历史的起源与目标》，魏楚雄、俞新天译，华夏出版社，1989。

　　〔德〕康德：《道德形而上学原理》，苗力田译，上海人民出版社，1986。

　　〔德〕康德：《实践理性批判》，关文运译，广西师范大学出版社，2002。

　　〔德〕马克斯·韦伯：《经济与社会》上卷，〔德〕约翰内斯·温克尔曼整理，林荣远译，商务印书馆，1997。

　　董淑芬：《工人阶层的体面劳动与全面发展研究：以南京为例》，中国社会科学出版社，2017。

　　杜骏飞：《弥漫的传播》，中国社会科学出版社，2002。

　　段永朝：《互联网——碎片化生存》，中信出版社，2009。

　　董扣艳：《全媒体时代思想政治教育过程论》，浙江大学出版社，2022。

　　〔法〕奥古斯特·罗丹口述，〔法〕葛赛尔记录：《罗丹艺术论》，沈宝基译，广西师范大学出版社，2002。

　　〔法〕保罗·维利里奥：《消失的美学》，杨凯麟译，河南大学出版社，2018。

　　〔法〕古斯塔夫·勒庞：《乌合之众：大众心理研究》，冯克利译，广西师范大学出版社，2007。

　　〔法〕米歇尔·福柯：《话语的秩序》，肖涛译，载许宝强、袁伟选编《语言与翻译的政治》，中央编译出版社，2001。

　　〔法〕蒲鲁东：《贫困的哲学》上卷，余叔通、王雪华译，商务印书馆，2017。

　　〔法〕涂尔干：《职业伦理与公民道德》，渠敬东译，王楠校，商务印书馆，2017。

　　付晓光：《互联网思维下的媒体融合》，中国传媒大学出版社，2017。

　　高国希、叶方兴：《当代中国马克思主义道德理论研究》，上海人民出版社，2021。

高兆明：《存在与自由：伦理学引论》，南京师范大学出版社，2004。

高兆明等：《荣辱论》，人民出版社，2010。

〔古希腊〕希罗多德：《历史》上，周永强译，陕西师范大学出版社，2008。

〔古希腊〕亚里士多德：《尼各马可伦理学》，廖申白译注，商务印书馆，2003。

〔古希腊〕亚里士多德：《形而上学》，吴寿彭译，商务印书馆，2017。

〔古希腊〕亚里士多德：《政治学》，吴寿彭译，商务印书馆，2017。

郭海龙：《研究生劳动价值观教育研究》，西南交通大学出版社，2018。

郭湛：《主体性哲学——人的存在及其意义》，云南人民出版社，2002。

国家发展改革委宏观经济研究院市场与价格研究所：《市场决定的伟大历程：中国社会主义市场经济的执着探索与锐意创新》，人民出版社，2018。

韩承敏：《劳模的力量》，南京大学出版社，2013。

（清）陈立：《白虎通疏证》，吴则虞点校，中华书局，1994。

（汉）班固：《汉书》，中华书局，1962。

黄晖撰：《论衡校释》，中华书局，1990。

（汉）许慎撰，（清）段玉裁注：《说文解字注》上，许惟贤整理，凤凰出版社，2007。

何小忠：《偶像亚文化与青少年榜样教育》，江西人民出版社，2007。

何云峰：《劳动幸福论》，上海师范大学期刊社，2018。

〔荷兰〕B.曼德维尔：《蜜蜂的寓言》（纪念版）第一卷，肖聿译，商务印书馆，2017。

侯增文：《榜样的力量——社会核心价值观视阈中的典型报道研究》，中华书局，2013。

黄传新等：《社会主义意识形态的吸引力和凝聚力研究》，学习出版社，2012。

黄亮宜：《社会主义义利观——面向21世纪的价值选择》，河南人民出版社，2001。

鲁洁：《江苏社科名家文库·鲁洁卷》，江苏人民出版社，2015。

蒋勋：《品味四讲》，长江文艺出版社，2017。

金喜在：《当代中国市场经济理论与实践》，科学出版社，2010。

金玉：《马克思主义阶级概念：理解与阐释》，人民出版社，2019。

兰久富：《社会转型时期的价值观念》，北京师范大学出版社，1999。

李建华：《道德单元》，湖南人民出版社，2008。

李建华：《道德的社会心理维度》，湖南教育出版社，2011。

李建华：《道德秩序》，湖南人民出版社，2008。

李建华：《走向经济伦理》，湖南大学出版社，2008。

李建森：《非道德主义社会思潮及其影响研究》，中国社会科学出版社，2017。

李辽宁：《当代中国思想政治教育意识形态功能研究》，武汉大学出版社，2006。

李伦主编《人工智能与大数据伦理》，科学出版社，2018。

李韧：《自适应学习：人工智能时代的教育革命》，清华大学出版社，2019。

梁宁建：《当代认知心理学》，上海教育出版社，2003。

刘靖君：《当代中国大学生榜样教育研究》，中国社会科学出版社，2016。

刘书林：《思想政治教育学原理专题研究纲要》，人民出版社，2018。

柳军：《微内容网络舆情传播研究》，武汉大学出版社，2015。

栾轶玫：《新媒体新论》，人民出版社，2012。

罗国杰：《思想道德建设论稿》，中国人民大学出版社，2018。

罗洪铁、董娅主编《思想政治教育原理与方法基础理论研究》，人民出版社，2005。

罗哲宇：《伦理重建与当代中国新闻报道》，中国传媒大学出版社，2012。

马唯杰：《劳动伦理研究》，苏州大学出版社，2017。

马杏苗：《存在与美德——生命视域中社会主义市场经济下的德性伦理》，南京大学出版社，2015。

〔美〕阿尔温·托夫勒：《第三次浪潮》，朱志焱、潘琪、张焱译，生活·读书·新知三联书店，1984。

〔美〕阿伯特·班杜拉：《社会学习心理学》，郭占基等译，吉林教育出版社，1988。

〔美〕班杜拉：《思想和行动的社会基础——社会认知论》上册，林颖、王小明、胡谊等译，华东师范大学出版社，2001。

〔美〕保罗·莱文森：《莱文森精粹》，何道宽编译，中国人民大学出版社，2007。

〔美〕丹尼斯·库恩：《心理学导论：思想与行为的认识之路》第九版，郑钢等译，中国轻工业出版社，2004。

〔美〕道格拉斯·凯尔纳：《媒体文化——介于现代与后现代之间的文化研究、认同性与政治》，丁宁译，商务印书馆，2013。

赵祥麟、王承绪编译《杜威教育名篇》，教育科学出版社，2006。

〔美〕约翰·杜威：《杜威全集·晚期著作（1925—1953）》第九卷（1933—1934），王新生、朱剑虹、沈诗懿译，华东师范大学出版社，2012。

〔美〕凡勃伦：《有闲阶级论——关于制度的经济研究》，蔡受百译，商务印书馆，2017。

〔美〕卡尔·霍夫兰、欧文·贾尼斯、哈罗德·凯利：《传播与劝服 关于态度转变的心理学研究》，张建中、李雪晴、曾苑等译，彭增军校，中国人民大学出版社，2015。

〔美〕理查德·桑内特：《匠人》，李继宏译，上海译文出版社，2015。

〔美〕鲁道夫·阿恩海姆：《艺术与视知觉》，滕守尧译，四川人民出版社，2019。

〔美〕迈克尔·海姆：《从界面到网络空间 虚拟实在的形而上学》，金吾伦、刘钢译，上海科技教育出版社，2000。

〔美〕迈克尔·桑德尔：《金钱不能买什么：金钱与公正的正面交锋》，邓正来译，中信出版社，2012。

〔美〕曼纽尔·卡斯特：《认同的力量》第二版，曹荣湘译，社会科学文献出版社，2006。

〔美〕约翰·奈斯比特：《大趋势——改变我们生活的十个新方向》（简明本），姚琮译，科学普及出版社，1985。

〔美〕尼尔·波兹曼：《娱乐至死》，章艳译，中信出版社，2015。

〔美〕尼古拉·尼葛洛庞蒂：《数字化生存》，胡泳、范海燕译，海南出版社，1997。

〔美〕欧文·戈夫曼：《日常生活中的自我呈现》，黄爱华、冯钢译，浙江人民出版社，1989。

左任侠、李其维主编《皮亚杰发生认识论文选》，华东师范大学出版社，

1991。

〔美〕汤姆·L.彼彻姆：《哲学的伦理学》，雷克勤、郭夏娟、李兰芬等译，中国社会科学出版社，1990。

〔美〕西奥多·罗斯扎克：《信息崇拜——计算机神话与真正的思维艺术》，苗华健、陈体仁译，中国对外翻译出版公司，1994。

〔美〕詹姆斯·阿伦森：《新闻采访和写作》，新华通讯社对外新闻编辑部，1980。

〔民主德国〕瑙曼著、宁瑛编译：《接受美学问题》，载中国艺术研究院外国文艺研究所、《世界艺术与美学》编辑委员会编《世界艺术与美学》等九辑，文化艺术出版社，1988。

徐人仲、李年贵主编《穆青新闻作品研讨文集》，新华出版社，1998。

穆青：《新闻散论》，新华出版社，1996。

聂茂、张静：《典型人物报道论》，湖南人民出版社，2008。

彭聃龄、张必隐：《认知心理学》，浙江教育出版社，2004。

彭怀祖：《和谐社会视阈下的榜样与偶像研究》，学习出版社，2015。

彭怀祖、姜朝晖、成云雷：《榜样论》，人民出版社，2002。

彭怀祖、姚春雷：《身边人身边事的力量：以大学生先进典型为视角》，苏州大学出版社，2012。

（清）董诰等编《全唐文》，中华书局，1983。

（清）刘沅：《十三经恒解·笺解本》卷三，谭继和、祁和晖笺解，巴蜀书社，2016。

（清）阮元校刻《十三经注疏》（清嘉庆刊本），中华书局，2009。

（清）孙希旦撰《礼记集解》，沈啸寰、王星贤点校，中华书局，1989。

任志锋：《当代中国社会主义意识形态主导性研究》，中国书籍出版社，2015。

〔日〕大前研一：《低欲望社会：人口老龄化的经济危机与破解之道》，郭超敏译，机械工业出版社，2018。

桑玉成：《利益分化的政治时代》，学林出版社，2002。

沈国权主编《思想政治教育环境论》，复旦大学出版社，2002。

石芳：《多元文化背景下的核心价值观教育》，人民出版社，2014。

史忠植：《认知科学》，中国科学技术大学出版社，2008。

（宋）朱熹：《四书章句集注》，中华书局，1983。

苏国勋：《理性化及其限制——韦伯思想引论》，上海人民出版社，1988。

〔苏〕瓦·阿·苏霍姆林斯基：《给教师的建议》（修订本 全一册），杜殿坤编译，教育科学出版社，1984。

眭文龙、廖时人、朱新春主编《教育学》，人民教育出版社，1994。

孙来斌：《列宁的灌输理论及其当代价值》，社会科学文献出版社，2017。

孙其昂：《思想政治教育学前沿研究》，人民出版社，2013。

孙文莲：《情与理：文学艺术的审美形成》，光明日报出版社，2015。

孙正聿：《探索真善美》，吉林人民出版社，2007。

陶行知：《陶行知全集》第二卷，四川教育出版社，2005。

田鹏颖、朱丽颖、于春玲：《劳模文化本质论——基于东北（辽宁）老工业基地的思考》，社会科学文献出版社，2019。

万小广：《媒体融合新论》，新华出版社，2015。

汪万福：《新闻传播学》，吉林大学出版社，2018。

王道俊、王汉澜主编《教育学》，人民教育出版社，1989。

王俏华：《榜样教育概论》，北京大学出版社，2014。

王学俭：《新时代思想政治教育基本问题研究》，人民出版社，2021。

王雅林、董鸿杨主编《闲暇社会学》，黑龙江人民出版社，1992。

王岩：《整合·超越：市场经济视域中的集体主义》，中国人民大学出版社，2003。

王毅武、康星华：《现代市场经济学——中国特色市场经济释要》第二版，经济管理出版社，2017。

魏屹东：《认知科学哲学问题研究》，科学出版社，2008。

魏悦：《转型期中国市场经济伦理的建构：中西方义利思想演进之比较研究》，暨南大学出版社，2013。

吴灿新：《当代中国伦理精神——市场经济与伦理精神》，广东人民出版社，2001。

吴瑾菁：《道德认识论》，社会科学文献出版社，2011。

吴潜涛：《当代中国公民道德状况调查》，人民出版社，2010。

吴学东：《马克思的劳动思想研究》，中国社会科学出版社，2018。

吴育林：《社会主义道德与市场经济统一性研究》，中山大学出版社，

2007。

夏晓虹主编《高校网络思想政治教育》，泰山出版社，2008。

肖安宝：《中国社会主义市场经济体制演进的动力机制研究》，人民出版社，2016。

徐大慰：《劳模精神研究》，安徽师范大学出版社，2020。

徐建军：《大学生网络思想政治教育理论与方法》，人民出版社，2010。

许哲：《自媒体话语权研究》，知识产权出版社，2018。

闫方洁：《自媒体时代意识形态工作研究》，人民出版社，2018。

杨冬梅、赵健杰主编《劳模学概论》，人民出版社，2020。

杨国荣主编《文化观念与核心价值研究系列之一》，中西书局，2015。

杨慧民：《科技人员的道德想象力研究——技术责任伦理的实践路径探析》，人民出版社，2014。

杨魁森、程彪、漆思等：《哲学与生活世界》，中国社会科学出版社，2014。

杨婷：《榜样教育研究》，中国社会科学出版社，2015。

杨效宏：《媒介话语：现代传播中的个体呈现》，四川大学出版社，2007。

姚力等：《生命叙事与时代印记——新中国15位劳动模范口述》，人民出版社，2017。

伊焕斌：《工匠精神与人才培养的供给侧结构性改革研究》，人民出版社，2018。

〔英〕安东尼·吉登斯：《现代性与自我认同：晚期现代中的自我与社会》，夏璐译，中国人民大学出版社，2016。

〔英〕亨利·布莱顿、霍华德·塞林那：《视读人工智能》，张锦译，安徽文艺出版社，2007。

〔英〕霍布斯：《利维坦》，黎思复、黎廷弼译，杨昌裕校，商务印书馆，2009。

〔英〕雷蒙·威廉斯：《关键词：文化与社会的词汇》，刘建基译，生活·读书·新知三联书店，2005。

〔英〕马克·柯里：《后现代叙事理论》，宁一中译，北京大学出版社，2003。

〔英〕约翰·洛克：《教育漫话》，徐大建译，上海人民出版社，2011。

喻国明：《传媒的"语法革命"：解读 Web 2.0 时代传媒运营新规则》，南方日报出版社，2007。

喻国明：《传媒新视界：中国传媒发展前沿探索》，新华出版社，2011。

喻国明等：《新媒体环境下的危机传播及舆论引导研究》，经济科学出版社，2017。

元林：《思想政治教育体系中的网络传播研究》，光明日报出版社，2011。

袁芳：《思想政治教育话语创新论的马克思主义审视》，中央编译出版社，2018。

曾钊新：《道德认知》，湖南人民出版社，2008。

曾钊新：《道德心理论》，中南工业大学出版社，1987。

张立杰：《比较与整合：中国当代"主体间性"道德教育理论的建构》，上海人民出版社，2011。

张亚泽：《利益秩序重构的政治逻辑》，中国社会科学出版社，2014。

张耀灿、陈万柏主编《思想政治教育学原理》，高等教育出版社，2001。

张一兵：《回到马克思——经济学语境中的哲学话语》，江苏人民出版社，2009。

郑银凤：《"95 后"大学生劳动观教育研究》，中国社会科学出版社，2020。

重庆工商大学高等教育研究所编著《大数据：人工智能背景下的教育教学改革探索》，西南财经大学出版社，2018。

朱海松：《微博的碎片化传播：网络传播的蝴蝶效应与路径依赖》，广东经济出版社，2013。

朱清和：《典型报道研究》，科学出版社，2016。

朱清河：《典型报道论纲》，河南人民出版社，2011。

邹秀春：《道德榜样论》，北京出版社，2010。

## 三　工具书与文献汇编

程志民、江怡主编《当代西方哲学新词典》，吉林人民出版社，2003。

丁淦林等：《中国新闻事业史新编》，四川人民出版社，1998。

黄海嵩主编《中国企业劳动关系状况报告（2017）》，企业管理出版社，

2018。

李玉赋：《工会劳动和经济工作概论》，中国工人出版社，2018。

李玉赋：《新的使命和担当Ⅲ——全国总工会改革试点制度文件与释义》，中国工人出版社，2017。

刘建明主编《宣传舆论学大辞典》，经济日报出版社，1993。

刘志明主编《新媒体影响力指数报告：2019-2020》，中国社会科学出版社，2019。

邱沛篁、吴信训、向纯武等：《新闻传播百科全书》，四川人民出版社，1998。

陕西省总工会工运史研究室选编《陕甘宁边区工人运动史料选编》下册，工人出版社，1988。

宋子然：《100年汉语新词新语大辞典（1912年—2011年）》，上海辞书出版社，2014。

徐光春主编《马克思主义大辞典·典藏版》，崇文书局，2019。

张清源主编《现代汉语常用词词典》，四川人民出版社，1992。

中华全国总工会经济技术部编《新编劳模工作手册》，中国工人出版社，2012。

朱贻庭主编《伦理学大辞典》（修订本），上海辞书出版社，2011。

## 四　期刊论文

Claude E. Shannon & Warren Weaver, "The Mathematical Theory of Communication," *Philosophical Review*, 1949(3).

Stranahan Patricia, "Labor Heroines of Yan'an," *Modern China*, 1983 (2).

才立琴：《多元化时代的榜样重塑》，《中国青年研究》2009年第1期。

陈桂蓉：《转型期道德典范效应常态化的思索：依据与路径》，《思想理论教育》2013年第9期。

陈华栋：《全媒体生态下网络思想政治教育主要矛盾的变化与思考》，《思想理论教育》2019年第1期。

陈继红：《榜样教化：古代社会治理中的思想政治教育》，《教学与研究》2021年第1期。

陈继红：《榜样之美与社会主流道德传播的主体转向》，《南京社会科学》2014年第9期。

陈继红：《道德本性谋划的儒家进路——以樊浩先生"'德'—'得'相通"论为中心的讨论》，《哲学分析》2016年第3期。

陈继红：《儒家孝道的功利化转向及其限度孝子榜样叙事的观念史释读》，《南京社会科学》2016年第10期。

陈晓曦：《从"996"之争看和谐劳动关系二元机制的构造》，《甘肃社会科学》2020年第5期。

陈学明、毛勒堂：《美好生活的核心是劳动的幸福》，《上海师范大学学报》（哲学社会科学版）2018年第6期。

陈赵阳：《增进社会主义核心价值体系认同的榜样教育路径》，《思想教育研究》2011年第7期。

成龙：《中国共产党带领人民创造幸福美好生活的百年经验》，《求索》2021年第3期。

成庆：《"内卷化"与意义世界的重建兼与徐英瑾教授商榷》，《探索与争鸣》2021年第7期。

成云雷：《当代中国道德建设中的榜样作用》，《毛泽东邓小平理论研究》2005年第5期。

成云雷、彭怀祖：《论哲学视域内的榜样人格》，《思想教育研究》2010年第7期。

戴木才：《实现"中国梦"的重要支柱——关于"中国梦"成为精神旗帜的若干思考》，《道德与文明》2013年第5期。

戴锐：《榜样教育的有效性与科学化》，《教育研究》2002年第8期。

樊浩：《中国社会大众伦理道德发展的文化共识——基于改革开放40年持续调查的数据》，《中国社会科学》2019年第8期。

范迎春：《当前榜样文化的审视与反思》，《教学与研究》2016年第3期。

冯建军：《论个性化教育的理念》，《教育科学》2004年第2期。

冯庆旭：《论道德榜样》，《齐鲁学刊》2016年第3期。

付安玲、张耀灿：《大数据助力网络意识形态治理及提升路径》，《马克思主义研究》2016年第5期。

高国希：《德性论视域中的榜样教育——以雷锋精神为范本》，《伦理学研究》2018年第4期。

高国希:《关于社会主义核心价值观逻辑结构的思考》,《复旦学报》(社会科学版)2021年第6期。

高国希:《雷锋精神:德性伦理与榜样教育》,《思想理论教育》2013年第13期。

高惠珠:《以辩证思维深化劳动幸福研究——兼评何云峰教授的〈劳动幸福论〉》,《社会科学家》2019年第4期。

葛晨虹:《建立道德奉献与道德回报机制》,《道德与文明》2001年第3期。

郭元祥:《"回归生活世界"的教学意蕴》,《全球教育展望》2005年第9期。

郭赞:《诋毁雷锋者意欲何为?》,《雷锋》2017年第2期。

郭镇之:《"讲故事"与"讲道理":中国的新闻报道与话语创新》,《新闻与写作》2018年第2期。

韩红星、赵恒煜:《基于裂变式传播的新媒体噪音初探——以微博为例》,《现代传播(中国传媒大学学报)》2012年第7期。

何菊玲:《因材施教原则的教育正义之意蕴》,《华东师范大学学报》(教育科学版)2018年第2期。

何云峰:《从劳动作为人的类本质的视角看劳动幸福问题》,《江汉论坛》2017年第8期。

何云峰:《从体面劳动走向自由劳动——对中国"劳动"之变的再探讨》,《探索与争鸣》2015年第12期。

何云峰:《劳动人权马克思主义散论》,《上海师范大学学报》(哲学社会科学版)2016年第3期。

何云峰:《论劳动幸福权》,《社会科学家》2018年第12期。

何云峰:《马克思劳动幸福理论的当代诠释和时代价值——再论劳动人权马克思主义》,《上海师范大学学报》(哲学社会科学版)2018年第5期。

侯慧、何雪松:《"不加班不成活":互联网知识劳工的劳动体制》,《探索与争鸣》2020年第5期。

胡潇:《马克思恩格斯关于意识形态的多视角解释》,《中国社会科学》2010年第4期。

黄航:《思想政治教育过程中的信息失真及其防治》,《中州学刊》2011年第 1 期。

黄静:《论思想政治教育的主要实施方法——榜样教育法》,《毛泽东思想研究》2013 年第 6 期。

黄明理、曹天航:《论道德回报与道德回应》,《江海学刊》2013 年第 3 期。

黄佩诗:《从受众需求出发,打造内容聚合平台——对话人民号平台运营团队》,《视听界》2021 年第 5 期。

江畅:《核心价值观的合理性与道义性社会认同》,《中国社会科学》2018 年第 4 期。

姜朝晖:《论榜样人格在社会主义核心价值体系建构中的功能和作用——以首届全国道德模范评选表彰活动为例》,《毛泽东邓小平理论研究》2008 年第 2 期。

教育部:《教育部关于印发〈教育信息化 2.0 行动计划〉的通知》,《中华人民共和国教育部公报》2018 年第 4 期。

兰久富:《价值体系的两个核心价值观念》,《东岳论丛》2000 年第 1 期。

李超民:《论全媒体环境下宣传思想工作的创新》,《思想理论教育》2019 年第 6 期。

李承贵:《儒家榜样教化论及其当代省察——以先秦儒家为中心》,《齐鲁学刊》2014 年第 4 期。

李基礼:《榜样教育法内在机制及实践反思——以北京大学实践为例》,《思想教育研究》2010 年第 9 期。

李建华、谢文凤:《论道德挫败对道德态度的影响》,《伦理学研究》2012 年第 4 期。

李淼:《数字"新视界":移动短视频的社交化生产与融媒传播》,《中国编辑》2019 年第 3 期。

李蕊:《当前榜样认同的"疏离"困境及提升策略》,《中州学刊》2014 年第 1 期。

李蕊:《试论"榜样疏离"困境的产生与解决》,《求实》2012 年第 8 期。

李蕊:《中国共产党榜样教育的历史考察与现实思考》,《河南社会科学》2017 年第 7 期。

李诗夏:《党的思想政治工作中榜样教育运行模式创新研究》,《学习与实践》2013 年第 9 期。

李天行、周婷、贾远方:《人民日报中央厨房"融媒体工作室"再探媒体融合新模式》,《中国记者》2017年第1期。

李雨村:《关于"自我牺牲"的道德价值辨证》,《天津师范大学学报》(社会科学版)2001年第3期。

李志祥、董淑芬:《劳动在何种限度内构成美德》,《理论学刊》2020年第2期。

廉思:《时间的暴政——移动互联时代青年劳动审视》,《中国青年研究》2021年第7期。

刘海贵、庹继光:《生存危机中的纸媒著作权维护路径探析》,《复旦学报》(社会科学版)2015年第2期。

刘汉俊:《人物报道:如何利用与削减受众"刻板印象"》,《新闻与写作》2006年第12期。

刘佳:《社会主义国家建设视野下劳模精神再阐释》,《内蒙古社会科学》(汉文版)2019年第5期。

刘建军:《习近平对凝聚共识的全面论述》,《思想理论教育导刊》2018年第9期。

刘书林:《论思想政治教育的本质——坚守"灌输论"的缘由》,《思想理论教育导刊》2012年第10期。

刘同舫:《马克思唯物史观叙事中的劳动正义》,《中国社会科学》2020年第9期。

刘同舫:《政治解放、社会解放和劳动解放——马克思人类解放思想再探析》,《哲学研究》2007年第3期。

刘雨亭:《"美好生活论"与马克思劳动解放理论的中国样态》,《社会主义研究》2020年第1期。

刘志礼、韩晶晶:《政治隐喻视域下新自由主义思潮的本质属性探析》,《思想教育研究》2021年第5期。

柳礼泉、刘佳:《全媒体时代榜样文化的舆论引导功能探析》,《湖南社会科学》2019年第4期。

鲁成波:《中国古代榜样教育体系的三维构建》,《理论视野》2015年第4期。

陆树程、杨倩:《论培育和践行社会主义核心价值观的内在机制》,《毛泽东邓小平理论研究》2014年第8期。

陆学杰、元林：《思想政治教育需重视与传播的交叉研究》,《广西大学学报》（哲学社会科学版）2009年第1期。

罗明星：《道德回报的伦理质疑》,《江汉论坛》2009年第10期。

骆郁廷：《"小我"与"大我"：价值引领的根本问题》,《马克思主义研究》2019年第12期。

马和民：《论传统中国的社会教化实践与社会化榜样》,《浙江大学学报》（人文社会科学版）2004年第5期。

麦尚文：《新时期中国典型人物"媒介形象"的变迁与突破》,《新闻大学》2006年第2期。

潘斌：《论教育回归生活世界》,《高等教育研究》2006年第5期。

潘军、赵国洪：《从马克思劳动价值论看新时期劳动模范的价值和内涵》,《社会主义研究》2007年第3期。

庞申伟、柳礼泉：《改革开放40年中国共产党榜样文化建构的回顾与省思》,《思想教育研究》2019年第1期。

彭怀祖：《关于榜样与偶像转化的思考》,《毛泽东邓小平理论研究》2011年第10期。

彭怀祖、杨建新：《基于分层教育理论的榜样教育实效性研究》,《思想教育研究》2010年第11期。

彭维锋：《新时代劳模精神、劳动精神、工匠精神的理论内涵与实践导向》,《江西社会科学》2021年第5期。

钱叶芳、徐顺铁：《"996类工作制"与休息权立法——资本与法律的博弈》,《浙江学刊》2019年第4期。

乔东：《劳模精神、劳动精神和工匠精神探析》,《中国劳动关系学院学报》2019年第5期。

人民论坛"特别策划"组：《2020国内社会思潮》,《人民论坛》2021年第3期。

人民论坛"特别策划"组：《2010—2019重大社会思潮十年演变》,《人民论坛》2020年第3期。

沈湘平、刘志洪：《正确理解和引导人民的美好生活需要》,《马克思主义研究》2018年第8期。

石书臣：《当代中国的文化格局及其发展导向》，《道德与文明》2012年第2期。

孙其昂：《论思想政治教育的基本精神与实现形式》，《思想政治教育研究》2011年第3期。

孙其昂、叶方兴：《论思想政治教育社会学的学科视野》，《思想教育研究》2012年第5期。

孙喜亭：《德育要拒斥任何意义上的"传递"、"灌输"吗？》，《中国教育学刊》2000年第5期。

檀传宝：《劳动教育的概念理解——如何认识劳动教育概念的基本内涵与基本特征》，《中国教育学刊》2019年第2期。

汤素娥、柳礼泉：《习近平论弘扬劳动精神的三重意涵》，《思想教育研究》2021年第1期。

田方林：《劳动道德价值赋义生发历史的伦理逻辑》，《伦理学研究》2020年第5期。

田旭明：《英雄是民族最闪亮的坐标——新时代培育和弘扬英雄文化的若干思考》，《马克思主义研究》2019年第8期。

万美容：《优选与创设：榜样教育创新的方法论视角》，《中国青年研究》2006年第9期。

王海明：《论道德榜样》，《贵州社会科学》2007年第3期。

王丽荣：《试论毛泽东的榜样教育——从学习雷锋好榜样谈起》，《毛泽东思想研究》2003年第6期。

王天夫：《数字时代的社会变迁与社会研究》，《中国社会科学》2021年第12期。

王雯娜：《榜样教育新视角：多元化榜样教育模式及其建构》，《教育科学研究》2009年第8期。

王贤卿：《以道御术：思政教育对智能算法技术弊端的克服》，《毛泽东邓小平理论研究》2021年第2期。

王岩：《新时代我国主流意识形态话语权的建构路径》，《马克思主义研究》2018年第7期。

王岩：《新自由主义的中国样态及其批判》，《探索》2018年第1期。

王紫潇、陈继红：《"以人民为中心"改革价值取向的生成逻辑》，《南京社会科学》2021年第3期。

吴翠丽：《社会主义核心价值观嵌入日常生活的内在机理与实现路径》，《南京社会科学》2015年第2期。

吴全华：《后榜样教育时代的道德建设》，《教育科学研究》2012年第9期。

项久雨：《新时代美好生活的样态变革及价值引领》，《中国社会科学》2019年第11期。

萧延中：《"身体"：中国政治思想建构的认知基础》，《中国人民大学学报》2005年第6期。

徐红波：《榜样教育与偶像崇拜构成要素异同辨思》，《南通大学学报》（社会科学版）2014年第3期。

杨国荣：《道德系统中的德性》，《中国社会科学》2000年第3期。

杨国荣：《论意志软弱》，《哲学研究》2012年第8期。

杨明品、贺筱玲：《典型报道的思维方式》，《海南大学学报》（社会科学版）1999年第4期。

杨婷：《榜样教育的马克思主义人学透视》，《河南师范大学学报》（哲学社会科学版）2010年第1期。

杨婷：《新媒体时代榜样传播的"变"与"不变"》，《思想理论教育导刊》2017年第8期。

杨婷：《整合交互的教育力量，发挥协同效应——榜样教育的实效性探索》，《思想政治教育研究》2017年第6期。

杨智勇：《全媒体时代大学生思想政治教育的审视与优化》，《思想理论教育》2019年第12期。

杨卓：《论当前新闻传播中典型报道的改进与创新》，《东北师大学报》（哲学社会科学版）2005年第5期。

姚君喜、刘春娟：《"全媒体"概念辨析》，《当代传播》2010年第6期。

姚力：《1977~1979年的全国劳动模范表彰》，《当代中国史研究》2015年第5期。

姚林：《大众媒体传播力分析》，《传媒》2006年第9期。

姚迎春：《榜样示范效应弱化现象分析》，《探索》2002年第6期。

叶方兴：《社会碎片化的伦理回应——当代德性伦理复兴的社会根源探析》，《湖北大学学报》（哲学社会科学版）2015年第5期。

喻国明、耿晓梦：《算法即媒介：算法范式对媒介逻辑的重构》,《编辑之友》2020年第7期。

袁文斌、刘普：《榜样教育的理论依据与心理机制》,《河北大学学报》(哲学社会科学版) 2010年第1期。

袁祖社：《公共价值的信念与美好生活的理想——马克思哲学变革的理论深蕴》,《中国社会科学》2019年第12期。

岳晓东：《论偶像——榜样教育》,《中国教育学刊》2004年第9期。

曾长秋：《论社会主义时期的榜样教育》,《探索》1999年第5期。

曾建平：《道德榜样与道德人格》,《武陵学刊》2011年第2期。

张波、陆沪根：《从榜样教育到共同体精神培育：社会道德教育模式的转变——以"最美现象"为例》,《中州学刊》2016年第4期。

张传有：《对康德德福一致至善论的反思》,《道德与文明》2012年第3期。

张军：《道德回报——道德模范常态化的时代呼唤》,《湖南社会科学》2013年第4期。

张林：《算法推荐时代凝聚价值共识的现实难题与策略选择》,《思想理论教育》2021年第1期。

张明师：《胶合与同构：劳模形象变迁与国家意识形态》,《学术论坛》2012年第2期。

张茹粉：《榜样教育的理性诉求》,《河南师范大学学报》(哲学社会科学版) 2008年第2期。

张三元：《论美好生活的价值逻辑与实践指引》,《马克思主义研究》2018年第5期。

张涛甫：《新时代新宣传的典型范本》,《现代传播（中国传媒大学学报）》2018年第6期。

张正光：《提升思想政治教育亲和力的有效路径》,《思想理论教育导刊》2017年第5期。

赵浚、田鹏颖：《新时代劳动精神的科学内涵与培育路径》,《思想理论教育》2019年第9期。

赵爽英、尧望：《表情·情绪·情节：网络表情符号的发展与演变》,《新闻界》2013年第20期。

赵毅衡：《符号学与主体问题》,《学习与探索》2012年第3期。

赵永刚:《道德榜样背后的两个伦理学理论问题——论美德的统一性与连贯性》,《北京交通大学学报》(社会科学版) 2010年第3期。

郑敬斌、王立仁:《论思想政治教育内容体系的系统构建》,《东北师大学报》(哲学社会科学版) 2012年第2期。

《中共中央办公厅、国务院办公厅印发〈关于加快推进媒体深度融合发展的意见〉》,《科技与出版》2020年第10期。

《中共中央印发〈关于深化人才发展体制机制改革的意见〉》,《中国人才》2016年第7期。

周琪:《思想政治教育的图像化转向》,《思想理论教育》2017年第1期。

周治伟:《公信力的概念辨析》,《攀登》2007年第1期。

朱宁波、袁媛:《青少年道德榜样教育现状的调查研究》,《教育科学》2013年第5期。

朱清河、刘娜:《全球化语境下典型报道的趋势》,《当代传播》2008年第4期。

## 五 报纸类

《解放日报》(1941~1947)

《人民日报》(1946~2022)

周嘉昕:《劳动价值论和以人民为中心的发展》,《新华日报》2017年8月23日,第11版。

# 后　记

　　本书是在我的博士学位论文基础上修改而成的。"师者，人之模范也。"在我读研和读博期间，恩师陈继红教授一直无私地对我传道授业解惑，令我受益终身。无论是论文细节上的推敲词句、整体上的逻辑架构，还是学习态度上的督促指导、生活中的悉心关怀、人格上的身教示范，每一步、每一处恩师都倾注了大量心血，使我受益匪浅。此外，王明生教授、王建华教授、胡大平教授、吴翠丽教授、熊秋良教授、暴庆刚教授、孙其昂教授、王岩教授、王贤卿教授、王习胜教授、代玉启教授、胡传胜研究员、李海超副教授给予我诸多指导，令我颇获教益，在此对各位老师表示诚挚感谢！

　　"独学而无友，则孤陋而寡闻。"一路走来，感谢田欢欢、肖芬芳、赵前杰、陈安安、黄佐毅、张丽、王艺腾、张寒梅、王紫潇、叶锦华、董颖洁、李中涵、王乐婷、孟恒艳等同门师兄师姐、师弟师妹，感谢王宁、单程秀、刘晓民、马维振、蒋天贵、甄佳佳、刘卫东、黎华楠、朱娉、王林林、许红梅、杨玲、盛莉、陈晓姿等同窗挚友，以道相交，箴规磨切，何其幸哉！

家人的支持是我破浪前行的不懈动力。多年来，父母日日操劳，熬心费力，备尝艰辛，默默地支持着我，学业上的些许困难与他们肩负的生活重担相比不值一提，但父母总能乐观面对、勇毅前行，没有父母的支持、鼓励、感染，我就不可能鼓足勇气一路前行，也不可能攻坚克难完成学业。感谢夫人携手同行，多年来，我们相互鼓励、彼此扶持、共进学业，相山脚下、龙子湖畔、金陵城中，留下了浪漫的身影与奋斗的脚印，科研生活也因此变得五光十色、充满诗意。感谢家人们给予的三春暖阳，使我奋斗征途中充满和煦温馨。

感谢安徽财经大学马克思主义学院的领导和同事，感谢他们提供的无私帮助，感谢学院提供的出版资助。书山有路，学海无涯，学术之旅，道阻且长。由于水平有限，书中不乏疏漏之处，祈请专家学者不吝赐教。

储成君

2023 年 4 月 27 日于安徽财经大学明理楼

**图书在版编目（CIP）数据**

榜样教育与劳模报道 / 储成君著. -- 北京：社会
科学文献出版社, 2023.11
（江淮学苑经典文库）
ISBN 978-7-5228-2419-2

Ⅰ．①榜… Ⅱ．①储… Ⅲ．①思想政治教育-研究-
中国②劳动模范-新闻报道-研究-中国 Ⅳ．①D64
②D412.6③G219.2

中国国家版本馆CIP数据核字（2023）第165143号

·江淮学苑经典文库·
**榜样教育与劳模报道**

著　　者 / 储成君

出 版 人 / 冀祥德
责任编辑 / 吕霞云
文稿编辑 / 胡金鑫
责任印制 / 王京美

出　　版 / 社会科学文献出版社·政法传媒分社（010）59367126
　　　　　　地址：北京市北三环中路甲29号院华龙大厦　邮编：100029
　　　　　　网址：www.ssap.com.cn
发　　行 / 社会科学文献出版社（010）59367028
印　　装 / 三河市尚艺印装有限公司

规　　格 / 开　本：787mm×1092mm 1/16
　　　　　　印　张：13.5 字　数：233千字
版　　次 / 2023年11月第1版　2023年11月第1次印刷
书　　号 / ISBN 978-7-5228-2419-2
定　　价 / 98.00元

读者服务电话：4008918866